本书为河北省社会科学基金项目“雷蒙·威廉斯生态知识生产研究”（HB22WW003）的结题成果

雷蒙德·威廉斯的生态思想：知识生产与价值启示

王敬民 著

中国海洋大学出版社
·青岛·

图书在版编目(CIP)数据

雷蒙德·威廉斯的生态思想：知识生产与价值启示 / 王敬民著 . -- 青岛：中国海洋大学出版社，2025. 3.

ISBN 978-7-5670-4157-8

Ⅰ. G05

中国国家版本馆 CIP 数据核字第 20252SW622 号

出版发行	中国海洋大学出版社		
社　　址	青岛市香港东路 23 号	**邮政编码**	266071
出 版 人	刘文菁		
网　　址	http://pub.ouc.edu.cn		
订购电话	0532-82032573(传真)		
责任编辑	邵成军	**电　　话**	0532-85902533
印　　制	日照日报印务中心		
版　　次	2025 年 3 月第 1 版		
印　　次	2025 年 3 月第 1 次印刷		
成品尺寸	170 mm ×240 mm		
印　　张	14		
字　　数	220 千		
印　　数	1—1 000		
定　　价	69. 00 元		

序言

PREFACE

在20多年的学术探索中，我一直对生态批评抱有浓厚的兴趣，承担了几项国家级课题，出版过几部学术专著，也发表了一些学术文章。在具体的研究过程中，我逐渐对这个领域的学术名家熟稔起来，对他们的学术贡献抱有崇高的敬意，也大量地征引过他们的学术观点。这些学者的研究领域亦有不同，有的专注于生态批评的理论建构与批评实践，其成就引发了强烈的学术反响和社会影响，有的则是涉足其他领域，间或灵光一闪，流露出关于生态批评的真知灼见。众多学者以生态批评为志业，有力地推动了生态批评的理论建构、话语创新和实践开展，使生态批评这一领域多年来始终保持着旺盛的动能和蓬勃的生机；若非他们，生态批评绝不可能有如今的进展，绝不可能在一波又一波的生态浪潮中表现出这么强大的描述力、概括力和阐释力。然而，我们在高度肯定这些学者的成就的同时，绝不应忽略那些并非以生态研究为核心关切的学者，他们在自己的学术追求中所形成的具有生态批评意蕴的观点和主张，由于摆脱了日渐成熟的学科建制的束缚，反而弥足珍贵，更是生态批评研究的宝贵资源。对于前者，我们可以如数家珍，列举出很多具备典型意义的学人及其学术贡献，而对于后者，首先映入我脑海的便是英国文化研究巨擘雷蒙德·威廉斯。

雷蒙德·威廉斯（Raymond Williams，1921—1988）虽以文化研究闻名于世，但却不止于文化研究，而是将学术的触角伸向文化、文学、戏剧、哲学、媒介学、成人教育、社会学、政治学等诸多领域，并且在这些领域均有卓越建树，堪称跨学科和跨领域的学术大家，他也因此享有世界性的盛誉。给人印象深刻的是，他基于马克思主义立场，提出了一些特色鲜明的理论命题，比如文化唯物主义、关键词研究、情感结构、文化共同体，不一而足。这些命题极具学术生命力，如今仍为学界热议，成为学界广泛援引和论述的理论资源。

我与威廉斯的“相遇”既是偶然的，也是必然的。说偶然，是因为我并未以威廉斯为专门的研究对象；说必然，是由于他的一些思想和主张颇具生态意蕴，这就吸引我对他予以关注，对他富有生态批评意义的学术探索加以挖掘。我曾出版《西方生态批评史》《生态文学讲读》等著作，其中就涉及威廉斯的生态批评思想。在我看来，威廉斯的经典学术名著《乡村与城市》，以生态整体主义为视角，深入分析了田园文学从古希腊以来内涵的演变，尤其探讨了英国文学中乡村与城市的对立统一关系，为英国生态批评的产生与发展奠定了基础。根据威廉斯的判断，从威廉·华兹华斯（William Wordsworth，1770—1850）到约翰·克莱尔（John Clare，1793—1864）的英国浪漫主义诗歌体现出一种因自然生态遭到破坏而引致的情感危机。这些诗人力图通过“绿色语言”来抒发对工业革命和圈地运动的反思与抗议，克莱尔对此表现尤为激烈。威廉斯认为，人类对土地的占有和操控，直接引发了人与自然的精神分离，最终导致自然与人类情感的双重伤痛，并由此激发出新的情感结构。这种社会的“分离”从根本上促使克莱尔等浪漫主义诗人转向绿色创作，在克莱尔的诗歌创作中，乡村的消失意味着诗意的流失，土地的人工改造动摇了自然情感的根基，使自然从精神生活中剥离。在《牧人日历》中的《五月》里，克莱尔对昔日乡村景象的消逝表达了深切的痛惜。他在诗中描绘了小树林、溪流等场景的消失，这不仅喻示着自然的消逝，更象征了人与自然深层联系的断裂，而经济得失的考量是无法弥补这种精神失落的。威廉斯进一步指出，克莱尔等诗人通过乡村的回忆，以特定自然环境的消逝唤起对往昔人文和历史风貌的怀念。乡村景象不仅承载着个人的童年记忆，更成为集体记忆的载体，深刻影响了人们的精神生态和身份认同。这种情感上的“乡愁”反映出人类在现代社会对故土消失的普遍惋惜，也揭示了人类在自然失落中的精神危机。克莱尔诗歌中对“昔日甜蜜景象”的追忆，将个人的失落转化为共通的情感体验，触动了读者对乡土自然消逝的情感共鸣。由此看来，威廉斯通过《乡村与城市》对生态批评的奠基性贡献，不仅拓宽了文学研究的视野，也为理解人与自然的复杂关系提供了新的思想框架。他的研究展示了工业化对自然的侵蚀，揭示了这种侵蚀对文学表达的重塑，这有效推动了学界对自然与人类关系的重新审视，其中蕴含的生态批评意蕴是显而易见的。

如今，学界对雷蒙德•威廉斯生态思想的关注越来越多，也发表和出版了一些学术成果，重点阐释了他关于自然、文化与社会结构复杂互动关系的学术判断，为生态批评进一步敞开了社会文化的视角和维度，引导学人从跨学科的角度深入开展生态批评实践。同时，威廉斯的一些核心观点和标识性概念也引发关注，成为学界热议的焦点。但遗憾的是，这些研究仅散见于一些学术文章之中，缺乏应有的系统性和深刻性，亟须学界加以补足和完善。正因如此，王敬民教授即将付梓的《雷蒙德•威廉斯的生态思想：知识生产与价值启示》一书，集中论述了威廉斯生态思想的理论蕴涵、生成逻辑和现实价值，这有效弥补了学界威廉斯研究的缺憾，是一件很有意义的工作。在阅读这部著作的过程中，我突出的感受有如下三点。

首先，该著从知识生产的角度出发梳理了雷蒙德•威廉斯的生态思想。客观地说，威廉斯的生态思想或许并不系统，生态问题也不是他学术历程中一以贯之的主线，这就使得他的生态思想和主张常常呈现为比较分散的状态，除《乡村与城市》较为集中地反映了他关于“乡村”与“城市”的生态理念外，他其他著述中的生态观念并未形成符合学科建制和学术规范的理论体系。鉴于此，王敬民教授从知识生产，特别是从知识生产模式变迁的角度，对威廉斯生态思想的知识学形态进行了钩沉，使其较为清晰地呈现出“思想”的面貌，为学界同人聚焦和研究威廉斯的生态思想提供了便利。尤为可贵的是，知识生产模式的最新演进，可以成为生态批评自身发展的镜鉴，使生态批评能够更有针对性地反思其理论谱系和话语形态，为生态批评的持续繁荣提供规范性的指导原则，跨学科、跨文化、应用性、灵活度等均是其题中应有之义。也就是说，在当前的学术研究中，建构宏大的理论本体固然有着重要的价值，但闪现着微火和灵光的知识散见也不容忽视，在某种程度上，后者反而更为重要，更加切中时弊，更具有现实的针对性，更能为学科发展提供内在的动力和外在的活力。

其次，该著在对威廉斯生态思想进行知识学审思的基础上展开了深入的价值反思。威廉斯是有着马克思主义倾向的左翼思想家，他对彼时资本主义制度进行了批判,对工业革命以来西方的生产和生活方式进行了反思,在这种批判和反思之中弥漫着鲜活的生态智慧与批评主张。王敬民教授对此深有洞察,他将很多的笔墨放在了价值透视和阐释上,尤其是围绕"消费伦理的生态反思""微观生活的生态意蕴"等话题展开了鞭辟入里的分析和论辩,而这些方面恰是生态批评更应关注的领域。生态批评要想在批评实践中高歌猛进,要想在理论本体上自洽圆融,就必须与人们的思想和行为深度融合,就必须向着消费社会中人们的日常生活递延和渗透,如此一来,人们的微观生活方能得以改造,人们的消费伦理才能改弦更张,这不就是生态批评素来秉持的学术理想和道义担当吗?

最后,该著在对雷蒙德·威廉斯生态思想的知识学重访过程中,将威廉斯的思想纳入当前生态批评的理论谱系中加以比照,这种延伸事实上构成了一种对话关系。无论是学界热烈讨论的"人类世",还是正在成为新的理论成长点的物质生态批评,抑或越来越引人入胜的动物研究和植物批评,都在该著中得到了论述,其间不时闪现出威廉斯的身影,这说明威廉斯的学术遗产不光得到了继承,还得到了有效的扩充和发展,这既昭示着学术传承的精神,又体现出学术创新的努力。学术创新不能准的无依,必要时必须返归传统,在传统中革故鼎新、返本开新,更须立足当下、立足国情,不能人云亦云,一味因循和跟风西方的路数,而要有自己的自主知识体系,有自己的学术话语和理论体系。王敬民教授在该著中对这一点的强调,无疑有着重要的学术价值和现实意义。

兹不揣浅陋,拉拉杂杂说了以上这些话,若有一二言语切中肯綮,我将深感荣幸;或有不当之处,敬请读者诸君海涵。无论如何,我心怀至诚,也特别欣慰地看到生态批评研究领域再添新的成果。在此,我期待更多的学人能够躬耕生态批评这片广阔的学术天地,能够收获更多的学术精品佳作,共同推动中国生态批评理论研究和批评实践不断取得新的突破!

是为序。

胡志红

2024年9月于西南交通大学犀湖畔

目 录

CONTENTS

绪 论 雷蒙德·威廉斯的多维面相……1

第一章 雷蒙德·威廉斯生态思想的知识学审思……11

第一节 “关键词”作为方法:关于“自然”的知识生产……12

第二节 认知重构:“乡村”“城市”“边乡”的生态反思……14

第三节 生态知识的价值立场:生态社会主义构想……18

第四节 生态知识的具身实践:生态行动与政治参与……21

第五节 生态思想的知识学反思:生前事与身后名……23

第二章 雷蒙德·威廉斯生态思想的知识形态……26

第一节 威廉斯生态意识的知识构成……26

第二节 威廉斯生态思想的知识形式……31

第三节 威廉斯生态批评的价值形态……36

第三章 雷蒙德·威廉斯生态思想的检视与反思……40

第一节 生态思想的文本检视……40

第二节 生态理论的知识透视……48

第三节 生态批评的出位之思……54

第四章 消费伦理的生态反思……62

第一节 消费意识的影响悖论……63

第二节　消费主义的伦理处境……72
第三节　消费文化的现实形态……79

第五章　微观生活的生态意蕴……93

第一节　日常生活的重构……94
第二节　物性意义张扬……101
第三节　个人日常经验……110

第六章　人类世的审美救赎……116

第一节　知识生产:生态文学的审美建构……117
第二节　研究范式:生态文学的审美批评……121
第三节　学术伦理:生态文学的审美担当……125

第七章　生态危机中的审美批评……130

第一节　审美批评的拓展……132
第二节　审美价值的重估……138
第三节　批评理论的持守……147

第八章　生态批评的延伸与拓展……153

第一节　新物质主义与生态批评……154
第二节　物质生态批评何为……160
第三节　动物转向与动物批评……166

第九章　生态知识生产与自主知识创新……172

第一节　生态批评的知识生产……172
第二节　自主学术话语的建构……177
第三节　自主知识体系的构想……186

余　论　从重访雷蒙德·威廉斯出发……194

参考文献……197

后　记……214

绪 论

雷蒙德·威廉斯的多维面相

雷蒙德·威廉斯(Raymond Williams)[①]是英国文化研究领域的杰出代表和重要奠基人,是著名的英国文学批评家,是马克思主义理论家和社会主义思想家,是久负盛名和享誉世界的学术大家。他于1921年出生于英国威尔士乡间的一个工人家庭,毕业于剑桥大学三一学院,曾长期任教于牛津大学的成人教育班,后于剑桥大学耶稣学院从事戏剧研究和教学工作。他的学术兴趣跨越了文化理论、文学批评、戏剧学、政治、历史、哲学、媒介研究等多个学科领域,他的独到见解推动了这些领域的学术发展。1988年,威廉斯病逝,全球学界为之痛惜,此后人们对他的纪念就从未终止过。在纪念威廉斯逝世20周年的文章里,著名文学理论家特里·伊格尔顿(Eagleton,2009:75)写道,威廉斯曾称"文化是通俗的",而"他自己的一生就是对这句话最好的诠释"。知名学者罗宾·布莱克伯恩(Blackburn,1989)在为威廉斯《希望的源泉:文化、民主、社会主义》一书所作的导言中,认为威廉斯是英语世界最有权威、最为坚定、最具原创性的社会主义思想家。威尔士文化和历史研究专家戴·史密斯(Smith,2008)更是在威廉斯的传记中将他命名为"一位勇士"。媒介文化研究专家艾伦·奥康纳(O'Connor,1989)则称威廉斯为20世纪英国唯一的颇具大师风范和学术原创性的文化思想家。这都充分表明威廉斯所具有的持久和广泛影响力。

雷蒙德·威廉斯著述等身,不仅为学界贡献了《文化与社会:1780—1950》

① 我国学界一般将"Raymond Williams"译为"雷蒙德·威廉斯""雷蒙德·威廉姆斯""雷蒙·威廉斯"或"雷蒙·威廉姆斯",另偶见其他译名。本书遵从"雷蒙德·威廉斯"的译法,但引用文献中或有其他译名,不同译名所指的是同一位学者。特此说明。

《漫长的革命》《乡村与城市》《电视:科技与文化形式》《关键词:文化与社会的词汇》《政治与文学》《希望的源泉:文化、民主、社会主义》《马克思主义与文学》《现代悲剧》等代表性专著,还发表了各类论文数百篇,其体量之宏富、思想之深刻令人叹为观止,在学术界实难有人与其比肩。纵观威廉斯的著述,我们不难发现,他的学术生涯有着一以贯之的思想脉络,那就是他强烈的马克思主义色彩和英国新左翼的价值立场。(何卫华,2014)最为可贵的是,威廉斯的学术研究打通了文学与现实、审美与社会、文化与经济的隔阂,跨越了它们之间的壁垒,有效地确立了新的学术导向。他也缘此成为二战后英国最为重要的知识分子代表和特色鲜明的文化行动主义者,他的学术努力和价值倾向对英国乃至全球的文化研究均产生了深远的影响。时至今日,"雷蒙德·威廉斯"依然是一个响亮的名字,依然在学术领域备受瞩目,占据着显要的位置,他的学术思想仍能激起强烈的反应和回响。

毋庸讳言,雷蒙德·威廉斯在学术研究的多个领域都贡献甚巨、厥功至伟。若从不同的角度观察,威廉斯便会呈现出多重的身影和面相。我们完全可以称之为文化理论家、文学批评家、戏剧学家、媒介学家、文化唯物主义者、教育家、政治活动家、社会活动家、关键词研究专家、生态思想家等等。这些标签和名号充分表明了他的多元身份,更标识出他多方面的贡献。

作为形塑者和奠基人,雷蒙德·威廉斯在英国早期的文化研究领域确有开创之功,其思想深刻地影响了后来的文化研究走势和文化理论面貌。他提出"文化唯物主义"这一标识性概念,用以强调文化实践和社会结构之间的互动关系,认为文化不仅仅是上层建筑的反映形式,还有着自身的物质实践基础,语言、艺术、仪式等内容无不涵盖其中,并且都发挥着积极的能动作用。(贾丽艳,2023)如此一来,文化既是经济基础的反映,也是社会实践和物质条件相互作用的产物。这就为我们敞开了理解"文化"的新的视野,提供了一种新的视角,有利于我们更为精准地辨识文化与社会结构之间复杂的纠葛关系。令人耳目一新的是,威廉斯(2005)借助对语义演变的分析,揭示出文化概念随时间流变的深层社会意义,并以同样的方法,梳理了诸多文化研究领域中重要术语的语义流变历程,从而为文化研究开创了"关键词"这一社会语义学的方法论维度。威廉斯(2018)围绕"工业""民主""阶级""艺术""文化"等五个关键词,聚焦英国思想界和文学界的40位名家大家，通过分析他们对工业革命和文化问题的论断，揭示出文化观念的历史演变，并将这种演变与社会政治经济结构的变革联系起来，提出文化观念的变化与社会结构的变迁紧密相连，文化绝非被动接受社会结构影响的结果，而是具有影响和改变社会结构的功能，以各种形式对社会结构施加影响。威廉斯将文化理解为一种作为整体的生活方式，其具体内涵包括物质实践、社会关系和意义制约机制。这就突破了对文化的传统认知，实际上将文化当成了人类社会实践的合理内容和组成部分，从而提供了一种更为宏阔和全面的认知框架，为文化研究的发展开辟了新的境界，也让文化研究成为一个更加开放、更为多元的学术空间。

雷蒙德·威廉斯以文化研究巨擘著称于世，其实他的文化研究大多基于文学批评实践，后者构成了他文化研究的重要基石。始终将关注的目光投向社会现实的威廉斯，对英国文学的现实主义传统深有洞察，也极为重视文学作品展现社会现实的有效性，尤其注重分析其背后的社会动力和结构性问题。客观地讲，威廉斯的文学批评表现出理论建构的努力，但更重要的是，他精于英国文学史上重要作品的解读和分析，正是在具体文学文本的解读中一些卓尔不群的思想观念油然而生。这可从他对“乡村别墅诗”、狄更斯、勃朗特姐妹、乔治·艾略特、托马斯·哈代等文学现象和重要作家的分析中窥见一斑。在文本分析中，威廉斯(2013)雄辩地证明了文学作品与社会历史互相作用和彼此影响的交融关系，证明了文学始终置身广阔社会文化语境之中，与政治、经济、历史、文化等一起，共同构成了一个整合性的认知和理解视域。换言之，威廉斯在自己的文学批评实践中，格外凸显文学的政治性，认为文学作品其实就是权力斗争和社会变革的场域，那么，开展文学批评，实际上就是介入权力斗争，就是参与社会变革，体现了特定的思想倾向和价值追求。威廉斯在文学批评方面的建树，突出地表现在他为我们确立了一种综合性的研究方法，使我们能够将文学与社会文化现象有机地结合起来。他为这种结合提供了重要的理据，也进行了有力的辩护。曾经是他学生的伊格尔顿(1999:398)就明确指出:“对于剑桥文学研究的两个迥然不同的流派——一方是细致的文本分析，另一方是‘生活和思想’的研究，威廉斯以全新的方式做了整合。”这种整合在英国文学研究中成了“新批评”之后的主流范式，至今仍发挥着重要作用。

我们知道，雷蒙德•威廉斯自1974年起任职于剑桥大学耶稣学院，担任戏剧讲座教授，直至去世。在他看来，戏剧实乃文化与社会互动的关键领域，是反映社会结构和塑造阶级关系的重要文化实践。威廉斯这种对戏剧的定位，是与其文化立场一脉相承的。由此出发，威廉斯不仅对戏剧本身的艺术性和文化性进行了揭示，还对"戏剧化社会"展开了深入的考察。他注意到，现代媒介通过戏剧化的手法，影响和改变了人们的生活方式，同时也影响和改变了人们对自己生活方式的文化认知，这不能不引人警醒。"随着大众教育和大众传播系统的发展，大众传播对传统戏剧所进行的前所未有的扩张，电影、电视等大众文化对传统戏剧表现手法的借鉴，导致大众文化与高雅文化之间形成一种'你中有我，我中有你'的关联。"（李超，2023：112）与此同时，威廉斯极为重视戏剧的审美和教育功能，认为戏剧不仅能够提升公众的文化素养和鉴赏能力，还可以培养公众的批判性思维，从而成为一种极富批判精神的文化实践。威廉斯对易卜生、布莱希特等剧作家多有分析，对英国戏剧的形式、戏剧的表演等问题多有论述，在戏剧理论方面提出了一些观点，对悲剧的看法产生了一定的影响。威廉斯在戏剧研究方面更引人瞩目的成就在于，他对戏剧进行了新的定位，在戏剧和社会变革的关系上，将戏剧设定为一种社会文献。通过这种社会文献，工业化和城市化的历史进程得以记录，这一历史进程加诸社会结构和个体命运的影响得以记录。这样看来，研究戏剧就不再仅仅是对戏剧艺术本身的关注，而是对丰富的社会文化语境的关注，是对戏剧在社会中功能和意义的关注。其实，在威廉斯这里，这种"社会文献"的定位不仅适用于他对戏剧的看法，而且适用于他对小说的看法，甚至还适用于他对诸多文化现象的看法。（赵国新，2011：116）

在媒介研究领域，雷蒙德•威廉斯同样作出了突出贡献，这集中表现在他对媒介作为文化形式的强调上。在他看来，作为文化形式的媒介，与社会行为有着互动的关系，与人们的认知有着互动的关系。也就是说，媒介绝非客观透明的被动工具，而是具有能动性的施动者，在与社会行为和认知活动的互动中发挥着积极的建构性作用。威廉斯（2003）分析了电视媒介的叙事技巧，并揭示出这种特有的叙事技巧所隐含的社会功能——对现实的戏剧化。正是电视媒介对现实的戏剧化，让公众在内心深处形成一种社会现实感，这是艺术表现力的结果，更是社会影响力的呈现，在塑造特定价值观念形态时将发挥重要作用。与此同时，威廉斯对媒介技术在扩大文化参与和促进社会交流方面的巨大潜力给予了高度肯定，但也提醒人们对媒介发展商业化、帝国化的负面影响保持警惕。威廉斯深知媒介在公共领域的重要影响，主张媒介资源的公平分配与合理利用，将杜绝文化同质化和信息垄断作为学术研究的题中之义。威廉斯认为，媒介其实就是权力结构的一部分，新颖的形式中隐藏着特定的社会秩序，也在制约着人们的公共意识和价值认同。即便在今天看来，威廉斯的这些提示也颇有价值，特别是考虑到媒介技术近来的“霸蛮”扩张及其对人们思想观念和日常生活的影响。我们重返威廉斯的媒介主张，无疑有着深刻的现实针对性，其意义在于激发我们对媒介扩张背后的实质保持清醒的认识，对其引发的负面后果有所戒惧。在具体的研究方法和模式中，威廉斯融合了文学批评、社会分析、文化研究等多元视角，使媒介研究成为一个多维度的分析平台，这无疑充实了媒介研究的学理基础，同时也为人们全面认知媒介与社会进步之间的复杂关系提供了全新的视角。

作为英国新左翼的代表人物，雷蒙德·威廉斯的文化唯物主义思想是深刻而全面的。根据他具有标识意义的“文化唯物主义”观，文化就是具有物质基础的社会实践，也是与社会结构紧密相连的社会实践，这就突破了仅仅将文化作为上层建筑反映形式的传统看法。继而，威廉斯（2013）提出“主流文化”“残余文化”“新兴文化”三种文化理论，为理解不同时期社会文化要素之间的复杂关系提供了分析工具。根据他的判断，主流文化（the dominant culture）指特定时期占据主导地位的文化形式，一般与统治阶级主导意识形态相连，往往借助各种主流社会渠道，对人们施加深刻的影响；残余文化（the residual culture）指那些曾经占据主导或重要地位，但当下已不再居于主流的文化形式，常与现行的主流文化保持一定的距离，两者处于或对立或替代的关系，在一定的社会阶层中较有影响力；而新兴文化（the emergent culture）则代表了新的价值观念、意义内涵以及社会实践的发展方向，经常与新兴的社会力量和阶级利益相关联，寻求新的表达形式，挑战现有的主流文化，并可能在未来成为新的主流文化。威廉斯借助这些概念意在表明，文化绝非静止不变的，文化总是在斗争的状态中发展变化的，具有动态性和变迁性的特征，当代社会中的文化实践是复杂的。这无疑为人们提供了一种新的文化批判的视角。在这种视角中，威廉斯站在公众的立场上，强调文化其实就是日常生活的实践和经验，文化领域的民主化是社会主义的应有之义，与经济和政治变革居于同等重要的地位。威廉斯的文化唯物主义思想，体现了他马克思主义的思想底色，体现了他社会主义思想家的精神风格，是他整体思想的重要环节，在他整个学术体系中占据着重要地位。

作为教育家的雷蒙德·威廉斯同样受到了学界的认可和尊重。他曾长期任教于牛津大学成人教育班，以实际行动助推英国成人教育事业。他之所以作如此选择，与其阶级出身不无关联，更是他的社会理想直接促发的结果。他想通过成人教育提升工人阶级的文化水平，从而为他们深入参与社会文化生活提供条件和保障。基于此种理想主义情怀，他对于教育的民主化和普及化抱有坚定的信念，认为人们不应因教育背景和文化程度不同而困守阶层固化的藩篱，教育应该成为推动社会进步和文化普及的重要途径。威廉斯认为，将文化教育的重要性凸显出来，特别是将工人阶层的文化教育纳入教育体系的核心，从而提高公众的文化素质和社会批判素养，实在是必要之举。（肖祥，2023）毕竟，受过文化教育的人们能够更为敏锐地认知和理解社会现象，更为准确地形成自己的判断和主张，这对于一个开放发展的社会而言是至关重要的。为此，他费尽周折地四处授课，为工友们讲解和阐释经典名著，还不遗余力地呼吁增加成人教育的资助额度，甚至担任成人教育机构的负责人，给工人大众带来智识上的启蒙。此外，威廉斯还就教育在文化变革中的核心作用展开过论述，主要强调了教育应该承担的社会责任。他的理念和行动不仅推动了相关研究的开展，还促进了英国教育与文化政策的调整与完善。

雷蒙德·威廉斯不仅是学界名家，还是一位行动派，是著名的社会活动家。他不仅在成人教育方面身体力行，为教育的普及特别是为工人阶级文化水平的提高作出了切实的贡献，还积极投身于社会各阶层之间的文化交流与互动，积极参与公共领域的多种活动，通过公开演讲、媒体访谈、社会运动等多种形式，对社会热点问题发表见解，着力促进社会的变革和进步。他的文化观有着鲜明的反精英色彩，认为文化不应被少数人垄断，而应为广大民众所共享和参与。这一理念对后来文化政策的制定产生了重要影响。他对有利于社会进步的社会运动持支持的态度，尤其赞同那些有益于改善工人阶级生活状况和扩大教育机会的行动，体现了他对平等和正义的追求。作为新左翼的代表人物，威廉斯对当代资本主义社会一贯秉持批判立场，对社会底层民众权益则采取了坚持不懈的维护态度。“从40年代末到50年代初，他致力于工人阶级教育协会的成人教育工作；从50年代末起发起新左派运动，积极参与核裁军运动；在1967年他与爱德华·帕尔默·汤普森（Edward Palmer Thompson）、斯图亚特·霍尔（Stuart Hall）联名发表《五一宣言》（The May Day Manifesto），赞同学生的造反行动；在七八十年代，他又投身于英国的反越战运动、女权主义和民主社会主义运动。学术与事功两不误，可为威廉斯盖棺论定之语。”（赵国新，2011：120）由此，威廉斯作为社会活动家的责任感彰显无遗，这将鼓舞一代又一代学人在致力于学术思想创构的同时，积极投身社会实践，为社会进步作出贡献。

雷蒙德·威廉斯在学术研究方法方面多有创新之举，其中关键词研究就是他独树一帜的贡献。威廉斯的代表作《关键词：文化与社会的词汇》一经推出，受欢迎的程度远远出乎他的预料，赞赏者为数众多，批评者也不乏其人，学术争鸣反而极大地提升了这部著作的影响力。有学者指出，威廉斯这部著作“曾对英国的新左派运动产生过很大影响，是欧美文化研究中的经典作品之一”。（方维规，2019：116-117）虽然毁誉不齐，但威廉斯的关键词开启了学术研究的新方向，也成为一种独特的研究方法，受到了中外学人的追捧和仿效。这种方法将语言视作社会实践和历史变迁的直接体现，重在梳理特定词汇在社会结构和文化观念的演变中所发生的意义转变，尤其是那些与人们日常生活紧密相关的关键词，那些与工业革命和政治斗争紧密相连的关键词。通过援用历史语义学的方法，威廉斯的关键词研究方法，首先要描摹和判定这些词汇在不同历史时期、不同社会阶层和不同文化群体中的语用差异，然后去探究和分析这些差异是如何反映社会矛盾和冲突的，是如何表征社会进步和变革的。威廉斯（2005：“导言”第15页）明确指出，他写这部著作的目的是“要指出一些重要的社会、历史过程是发生在语言内部，并且说明意义与关系的问题是构成这些过程的一部分。通过不同的方式，语言里出现了各种形式的新关系及对现存关系新的认知”。这样，关键词的多义性就成了社会多样性和动态性的语言表达，这种表达恰恰就是理解社会变迁的关键。可见，威廉斯采用这种研究模式的目的，并不在于对词汇起源与发展流变的追踪，而是试图通过阐明关键词的边缘意涵，使那些被主流话语边缘化的视角和声音得以澄明，让人们清晰地辨识出这些视角和声音背后交织的社会文化图景。由此看来，词汇的意涵与社会文化语境的关系，就成了关键词研究的关键。值得注意的是，虽然语境对于理解特定词汇的意涵至关重要，但这种意涵往往复杂难辨，超出了单一语境的解释能力。这就使得威廉斯并不仰仗完全依赖语境的学术倾向，而走向了更为全面的批判性的语言分析方法。必须指出，在威廉斯的关键词研究方法得到广泛称赞的同时，也有学者发出了不同的声音，其中最具代表性的就是昆汀·斯金纳（Quentin Skinner，2002：172）。这位剑桥学派的代表人物认为，威廉斯的关键词研究错把一些语汇看成理解社会本身的线索，而且在方法论上缺乏必要的支撑。这种批评当然是有道理的，但绝不能因此就完全抹杀威廉斯关键词研究的独特价值，有时候批评反倒凸显了威廉斯的开创性和影响力。比如，在《关键词：文化与社会的词汇》一书的具体内容中，我们不难发现威廉斯的观点展现了他对弱势阶层的关怀，展现了他对非主流文化的关切。这反映了他对权力结构的敏感，也反映了他对语言表征与社会文化关系的深刻洞察。因此，关键词研究也就成了一种锐利的分析工具和建设性的理论框架，激励学人在语言、文化和社会的复杂关联中寻觅新的信息。

在此需要特别指出，雷蒙德·威廉斯还是一位生态思想家，也是一位生态批评家，这是他很容易被世人忽略的维度和面相。在威廉斯代表性的学术论著中，《乡村与城市》享有很高的声誉。该著深入解析了英国文学中对乡村生活的浪漫化想象和虚假书写，对那种过于简化和美化过往的观念提出了挑战，完全颠覆了人们关于“田园牧歌”和“阿卡迪亚”的梦想，揭示出城乡关系的复杂性及其背后的环境危机和社会矛盾。可以说，文化唯物主义的立场和视点，让威廉斯通过解读和阐释英国不同时期的文学作品，澄清了乡村与城市的真实样貌，刷新了人们关于乡村、城市及其关系的认知，阐明了文化实践与社会结构之间互为塑造的运作机理。这样的分析框架，帮助威廉斯形成了独特的文学批评路径，其创新性的学术判断也构成了他生态思想的重要组成部分。威廉斯坚持认为，社会主义的实现意味着经济和政治的重构，这个过程当然将涉及人们对自然环境的态度，我们不能再如资本家攫取资源一样压榨自然环境，而应该尊重和保护自然环境，这是生态社会主义的基本要求。威廉斯（2014：239）指出：

“到了一定的时候，资源真的会有极限，这是毫无疑问的。既然如此，即使在最简单的物质层面，某些生产的无限扩张的观点，尤其是某些消费的无限扩张的观点，都是必须抛弃的。”为此，威廉斯坚持树立一种文化观念，使人类活动与自然环境摆脱那种截然相反的敌对关系，追求一种可持续发展的和谐关系。在对现代工业文明的深刻批判中，威廉斯聚焦于城市化和工业化进程中生态系统的失调，痛陈各种环境问题的恶化，对工业革命以降的发展模式加之于环境的破坏性影响提出了警示。显而易见，威廉斯着意强调的是维护环境正义和生态平衡，或许他还没有足够系统的生态批评思想，但他批判社会制度、维护公众权益的姿态，足以让其在反思工业文明和城市化的发展历程中站到生态保护的立场上为环境正义代言，为公众的生态福祉发声。威廉斯的生态立场，促使人们重新审视社会发展与自然环境的关系，认真反思工业主义的生产模式和消费主义的生活方式，有利于我们构建一个更加公平、公正、包容和可持续发展的现实世界。更为难得的是，威廉斯不光宣示自己的生态主张，还将自己的学术思想付诸行动，成了生态活动的参与者。

从以上难免挂一漏万的描述中，我们认识到，雷蒙德·威廉斯确实为英国学界巨擘，确实在多个领域都作出了突出的贡献，产生了世界性的影响。他的学术思想已经成为学术史上浓墨重彩的一页，至今仍在发挥持续性的影响。面对丰富博大的威廉斯，中外学界始终保持着高度的研究热情，也积累了较为丰富的学术成果，但相较而言，他的生态思想似乎还未受到应有的重视。纵观威廉斯的学术著述，我们很容易发现，他的生态思想的存在形态是多样化的，既有以专著形式系统而全面地呈现出来的学术见解，也有通过论文、访谈、随笔等多种渠道零散而生动地流露出来的学术观点。虽然他没有一部著作专门以“生态”命名，但诸多论著的思想内涵均蕴含着浓厚的生态意味。这是威廉斯生态知识生产的特殊形态。他的生态思想既体现了他对自然与社会、发展、进步、文化、生活之间关系的深刻洞见，也反映了他对生态问题的敏锐洞察和独到见解。无论是系统阐述还是零散表达，都难掩威廉斯生态批评思想的独特价值，都难掩他生态知识生产的独特价值。

客观地讲，威廉斯生态思想与当下学术热点构成了有效的对话关系，具有极强的警示作用和指导意义。对威廉斯生态思想的知识构成和价值取向展开研究,可以促使我们反思当下的生产和生活方式。这种反思刻不容缓、迫在眉睫。具体而言,威廉斯的生态思想及其生态知识生产,对当今社会风头正劲的消费主义伦理、工业化和工业文明、城市化与乡村发展等流行观念构成了一种有益的平衡,同时也为我们通过文学研究和审美批评达致人类生活的美好愿景提供了参照和借鉴。面对势不可挡的消费主义伦理,威廉斯剖析了其对环境和资源造成的灾难性影响,提醒我们要调整消费理念,为可持续发展奠定基础。针对工业化和工业文明,威廉斯尖锐批判了工业主义对自然环境的破坏,指出那种压榨环境、透支资源、破坏生态的生产方式难以为继,应该用一种基于环境友好和生态平衡的发展模式取而代之。关于城市化进程以及由此带来的城乡对立问题,威廉斯纠正了人们错误的认识,提醒人们重视相关问题的复杂性,不能持有简单化的思维方式,幻想采取单一化的路径就能一劳永逸地解决所有的生态问题。

从知识生产的视角出发,厘清威廉斯生态思想的学术谱系、现实逻辑和理论本体,总结和反思其生态知识生产的价值取向,从而推进我国生态文明建设,推动中国式现代化的新探索,这是具有学术价值和现实意义的。考察威廉斯的生态知识生产,既有利于深化我们对生态问题的认识和理解,从而明确努力的方向和目标,又有利于我们拓宽生态批评的研究维度和学术视野,使生态批评获得更大的发展。威廉斯的生态知识生产,是以文学批评和审美体验为立论基础的。在他的思想深处,文学文本作为特殊的文化实践形式,蕴含着丰富的社会文化内容,对文学文本的解读和阐释其实就是对社会文化的解读和阐释。就此而言,文学阐释和审美批评具有特殊的价值和意义。因而,我们要吸收和借鉴威廉斯的经验,注重拓宽审美批评的视野,发挥审美批评在文学艺术和社会现实中的积极作用,有效提升审美的塑造力和影响力,春风化雨般改善人们的心理感知能力,润物无声地提升人们的精神境界,确保我们的社会沿着正确的道路行进,进而形成良性的精神生态、文化生态和自然生态。更为重要的是,探究和反思威廉斯的生态思想及其形成的轨迹,将帮助我们更新对知识生产的认识,了解知识生产模式变更与演进的趋势,洞悉这种演变的真正含义及其对生态批评的启示意义。这将激励我们在推进生态批评研究的过程中,密切结合社会需要和公众诉求,一切从中国实际出发,提出有自身特色的理论主张,切实推进学术话语创新和自主知识体系建设。

第一章

雷蒙德·威廉斯生态思想的知识学审思

中外学界一般认为雷蒙德·威廉斯是英国文化研究的旗手和新左翼思想家，这样的定位固然能够标识威廉斯的成就，但也不免失之简单，对他多方面的贡献明显有所忽略。纵观威廉斯的学术历程，特别是细致梳理他的学术论著，我们不难发现，他是一位不能被简单归类的大家，他的思想创见和理论主张横跨了文学、艺术、文化、大众传媒、政治、哲学、社会、历史、教育等诸多领域，而且在这些领域中均颇有建树，取得了令人称道的成绩。威廉斯学术活动涉足范围之广，甚至让他曾经的弟子特里·伊格尔顿（1989：7–8）深感诧异，认为他的学术研究"既不像社会学，也不像哲学、文学批评或政治理论，既有'创造性'和'想象性'的特点，又有学术研究的面貌"。其实，这绝非学科建制派的怨怼之词，恰恰相反，伊格尔顿的话正好说明了威廉斯的卓尔不群和博学多识，不仅从侧面揭示了威廉斯学术兴趣的广泛和学术业绩的厚重，还更深刻地阐明了威廉斯学术研究的鲜明特色，也即他的知识生产表现出与学界多数学者迥然不同的面貌。当然，威廉斯在很多领域著书立说，提出了标识性的学术概念和理论主张，吸引了中外学人的追踪和研究。但他还有一些思想洞见却并未以系统化理论著作命名，而是零星散落在他漫长的学术生涯中，若不加以捡拾和缀集，很可能成为沧海遗珠的憾事。比如，从知识生产的视角出发，梳理和总结雷蒙德·威廉斯的生态思想，并予以知识学的反思，无论对于我们生态文明的建设实践，还是对于生态批评理论的研究，都将大有助益。

第一节 “关键词”作为方法:关于“自然”的知识生产

雷蒙德·威廉斯生活的时代是社会急剧变化的时代,这也造就了其学术研究的无限丰富性。他于1976年推出《关键词:文化与社会的词汇》一书,将“关键词”作为研究方法,拓宽了学术研究的视野,创新了学术知识生产的路径。威廉斯(1976:10)指出,“关键词”并非绝世独立的语言学单位,而是跟社会、历史、文化等诸多因素紧密交织、互为影响的符号。他集中梳理了131个关键词,涵盖的范围极为广博,涉及文化、社会、政治、文学、历史等诸多领域,特别是创造性地揭示了这些关键词语义的历时变迁,阐明了制约关键词语义变迁的语境,从而揭示出关键词背后的历史真相、社会内涵和文化价值。虽然威廉斯在具体分析中采取了历史语义学的路子,但他的“关键词”研究很快就被学界接受为一种极富创意的研究方法。作为研究方法,关键词研究有效突破了传统语言学的拘囿和限制,将语言符号与社会、历史、文化等要素结合起来,重在探析这些要素对于关键词语义变迁的制约和影响,确保人们对关键词的认知更为全面,也更为深刻。由于与社会历史文化密切地关联了起来,关键词的语义界定就不再仅仅受制于语言符号的意指规则,语言之外的社会参照变得重要起来,更为宏阔的社会背景变得重要起来,关键词的含义成为多种因素共同作用的结果。这就为全面辨识和准确把握关键词提供了机会,为学术研究奠定了更为稳固的基础。(威廉斯,1976:20)

在威廉斯研究和阐述的131个关键词中,我们不难发现他学术兴趣和思想关切的生态导向,不难发现很多关键词都蕴含着丰富而深刻的生态意蕴。

早在1971年,威廉斯就曾撰文《自然的观念》,集中探讨对自然的理解,特别是思考了自然和人类的关系,究竟自然是否包括了人类这一问题是他关注的焦点,最终得出人的历史大都包含在自然之中的结论。自然绝非独自运行的客体存在,它始终与人及人的活动发生着密切的联系。在某种程度上说,自然就是人，人就是自然，自然的观念事实上与人的观念存在着很大的交织和重叠。（Williams，1980：70）自然究竟有何意蕴，到底有何象征意义，在不同历史阶段会有多样化的表现，在不同发展时期会有差异化的呈现。“‘自然’在启蒙时代哲学家、政治家以及浪漫主义作家眼中，同样具有不同的含义与形态，成为一种文化与社会建构的产物。”（李思捷，2023：99）此言不虚，在威廉斯的心目中，自然绝不是孤零零的自足实体，不是隔离于人类的单一的抽象概念，人类的生存固然离不开自然，但自然也已存于社会与文化之中，是社会与文化的建构物。即便人迹罕至的所谓“荒野”，其实仍是人的建构，仍是社会文化的产物，其实质无外乎人类基于与自然区分的观念表征与情感投射。

在其经典著作《关键词：文化与社会的词汇》中，威廉斯（2005：326）对“自然”这一关键词进行了深入的探究，坦言“自然”极难界定，是最为复杂的。在前期思考的基础上，威廉斯（2005：326）指出，“自然”一词有着既相互区分又密切联系的三种含义：其一是指事物的“基本性质与特性”，其二是指“支配世界或人类的内在力量”，其三则是指“物质世界本身”。这个物质世界或者包括人类，或者把人类排除在外。这样，我们不难看出威廉斯的自然观，一方面他认为自然就是一种物质存在，并且能够对人类社会施加强大的影响，是一种内在的力量；另一方面，作为物质世界本身的自然，与人类社会有着密不可分的关系，人类社会的诸多维度都与自然你中有我、我中有你，构成了一种紧密交融、互为参照的关系。由此出发，威廉斯认为“自然”与“文化”“生态”“乡村”“城市”“进化”等概念必然是互为交织和参照的关系。我们不妨看看威廉斯（2018：22）对“文化”的界定：“在过去，文化指心灵的状态或习惯，或者说一些智性和道德活动，现在则包括了整个生活方式。”毫无疑问，这里作为“整个生活方式”的文化，当然包括人的心智行为和道德活动，但也必然指向作为物质世界的自然。用他标识性的理论主张文化唯物主义来判断，“文化既不仅仅是一种经济基础的反映，也不只是一种决定性的意识形态结构，而是整个物质社会过程构成和被构成中不可分割的部分。这种对于整体性、系统性和复杂性的强调，正类同于生态学的相关内涵与观点”。（李思捷，2023：100）“文化”一词本来就人云亦云、众说纷纭，很难有一个归于一尊的权威概念，这其实恰恰说明人们可以从不同的侧面和角度来界定文化，文化几乎是无所不涉、无所不包的。那么，根据威廉斯的理解，作为“整个生活方式”的文化，自然有着复杂的意涵，自然也好，物质世界也罢，都是文化的合理构成。只不过，他强调的是文化基于复杂内涵的整体性和系统性，这就很自然地使其与“生态”一词在语义上多有会通和重叠。因此，可以说，威廉斯对“自然”“文化”“生态”等概念的认识是一脉相承的，其核心要义在于将自然放置在社会环境中加以辨识和考察，认为自然绝非文化的对立面，绝非人类生活的简单外在物，人类生活的变迁，文化的演进，社会环境的更迭，无不与自然相关，自然就是人整体生活的必要组成部分。威廉斯这样的自然观给我们以重要启示：“比起追问‘自然’的本质，更重要的是关注‘自然’背后存在的人类历史。”（李思捷，2023：101）正是在追问和反思人类历史的过程中，生态问题的诸多症候呈现在我们面前，这是自然因人类的“文明”和“进步”而付出的惨痛代价。

威廉斯的自然观，既凸显了作为物质世界的自然存在的重要性，又强调了自然就是人类社会历史的必要构成，就是文化的合理部分，是人类通过语言符号、文化活动和社会实践创造的建构物，会随着历史、文化和社会的变迁呈现不同的姿态和面目。他对人与自然互动性的强调，让我们关注人类活动对自然的塑造是否具有合理性，反思人类行为对自然的影响是否具有正义性。这种独特的自然观无疑有着深刻的生态意义。

第二节　认知重构：“乡村”“城市”“边乡”的生态反思

从知识形态上判断，有的学术思想是系统的，堪称体大虑周之作，有着严密的结构和逻辑，围绕某一主题进行全面的研究和深入的论证，然后形成核心观点或重要主张。这种系统化的知识生产和知识形态，在学术研究中发挥着重要的作用。不过，随着经济社会和科学技术的发展，知识的存在形态越来越多元化，论文、访谈、演讲、随笔等短平快的形式日益受到推崇。有的学者甚至突破学术体裁的限制，以小说、戏剧、散文、诗歌、杂文等艺术形式提出学术见解，使得知识生产呈现出灵活多样的形式。这种样态的知识生产，可能缺乏系统性和体系性，却具有明确的针对性和实用性，更容易抓热点，更容易追前沿，更容易转化为实践成果，从而成为严整知识体系的合理补充，同样在推动着学术的创新和发展。

以此衡量威廉斯的生态思想，我们发现，他既有《乡村与城市》这样的体大虑周之作，又有灵活多样的学术散见，更以小说的形式捍卫着自己的思想判断。综合地看，他的生态思想是深刻的，他的生态知识生产是丰富的，最典型的例证就是他刷新和重构了人们对“乡村”“城市”“边乡”的认知。

在威廉斯卷帙浩繁的著述中，《乡村与城市》占有重要地位，极具学术影响力，现已成为多个学科的经典文献。通常，该著被视作文学批评的杰作，其内容显示了威廉斯作为文学批评家的学术功底；但倘若将其意义仅仅局限在文学批评领域，无疑是对该著的窄化和矮化。毋宁说，该著确属文学批评的经典之作，但其重要性更在于它由文学研究迈向了社会政治批判，而且这种过渡是极为自然恰切的。在大量细致的文本分析中，威廉斯重在揭示“文学与社会的相互作用”，(刘进，2007：241)这显示了该著有着明显的“社会－政治前提”，(李思捷，2023)最终他提出了自己关于“乡村”和“城市”的判断。这些判断把人们熟稔的传统观念变成了习焉不察的偏见。

在人们传统的认知观念里，乡村和城市构成了一种二元对立关系。这种二元对立，从积极的层面讲，乡村代表着宁静、质朴、善良的美德，而城市则是文明和进步的化身；从消极的层面说，乡村表征着无知、落后和狭隘，城市则充斥着喧嚣的噪声、恐怖的暴力和人们不知餍足的野心。(Williams，1973：1)将两者彻底对立起来，并赋予其社会文化的象征意义，对乡村和城市在历史进程中彼此影响的互动关系置若罔闻，对其交互作用的依存关系视若无睹，无疑是一种缺乏辩证的片面认识，是一种早该加以省思的陈词滥调。幸有威廉斯为我们拨开云雾，厘清事实，而他的开创之功源自他对文学作品的细致解读和阐释。

威廉斯的分析对象，无论是“乡村别墅诗”，还是“乡村别墅小说”，都无法保留英国那充满乌托邦意味的田园形象，乡村承载的只不过是人们对其理想化的想象。“‘乡村’不仅不可能成为抵制资本或城市的空间，反倒成了后者的另一种空间符号或形式。”(刘进，2007：259)工业化以降，城市的扩张是显而易见的事实，与这一事实相伴而生的就是乡村的衰落，“资本主义获取了对封建主义的绝对胜利，城市成了主导性的生活、生产、斗争空间；这些‘乡村’空间所蕴含的复杂‘乡村’经验正是不同的人们在城市空间中的复杂经验……这预示着‘城市’不仅将在现实中成为主导，而且在文化（文学）上也将成为主导；城市不仅在现实中成为各种矛盾、斗争的新场所，而且在文化（文学）上也将成为集中呈现现实异质性力量‘聚集’的新空间”。（刘进，2007：266-267）这就是威廉斯对本•琼生、马维尔等多位诗人、小说家的作品加以细致解读的发现。在他看来，“乡村”不再是传奇的发生地，不再是田园怀旧的神话，这不过是诗人的想象和小说家言，是“田园诗中存在的虚假表现，而这与利益、特权、阶级立场息息相关”。（李思捷，2023：101）

在传统认知中，作为纯真、宁静、闲适的乡村的对立面，城市这个庞然大物往往表征着拥堵、扩张和贪婪，简直就是一个不断侵扰和蚕食乡村的怪物。而在威廉斯看来，这种看法很难成立，它“不过是以理想化的乡村反对城市的一种想象图景”。（刘进，2007：270）这种图景是某种文学的虚构与处理，它使“乡村仍然代表着‘有机共同体’的复活，城市则象征着‘共同体’的死亡；乡村成为了实现革命的手段和目标，城市成了革命的缘由和对象”。（刘进，2007：271）根据威廉斯的判断，这就是一层意识形态的面纱，是一种过于简单化的文学处理。事实上，“城市和乡村一样，都不是纯粹的、单一的、静止不变的地理空间，它本身内部充满了各种异质力量，并且在社会变迁中，这些异质性因素逐步从遮蔽走向敞亮，从神秘不可知逐步走向可知”。（刘进，2007：288）这就是说，乡村和城市不存在彼此对立的关系，那种一方压制另一方、一方拯救另一方的看法面临着解构。威廉斯认为，“这样的抽象化分离其实都来自社会利益和控制模式的决定，是掌握在‘少数人’手里的一种资本主义生产模式的优先特权的强加。事实上，乡村与城市的发展一直处于联系之中，并且二者之间也存在着许多中间形式以及新的社会、自然组织”。（李思捷，2023：102）无论是乡村还是城市，都是异质性力量角逐的舞台，都不可能再以自身的纯粹性而标榜自身，都体现出了某种与进步性相伴而生的复杂性。这种复杂性，颠倒了人们关于“乡村”和“城市”的传统观念，对于生态批评无疑具有重要的启示意义。

除了像《乡村与城市》这样系统阐发生态思想的著作外，威廉斯其他的著作虽未以生态主题命名，但也不时闪现他关于生态的思想火花，无论是《关键词：文化与社会的词汇》，还是《希望的源泉》，抑或《文化与社会》，都无一例外地包括了涉及生态话题的篇什，只不过显得有些分散而已。其实，威廉斯关于生态主题的学术散论为数众多，大都以文章、访谈、演讲、评论等形式存在，上文提及的《自然的观念》一文就是典型的代表。这充分体现了威廉斯在进行生态知识生产时，既追求系统性建构，也注重分散性言说，有时候甚至诉诸文学创作来表达自己的生态关切。在此，我们对作为小说家的威廉斯略作分析，来看一看他的作品中表达了怎样的生态思想。

我们知道，威廉斯于 1921 年 8 月 31 日出生在英国的英格兰与威尔士接壤处的潘迪（Pandy），这是一个以农为主的偏僻乡村。后来，他虽走出故乡，就读剑桥大学三一学院，后又执教牛津大学和剑桥大学，但在精神上并未远离故乡。他的学术研究布满了他故乡的踪迹，他的小说创作就更是如此。威廉斯创作的《边乡》（*Border Country*，1960）、《第二代》（*Second Generation*，1964）和《为马诺德而战》（*The Fight for Manod*，1979）这三部小说常被称作“威尔士三部曲”。这些作品是典型的“边乡”和“边界”书写，其中蕴含着他对乡村发展生态的思考。更须指出的是，威廉斯的思考是立足边界的思考，这种角度给了他辨识传统与现代、工业和农业、城市与乡村之间复杂纠葛的便利。可以说，“‘边乡’是雷蒙•威廉斯情感结构的来源，更是连接个人与社会、边缘与中心、乡村与城市的不可或缺的纽带”。（骈曼，2023：48）他小说中的人物，告别故乡前往伦敦这样的大都市，然后又以特殊的方式从大都市重归故乡，这种城乡间的游走，正是作者力图重绘“边乡”，“重建认知框架、打破威尔士乡村在消费主义视野中的奇观形象的尝试。这就意味着，什么是乡村，什么是城市，是处在开放的认识中的”。（陈湘静，2022：23）由此可见，威廉斯同样以文学创作的形式为自己的生态思想提供了辩护。对于“乡村”“城市”“边乡”这些概念，人们接受了许多错误的观念，威廉斯的边乡书写带有强烈的冲击性，颠覆和重构了人们的刻板印象和顽固看法。这些概念不是固定不变的，往往随着世事更迭和时代变迁发生明显的变化，对这些概念的认知重构，有助于我们充分理解社会文化的多样性和复杂性，从而有效推动学术的进步和社会的发展。（Williams，1977：75）

事实上，在这一过程中，威廉斯特定的“情感结构”在发挥着作用。他的

“情感结构”与其成长经历密不可分,来自故乡的家人和朋友以及他们的真切经验,构成了他反驳主流意识形态对乡村和边乡加以歪曲化表征和叙事的强大理据。(徐德林,2016)可以说,在重构认知的努力中,“情感结构”的内涵必然随之调整,而调整的取向之一就是生态,因为生态的考量综合了传统与现代、工业与农业、城市与乡村等对立关系所蕴含的各种矛盾,这无疑将促发威廉斯的生态思想。

第三节 生态知识的价值立场:生态社会主义构想

众所周知,威廉斯是一位马克思主义理论家,是英国新左翼的代表人物。他对社会主义有着深厚的期待,也渴望美好的未来能够见证更好的社会主义。“在其一系列著述中,雷蒙德·威廉斯批判了资本主义制度和生态殖民主义,初步展望了生态社会主义。”(陈茂林,2023:122)在上文提及的《自然的概念》一文中,威廉斯就将社会主义与生态并置起来加以论述,其生态社会主义思想由此得以滥觞。威廉斯的生态社会主义思想既包括了“社会主义的生态”这一维度,又包括了“生态的社会主义”这一维度。前者重在强调社会主义应有的生态特征,后者则主要从社会主义的结构模式出发,凸显了为社会要素之间、人与自然之间所设计的新的社会范型。无论是前者还是后者,都是建立在对资本主义制度批判和反思的基础之上的。(李兆前,2014:184)

威廉斯认为,造成当代生态危机的总根源乃是基于资本主义制度的生产模式和生活方式。因此,他对这一制度进行了深刻的揭批,并属望于替代性的社会主义方案。在设计替代性方案时,资源配置特别是自然资源配置的问题居于突出地位。倘若继续沿用资本主义的资源掠夺和压榨方式,不仅环境将持续恶化,资源面临枯竭,发展难以为继,社会的公平和正义也必然荡然无存。因此,合理的资源配置无疑是他重中之重的关切。威廉斯曾论述过作为整体生活方式的文化,其实他的这种整体观,还体现在他对资源配置的思考上,更体现在他关于社会运行机制的批判中，我们不妨将其称作威廉斯的有机整体观。这种整体观认为，构成整个社会的政治、经济、文化等诸多要素不是彼此孤立的，而是相互融合的，是不可分割的。它们构成了一个有机的整体，共同保障着社会的运行。无论是威廉斯论述的“情感结构”“可知的共同体”，还是他极力推崇的共同文化，无疑都表现出一个共同的倾向：强调有机的整体性。威廉斯密切关注着与他同时代的社会主义国家的建设与发展，但他更鼓励一种多元的社会主义实践，认为在设计资本主义制度的替代性方案时，应该诉求于社会主义生态和生态社会主义，这是社会主义制度的必然要求。客观地讲，这里的“生态”二字既是社会主义制度下诸要素良性运行之最佳状态的隐喻，又是社会主义对于自然和资源之态度的规范性安排，两者皆是社会主义应有的题中之义。

在论及社会主义的生态时，威廉斯意在“把社会主义和生态运动有机结合起来”。（李兆前，2014：185）在生态危机的严重症候面前，威廉斯将攻击的矛头对准了工业化以来的生产模式上，这种模式鼓励毫无节制的生产和消费，鼓励人类活动的无限扩张，其弊端在20世纪以后彰显无遗；与此同时，威廉斯试图在融生态运动于社会主义实践的尝试中，觅得一条符合社会主义生态要求的发展之路，让社会危机与生态病症得以消除，自然和谐成长，社会健康发展，人们安居乐业，再也不受能源短缺、环境破坏、工业污染、核能泄漏、贫困贫穷等诸多问题的困扰，而这就是社会主义生态的本质内涵。

这样的思想立场和理论倾向，自然将威廉斯引向对工业革命以来的生产模式和社会发展方式的批判，认为这种生产模式和发展方式是环境危机、生态灾难和社会失衡的关键诱因。在《希望的源泉：文化、民主、社会主义》中，威廉斯（1989：215-216）干脆认定以工业革命为突出代表的人类活动是造成上述问题的根本原因。正是在工业革命的影响下，经济活动中处处张扬人的霸权思想和霸蛮行径，经济利益往往建立在对自然资源的掠夺、压榨和蹂躏上，由此慢慢形成了与之相应的生产关系，人类与自然的关系被割裂开来，发生环境和生态的恶性事件也就不足为奇了。在威廉斯的思想深处，开历史倒车的社会模式是错误的，非政治的生态观也是错误的，要想走出生态危机，“生态社会主义才是最好的政治选择，才能真正实现人、自然与社会的和谐共处。要摒弃工业资本主义生产方式，以可持续发展理念为指导，建立一种共享型经济”。（李先悦，

2022：65）在共享型经济中，所有的社会成员将根据整体性需求进行生产与贸易，环境、资源和生态因此才会得到保护。在社会主义生态的构想中，还有两点值得关注，一是威廉斯希望对人们的“虚假需求”和“过度消费”保持警觉，鼓励“为实际需求而生产而消费，而不是为了利润而生产而被迫消费”；（李兆前，2014）二是他呼吁抵制和改变“人定胜天”的错误观念，因为这一观念充斥着人类的扩张主义逻辑。（Williams，1989：215-216）毫无疑问，这种人定胜天的观念和过度消费的做法将人凌驾于自然之上，将自然资源视作为我所用的客观对象，恣意豪取，毫无节制，其危害已昭然若揭地摆在了我们面前。

质言之，要想恢复环境的生机与活力，要想修复生态的种种病状，生态社会主义被寄予厚望，这也是威廉斯竭力提供的替代性方案。在这一方案中，占据核心地位的是调整人与自然的关系，根据威廉斯一贯的有机整体论思想，这种调整将覆盖生产关系的诸多层面和要素。由此判断，威廉斯（2010：457）的生态社会主义主张必然是一个整体性的综合工程，同时也是一个相对复杂的系统工程，“只有以非常复杂的方式，通过自信地走向非常复杂的社会，我们才能战胜帝国主义与资本主义，开始社会主义的建构，它将解放并汲取我们如今受到威胁的真正力量”。客观地讲，威廉斯的生态社会主义构想，集中地反映了他生态知识生产的价值立场，其实这也是他所有学术研究的价值立场。他在提出自己的生态观点时，他在建构自己的学术思想时，始终基于马克思主义的基本立场，将目光投向了社会底层和普通民众，为他们发声，为他们的切身利益“鼓”与“呼”，同时对资本主义制度及其生产生活方式展开深刻的批判。这是他生态知识生产的价值导向。文化研究让威廉斯得以名世，其生态思想在很大程度上是蕴含在他的文化研究中的，他的文化研究最为突出的特征在于始终把普通民众作为文化主体，这是显而易见的事实。在威廉斯（2014：40）看来，“无论是从一般意义上说，还是从艺术和信仰这个特定意义上说，创造意义和价值观的都不是某个特殊的阶级或群体”。他的言下之意是，真正创造意义和价值观的主体，应该包括普通民众，普通民众绝不能再被排除在外。过去被称作“群氓”之流，现在则以“大众”的面貌出现，当初那些“其他人”“无闻之辈”“平头百姓”，如今都应成为文化的主体。基于这种认识，威廉斯（2013：“导言”第5页）自然就会形成自己的“新的思考方式和感受方式，以及对于各种关系的崭新构想”。比如，他对“社会”正面含义的强调就包含着有利于人类的内容；而文化不仅是对新的生产方式特别是工业文明的因应，还关乎各种新型的社会和人际关系，是对新的政治形态和社会发展的反映。（威廉斯，2018：22）这种见识当然有利于保障普通民众对切身利益和社会正义的追求。再比如，威廉斯曾发出这样的追问：究竟是谁控制了出版社？究竟是谁占有了土地和工厂？文学作品中谁的声音被压制了，谁的声音被再现了？我们建构的美学价值究竟要服务于什么社会策略呢？（Greenblatt，1990：1）不难设想，能够发出如此追问的人，是与普通民众同属一个立场的，而这始终是威廉斯生态知识生产甚至他整个学术研究的价值原点。

第四节　生态知识的具身实践：生态行动与政治参与

作为英国新左翼的代表人物，威廉斯站在社会大众的立场上发声，对社会公平正义投以关注的眼光，这就决定了他对政治的高度热情。他确实就政治话题多有建树，只不过他的政治立论常常与文化结合在一起，而政治与生态的结合对他来说更是顺理成章的事。威廉斯的有生之年见证了英国乃至世界生态运动的勃兴。当时生态运动渐成热点，绿色政党产生影响，社会的绿色思潮和绿色转向如火如荼。这无疑会吸引威廉斯对生态问题的关注，他的生态政治观由此得以成形，其显著标志就是他参与的生态行动，就是他的具身性生态实践。

当然，从威廉斯的生态社会主义构想中，我们可以清晰辨识出他的主张其实就是他生态政治观的内容，而在《走向2000年》这部著作中，他的生态政治观更是得到了集中的展现。在此，我们给威廉斯贴上“生态政治”的标签，主要是因为他的生态理念蕴含着鲜明的政治立场，他对政治的关切表达了生态伦理的诉求，他为生态问题而奔走呼号也显示出清晰的政治品格，将这一切名之曰“生态政治”是对他生态思想和生态实践的合理概括。一个突出的例证是，在《走向2000年》中，威廉斯并非只是探讨生态问题，而是广泛涉猎了和平运动、平权运动、妇女运动等内容。这些内容明显含有政治动因,这就是他所谓的“希望的源泉”,是用以构建新社会秩序的“希望的源泉”。当然,在新的社会秩序中,既有政治目标的达成,又有生态目标的实现。换言之,如果要实现生态改善的美好愿景,绝对离不开政治的参与,而政治参与的最终目的之一就是生态的改善。政治参与有着浓厚的实践色彩。如果要消除工业革命的消极影响,不再将世界视作原材料的仓房,不再把自然视作资源开掘的宝藏,不再将生态危机及其背后的社会症结视作无足轻重的次要问题,就离不开政治参与,离不开政治实践。否则,种种愿景难免沦为困守书斋的空想。正因如此,威廉斯的生态政治理念和生态政治实践才颇具现实意义。

威廉斯的生态主张,并非要在“去工业化”和重构人与自然关系的努力中彻底否定人类中心主义,而是站在普通人的立场上,维护普通人的生存权益,哪怕与生态运动的激进口号相抵牾也在所不惜。“在人与资源、人与动物等之间,威廉斯认为首先考虑的应该是人的利益。”(李兆前,2014)也就是说,“我们对生态危害的预测,既要考虑到非人类的存在,也要考虑到人类自身”。(李思捷,2023)这种相对保守的姿态正是威廉斯成熟的象征,也是他多年社会实践的心得与体会。他本人曾亲眼见证矿工的抗议活动,他们的诉求是保留他们的工作,因为这工作是他们全部的生计来源,是他们“整体的生活方式”,即便他们的工作极其危险,即便他们的工作让当地环境满目疮痍。威廉斯对这些矿工的支持,显示了他“反对肤浅的、形式的、激进的环保主义(environmentalism),因为它和普通群众,尤其是劳工阶层的一般利益缺乏联系”。(李思捷,2023)这就是说,威廉斯的生态政治观显示出某种复杂性,它既要坚持“去工业化”的理念,又要考虑普罗大众的生命存续问题,考虑他们何以养家糊口、何以维持基本生计的问题。我们或许可以苛责威廉斯生态理想的不彻底、不纯粹,但对作为左翼思想家的他来说,这就是他的价值理念和政治立场。在当时特定的情境中,他似乎别无选择。有人将这种做法称作“弱人类中心主义”,既保护人类的权益,又肯定自然存在物的价值,既限制人的需要,又适当满足人的需要。这与威廉斯的生态立场是基本相符的。(李先悦,2022:64)

在威廉斯看来,关心环境和生态的问题,就需要走向政治,这是不二之选。威廉斯“始终坚持文化研究的政治批判与社会批判维度,追求‘共同文化’（common culture）的社会理想，而现代生态问题在很大程度上是由于阶级利益的存在，构成了对这一理想事业的冲突，这进一步激发了威廉斯在文化研究中对生态问题的关注，最终发展出了其‘生态政治’的理论向度”。（李思捷，2023：103）

对于威廉斯而言，政治的含义是广泛的，我们完全可以把他关于社会和文化的有关论述也视作他生态政治的合理内容。在他的思想深处，“这种意义上的文化是对一种特殊的生活方式的描述，它表现了不仅包括在艺术和学识中而且也包含在各种制度和日常行为中的某些意义和价值”。（威廉斯，2012：50-51）同时，“无论是在一个社会里，还是在一个人的思想中，文化都是平常的”，（威廉斯，2014：5）与文化相关的制度、艺术和学术都有自身的意义，都是对自身意义的表达。“一个社会的形成过程就是寻找共同意义与方向的过程，其成长过程就是在经验、接触和发现的压力下，通过积极的辩论和修正，在自己的土地上书写自己的历史。”（威廉斯，2014：4）由此看来，威廉斯（1981：353）把“文化实践”认定为“物质生产形式”，认定为“社会生产与再生产的建构性力量”（舒开智，2011：240）也就不足为奇了。从这个意义上说，威廉斯就生态议题采取了实际行动，要么以学术声援，要么以亲身参与，都取得了不错的效果。更须指明的是，作为文化研究的大家，他的研究实际上就是他的文化参与和政治实践，具身实践性反映了威廉斯文化研究的品格，也标识出威廉斯生态思想的底色。

第五节　生态思想的知识学反思：生前事与身后名

美国知识社会学领域的著名学者罗伯特·K. 默顿（Robert K. Merton）指出，知识社会学的产生离不开一个明确的假设，即真理能不能被接受可以通过社会得以说明，因为真理与它赖以产生的社会是密不可分的。（周晓虹，2002：413）这就是说，知识的产生离不开社会历史，后者不仅构成了知识生产的条件，也终将是知识和真理得以接受的判断标准。从这个意义上说，雷蒙德·威廉斯的生态思想典型地遵从了知识学的发生规律。他不仅将自己的生态知识生产与社会、历史、文化等要素结合起来，而且更重视将其用于实践，使其在实践中得到检验和产生影响。按照柯平（2006）的判断，所谓知识学就是研究知识的本质与功能，研究知识的形成过程和演化规律，它是一门包含着知识生产、知识加工、知识传播、知识运用等多种维度知识活动的综合科学，既涉及理论探讨，又指向方法总结。以此标准衡量，威廉斯的生态思想可谓面貌清晰、特色鲜明，他的生态知识生产既表现出高度的学术创新性，又在知识的传播和应用上颇具实践引领性。

难能可贵的是，威廉斯的生态思想典型地体现了知识模式的变革。据中外学者的研究，自 20 世纪 60 年代以来，知识生产的模式发生了显著的变化，已经由模式Ⅰ发展到了模式Ⅱ，现在还出现了模式Ⅲ，个别学者还提出更新的模式Ⅳ。在知识生产模式Ⅰ中，知识生产的情境拘囿于认知的语境，以学术共同体成员为知识生产的主体，在知识生产的组织上具有同质化的特征，多以大学和研究机构为知识生产场所，其目的是学科化知识建构，表现出学术性和学科性的明显特征。随着经济社会的发展和科学研究的进步，模式Ⅰ的知识生产方式慢慢被突破了，新的模式更强调知识的应用场景，知识生产的主体也涵盖了利益相关者和问题参与者，由同质化知识生产慢慢转向了异质性知识建构，表现出多形态、多层次、立体式的面貌，其场所不再局限于大学和研究所，而是走向政府、企业和社会，以更强的实践性和应用性突破学科的限制，转向了跨学科的多元化知识生产。（王琳博、顾拓宇、杨林玉，2023）由此观之，威廉斯尽管早在 1988 年就已去世，但他的生态思想建构契合了知识生产模式的创新。他走出大学校园，跨越学科限制，迈向广阔的社会舞台，面对社会大众发声，以具身行动参与生态批评实践，从而使其生态思想展现出独特的知识学形态。

雷蒙德·威廉斯著述颇丰，生前共计发表各类文章数百篇之多，出版著作 30 多种，并创作小说和剧本多部。有研究专家曾罗列威廉斯的著述名录，这份清单竟然将近 40 页之多。（O’Connor，1989）在所有这些论著中，明确以生态思想为主旨的甚为寥寥，其中《乡村与城市》可谓突出的代表。这部著作虽未以生态思想或生态批评冠名，却通过对英国各个时期文学文本的分析，集中呈现了作者对“乡村”“城市”及两者关系的生态反思，近年来已被纳入生态批评经典的行列。一个明显的事实是，威廉斯生前或许并未抱定从事生态批评的初衷来撰写此书，彼时生态批评也没有像他去世后的几十年间这么炙手可热、蔚为风潮。《乡村与城市》之所以成为生态批评的经典，离不开学界后来的解读和阐释，沿着生态知识生产的轨道的解读和阐释使得该著享有了生态批评经典的盛名，也让雷蒙德·威廉斯成了生态批评家。其实，对威廉斯稍加研究就不难发现，这种情形绝非仅局限于《乡村与城市》，他的很多著述都经历了同样的命运。

在作为“生前事”的学术成果中，威廉斯的初心可能倾向于在某一特定领域发声，但是他却难以左右作为他“身后事”的学术新阐释和知识再生产。正所谓“作者未必然，而读者未必不然”，威廉斯生前或许无心插柳，而他的身后早就柳树成荫了；他或许从未有过做生态批评家的愿望，但他的生态思想已然引人瞩目，他的生态知识生产已然成为宝贵的学术财富，也给我们的学术创新和生态文明建设提供了有益的启示。

第二章
雷蒙德·威廉斯生态思想的知识形态

经过几波的发展，生态批评现已蔚为大观，渐成学术盛事，也在社会生活中产生了共鸣。如果以生态批评的理论谱系作为参照，我们不得不说，雷蒙德·威廉斯生态思想的知识形态别具一格，其特色是极为鲜明的。

第一节　威廉斯生态意识的知识构成

从知识构成上看，雷蒙德·威廉斯的生态思想蕴含着丰富的内容，我们可以从如下几个方面加以描述和概括。

首先是威廉斯的"生态社会主义"思想。

马克思对"无视物质的属性而导致破坏生产的物质条件，进而破坏人的自由发展的条件的状况"进行过严肃的批评，这种状况表现为"以过劳死、抑郁为代表的精神疾病以及土壤贫瘠和过度采伐森林等各种形式"，"使人与自然的物质变换产生了不可修复的裂缝"。（斋藤幸平，2024：298）这种"裂缝"就是环境资源面临衰竭和生态系统遭到破坏的现实征候，也是人类精神生态出现扭曲病状的表征，从根本上说这是资本主义制度和生产方式造成的。对此，马克思认为必须清晰认识自然的界限，从而在社会主义的构想中更为审慎地对待自然，他给出的救治良方是"将自然从私有制中分离出来，并作为共同财产进行民主主义管理，除此别无他法”。（斋藤幸平，2024：299）这便是马克思最初的生态社会主义构想。马克思后来从物质世界的角度出发，“将环境危机与资本物化的力量联系起来进行研究”，主张“为了克服人与自然的物质变换的扰乱，必须废除资本主体化的力量”，也就是说，“为了反抗资本的逻辑，必须实现社会生产的更为理性的形态”，这就要求废除私人劳动和雇佣劳动，从而“构建针对资本的残酷的榨取主义（extractivism）的对抗战略”。（斋藤幸平，2024：299-300）资本主义私有制及其内在的资本逻辑，构成了资本主义制度的核心本质，这正是引发人与自然的物质变换发生扰乱和破坏的根本诱因，也是环境破坏和生态灾难的真正渊薮。可以说，这些看法就是生态马克思主义或生态社会主义的理论原点。此后，生态社会主义思想经历了几代学人的推进，特别是伴随着各种形式的生态运动，逐渐呈现出蓬勃发展的态势，并在当下演进成为重要的政治力量。

深受马克思主义思想影响的威廉斯对此自然感同身受。虽然他不是生态社会主义思想和运动的旗手，但在他的观念深处对这一思想有着强烈的认同。他的著作《希望的源泉：文化、民主、社会主义》中收录了《社会主义和生态》一文。据豪梅•桑切斯（2018：38）的看法，威廉斯和众多其他学者一道，“共同推动了一个关于社会生态学或生态社会主义的理论体系趋于形成”。客观地说，彼时生态社会主义已经成为一个包容度很高的概念，其中包括不同学者的各种理论主张，但归纳起来说，它实质上就是“试图以社会主义理论解释当代生态危机，从而为克服人类生存危机寻找一条通向社会主义的现实出路”。（郇庆治，2005：95）正是基于这种认识，威廉斯亲身融合了“红色”思想和“绿色”思想，自然而然地转向生态社会主义，用以辨识当代资本主义的现状和趋势，来把握冷战后西方社会主义发展的前景。正如有学者指出的那样，威廉斯“从没有质疑过社会主义以及社会团结、大众民主、共享、建立共同体、合作关系等社会主义核心价值观和美德，并一直在探索具备这些社会主义基本特征而又与既有社会主义不同的一种社会主义，那就是生态社会主义”。（李兆前，2014：184）

资本主义制度一味追求资本利益的最大化，完全置社会利益和生态系统于不顾。这种发展模式背离了环境正义，背离了发展的可持续性，造成了触目惊心的恶果和灾难。面对持续恶化的生态危机，威廉斯对此心有戚戚焉，他试图把社会主义和生态运动有机地结合起来，形成一种颇具生态意味的文化范型，从而对资本主义生产组织方式和产品分配方式以及社会经济关系进行深刻的反思。威廉斯指出,真正意义上的社会主义,能够与生态运动的理性判断真正结合起来,这种结合是历史和时代的结合。由此,社会主义者认定现有的资本主义生产发展方式是不可能消灭贫困的,恰恰相反,它很可能制造出新的贫困。"最关键的问题一直是生产的组织方式与产品的分配方式。这也是决定如何在不同生产形式之间进行优先选择的问题,而且这在当今显得尤为重要。其次,是人与人之间、阶级与阶级之间的社会经济关系问题,这些关系产生于上述决定,决定着增加生产是会减少或消灭贫困,还是会造成新的破坏、毁灭和新的贫困。"(威廉斯,2014:240)威廉斯批判了工业革命以来工业化的生产模式,指出这种生产模式导致了生产方式和消费理念的异化,其背后是人类扩张主义思想指导下的扩张实践,其直接后果便是环境的破坏和人文精神的滑落。造成这种弊端的根本原因不在别处,就在既有社会体制和思想意识之中。在威廉斯的学术想象中,摆脱危机最为理想的途径是,找到一条既能消除社会危机和生态危机又能走向社会主义的道路,也即生态社会主义。人们一定要认识到,人定胜天和扩张主义思想的基本出发点是错误的,人只是自然的一部分,人不应该是自然的征服者和主宰者,而应该只是有机的参与者,人与自然的相处原则同样适用于人类自身。

斋藤幸平(2024:301)指出:"马克思的文本能将我们自然而然地引导到生态这一问题上。"作为颇负盛名的马克思主义者和社会主义思想家,威廉斯的生态社会主义构想有着积极的意义,虽然难免在无政府主义和生态自治之间徘徊,虽然其实践价值似显不足,但作为一种积极的生态理念,无疑是具有可取之处的。

其次是威廉斯的"弱人类中心主义"生态思想。

事实上,随着生态灾难和环境危机的深化,西方社会有一种生态至上的极端化现象,有时候甚至到了"生态专制"的程度。在这种情形下,美国学者布莱恩·G. 诺顿(Byran G. Norton,1984)等人提出的"弱人类中心主义"观点很有现实意义。诺顿区分了"强人类中心主义"和"弱人类中心主义",认为"强人类中心主义"片面追求满足人们的"感性偏好",也就是通过明确的体验来满足个体愿望或需要,而"弱人类中心主义价值观支持满足部分感性偏好的同时,还强调人们对物质的消耗应该受到理智偏好的限制”。(杨振华,2013:94)很明显,与纵容感性偏好相对,弱人类中心主义的背后是一种理性偏好,这种理性偏好“取决于世界观、价值观、审美观和道德观,这一主张提出了完善片面的现代科技理性、调整对自然的消费主义观念,与今天已被普遍接受的可持续发展理念是高度契合的”。(杨振华,2013:94)也就是说,弱人类中心主义主张对人的需求和行为进行必要的限制,与常常流于控制、压榨、剥削自然的强人类中心主义截然相反,它表现出一种既反思人类中心主义又不偏执地走向极端的价值立场。

威廉斯虽然并未就此类概念进行系统的学术表达,但毫无疑问,他的生态思想是倾向于弱人类中心主义的。在理论研究和实践活动中,他试图重新定位人与自然的关系,强调人与自然应和谐相处,既不能有人类中心主义立场,也不能有绝对的自然和生态中心主义专制,而要确立人类与自然的良性关系,进而引导人类由“自我意识”向“生态意识”的转变。很显然,这种生态立场带有弱人类中心主义的明显特征。威廉斯在讨论人与自然的矛盾冲突时,认为应首先考虑人类的利益,人类是价值的主体,要通过理性和科学的态度分析生态环境,合理利用自然资源,对于那些不利于环境的生产和消费需要加以弃绝。可见,他在提倡保护生态环境的同时,没有完全取消人类的合理诉求,没有彻底滑向生态至上的极端立场,而是注重维护人类自身的利益。本着这一思路,威廉斯以英国为例,从环境、资源、政治、经济、社会、文化、科技、国际事务等方面讨论了人与自然、人与人、人与社会之间的关系模式以及相应的实践策略,体现了极富现实感的生态思想,在某种程度上平衡了当前生态批评的极端化思潮。

最后是威廉斯的生态共同体意愿。

如前所述,威廉斯对“文化”有着自己的认知方式。在他看来,文化并不仅仅指那些文学文本或艺术作品,文化就是一种社会实践,就是一种整体的生活方式。作为整体生活方式的文化,包孕着日常生活,包孕着社会结构,包孕着经济的和政治的社会关系,更重要的是它也是社会变革的承载者和反映者,我们完全可以透过文化,来窥知社会变迁的核心密码。在这里,我们可以分明感受到,威廉斯着意强调的是整个生活方式中各要素之间的关联,也即文化之中各要素之间的关联的意义和价值,说到底,这就是一种共同文化。有学者梳理出了威廉斯经由共同文化建构共同体的基本理路。第一步是从“关键词”到“共同语言”,强调语言“既是经验的载体,又是经验的呈现,它既深刻影响着传播的过程与结果,又生动反映着社会文化的整体变迁。只要我们真正掌握了‘共同语言’,其实就能完整理解‘共同经验’……在这个意义上,‘共同文化’离我们也就不远了。”第二步是建立民主的而不是“支配”的传播态度,要“认识到传播只是一种提供,而不是赐予,不是试图支配,而是试图获得接受和反应”,这样就有利于共同体的构建。第三步是将“平等”视为共同文化的前提,这一前提“能使传播的过程真正摆脱支配的阴影,进而弥合起整个社会所极端需要的‘共同经验’,而后者其实正是‘共同文化’的必要基础”。第四步是将“阶级”作为“个人与集体的辩证法”,不能以阶级来取消个人,也不能用阶级来判定其与个人的关系,这都是对人性的抽象简化,同时也不能走向相反,拿个人来置换阶级,从而对集体视若不见,要辩证地看待阶级与个人的关系。第五步是强调“团结”仍是社会“潜在的真正基础”,“要让每个人都能不受干扰地发挥自己的特异性与独立性,进而充分、平等地参与到共同体的建构中来”。这样一来,由“语言”“支配”“平等”“阶级”“团结”等五个关键词搭建的逻辑线路,“清晰地勾勒出威廉斯关于共同文化、共同体的基本蓝图,既有对共同体整体性质的把握,也有对共同体中集体与个体复杂关系的体认以及对于个体之间的平等的间性关系的思考”。(金永兵、张庆雄,2024)

这是威廉斯在《文化与社会》中展现的构建共同体的路线图。从中我们不难看到,他更为注重的是共同体的文化维度,注重的是思想意识、情感结构、交流和交往方式对构建共同体的作用。正如威廉斯(2005:79)在《关键词:文化与社会的词汇》中对“共同体”进行历史语义学梳理后指出的那样,“共同体”就是由“关系”和“情感”组成的。毫无疑问,但凡“关系”和“情感”成为界定“共同体”的重要标准,“生态”自然就是其中应有的题中之义。可以说,共同体思想或共同文化,是雷蒙德·威廉斯学术生涯的重要关切,其中包含着深刻的生态意蕴,这一维度我们不妨称其为“生态共同体”的构想。本来,威廉斯的共同文化思想是用来消除精英文化和大众文化、高级文化和低级文化之间界线的有力武器,不仅可以拯救工人阶级,还可以拯救整个人类。共同文化思想的显著特征就是平等性,但又尊重个体差异性,强调自然成长的重要性。共同文化允许多元意见的存在，允许个体独特性的存在，最终共同文化并不是要构建一致的、统一的共同体，而是要构建兼具包容、求同存异、和谐共处的文化共同体。这与生态理念正相契合。生态文化是实现可持续发展的文化，其基本特征就是崇尚自然、保护生态环境和有限的自然资源，就是促进人与自然的和谐共生和协调发展，就是要在人类与自然之间确立合理的“关系”和“情感”模式，强调“直接、共同关怀的意涵”，（威廉斯，2005：81）这恰恰就是威廉斯对“共同体”设定的基本内涵。威廉斯的生态知识生产，一方面聚焦文学艺术与自然环境的深层关系问题，另一方面关注社会生态、文化生态、精神生态与自然生态的内在关联。这将从“关系”和“情感”的维度为生态文化建设提供认识论的指导，为生态批评提供方法论的依据，为构建生态共同体提供全方位的保障。在这种生态共同体中，人与自我、人与他人、人与社会、人与自然之间诗意的审美关系得以确立，文学研究、文化分析和审美批评将拥有生态之维，对自然、生态和社会的观照也将具备审美的意蕴。它们彼此交融、合为一体，都将确保生态共同体的美好前景。

此外，威廉斯还对“乡村”“城市”“边界”等概念提出了新的见解，也对“文化”“自然”“生态”“情感结构”等术语进行了历史语义学考察。所有这一切都蕴含着丰富的内容，其中多与共同文化和生态共同体相关，也成为威廉斯生态知识生产的合理组成部分。对这些内容，其他章节有所论述，兹不赘言。

第二节 威廉斯生态思想的知识形式

从知识形态的角度衡量，威廉斯的生态思想具备鲜明的特征。

首先是跨学科的知识整合。雷蒙德•威廉斯的生态思想实乃一种跨学科的理论建构，这是由多种因素决定的。概括地说，这既与威廉斯的学术视野相关，又与“生态”的属性相连，还与知识生产本身的最新进展相呼应。

正如我们在绪论部分所说，雷蒙德•威廉斯有着多副面相，他绝非可以简单划入某一特定学科的学者，而是横跨了多个学科领域，具有宽阔的学术视野，也取得了多方面的突出成就。威廉斯向来以文化研究见长，而文化研究本身就具有跨学科的性质。这决定了威廉斯天然地具备“明确的跨学科追求”。他的关键词研究是“跨学科的”,他的《文化与社会》也显示出“不少关键概念往往相互关联、相互依赖,且有脉络可循”。(方维规,2019:124)倘若聚焦他的文学研究,我们仍不难发现跨学科的倾向,一如《乡村与城市》和《从狄更斯到劳伦斯的英国小说》(Williams,1970)所揭示的那样,他开阔的学术视野,决定了他的文本分析必将纵横捭阖,将文学要素与纷繁驳杂的社会要素紧密结合在一起,这当然会跨出文学学科的界限。在威廉斯的学术版图中,文学研究可以说居于基础性地位,由此扩散到历史分析、社会学研究、政治经济学批判、媒介传播理论和文化政治反思,又进一步吸纳了环境学、伦理学、教育学、文化学的有效因子。所有这些共同融汇成一个综合性的学术整体,为他多元化的学术运思和学术建构创造了条件,他极富跨学科意味的生态思想也就从中产生。很难设想,威廉斯会固守在某一特定领域里立论,这根本就不是他的风格,也不是他的学术志向。

无论从事生态学理论研究抑或开展生态批评实践,都将是一种跨学科的学术行为,这是由“生态”二字的基本内涵决定了的。这一词汇的本义就是指生物与其所生存环境之间互相作用与影响的关系状态,其间不光包括生态系统中的生物,也包括非生物的环境,所涉及要素之多几乎涵盖整个生活世界。单就生态危机而言,就需要研究人类行为对于外在自然世界的破坏性影响,要想弄清楚、搞明白这种影响,必须由多个学科共同完成,绝非某一学科独立可为。据威廉斯(2005:140)的语义学梳理,“生态学”及其相关词汇,从20世纪60年代末期开始,大量取代了跟“环境”一词相关的词群,并且“其延伸的用法持续扩大”,致使“生态危机”“生态灾难”“生态政治学”“生态活跃分子”这些词汇大量涌现;“由于重视环保的潮流日趋重要且持续增长,所以经济学、政治学与社会理论被重新解释:其宗旨是关怀人与大自然的关系,并且视这种关怀为制定社会与经济政策的必要基础”。威廉斯指出的时间节点,恰好就是生态批评蓬勃兴盛的时期。任何一位学者,若要针对生态的问题发声立论,必须具备多学科的学术素养,至少要学习借鉴其他学科的学术成果,舍此而别无他途。令人欣慰的是,生态本身的这种特点契合了威廉斯的学术素养和追求,这就使得他的生态理念和主张表现出跨学科理论建构的质地来。

同时，威廉斯的生态思想之所以表现出更为明显的跨学科特征，是跟彼时知识生产模式的最新演进分不开的。“伴随经济全球化、数字化、信息化的深入发展，知识生产方式在20世纪末从‘知识生产模式Ⅰ’转换为‘知识生产模式Ⅱ’，从本质上改变了具有明显学科界限且在认知情形中以线性方式形成知识的传统知识生产方式。”（邹宝玲、陈宇丹，2023：57）知识生产模式的演进，使得拘囿于狭隘学科界限的研究显露出局限性，由此传统的知识生产方式面临着突破，其发展方向之一就是开辟跨学科研究的新境界。“20世纪中后期以来，开展跨学科研究不仅符合知识生产的内在逻辑，也是新时代重要的学术研究范式和发展特征。”（徐晓东，2023：137）这已经是无可辩驳的事实和趋势，在学术共同体中获得了广泛的共识。就此而言，威廉斯的学术追求与知识生产模式的变迁严密合拍，与对跨学科研究重要性的倚重恰相一致。于是，他的生态知识生产具有鲜明的跨学科性就顺理成章了，他的生态思想成为一种跨学科的理论建构也就合情合理了。

其次是批判性的知识生产。威廉斯的生态思想具有鲜明的批判性，这既是他一以贯之的左翼思想立场的直接呈现，也是环境灾难频发、自然资源面临枯竭、生态危机日益加重的客观现实催逼的结果。

如果说威廉斯所具有的批判性就是他的标签的话，那么他的生态思想更是这种批判性的集中体现。出于生态考量，他将批判的矛头对准了工业革命造就的生产方式、资本主义制度以及受消费伦理和资本逻辑规约的生活方式。在威廉斯思想深处，“工业革命促使了‘有机共同体’的解体，现代社会的一个重要标准就是‘个体’与‘社会’的分裂，各种现代思想（包括对马克思主义的阐释）都在极力张扬这种分裂，这在英国传统中也显得十分突出”。（刘进，2007：372）这种“分裂”造成的危害是显而易见的，社会的和谐性和有机性遭到了破坏，个人的精神生态越来越畸形，而这一切均肇始于所谓的工业革命和工业文明。“工业革命之前存在的自然和谐、有机文化受到了人为的工业文明的侵蚀，引发了当代精神和文化的危机，摆脱危机的根本出路就在于重建和扩大‘有机共同体’（organic community）和重审文化价值，以对抗机械性的资本主义文明。”（刘进，2007：41）此处，威廉斯虽然只字未提“生态”二字，但这里表达的所有的意涵无不在为生态问题把脉问诊，是在对工业文明的批判中寻求救世的良方。在威廉斯（1991：109）的判断中，“不仅外在与物质方面由机器操纵，内在与精神方面也是如此”,长此以往,人就难免被工具化的命运,连“情感结构”都会受制于机器,连鲜活的感性和直觉,甚至思想和观念,都将受到操控和制约。

需要指出的是,其罪不在机器,而在操纵机器的资本制度。资本的本性在于谋求利益最大化,在于攫取剩余价值,这就决定了它剥削与压榨的本质特征。剥削与压榨的对象,既指向资源与环境,又指向受压迫和盘剥的劳动者,一方面破坏了环境和资源,另一方面损害了人们的精神生态。面对资本逻辑的体制化运作,威廉斯直接揭露了资本主义制度本身的剥削本质以及资本主义制度显失公平的本质。资本主义制度借助对文化的操控和对经济资源的掠夺,处心积虑地维护其霸权地位,严重阻碍了社会的民主与进步。

对于资本逻辑规制下的资本主义生活方式,威廉斯同样作出了批评性提示,其锋芒直接指向了消费主义思潮。威廉斯“坚持工人阶级文化的合法性,强调工人阶级意识中能动的一面,相信优秀的工人阶级能够选择和创造自己的大众文化形式以抵制和反抗消费主义(在威廉斯那里即指资本主义的文化),从而改变了共同文化的主体”。(韩水仙,2002:149)显而易见,威廉斯对工人阶级极有信心,认为他们有能力去判断何种文化形式在价值谱系中具有优先性,也对他们抵制消费主义的主体性选择抱有乐观态度。这说明他对消费主义操控的生活方式不以为然,认为消费主义导致了资源的浪费、破坏和枯竭,对于生态危机和环境灾难负有不可推卸的责任。

批判之余,威廉斯寄予厚望的还是他文化研究中的价值追求,这种追求蕴含着消除社会不公和生态危机的成分。正如威廉斯(1991:72-73)所说:“在一种新社会把人看成只是专门化生产工具的时代里,显然有必要强调普遍共同的人性。对爱和关系的强调,不仅在直接的磨难中是必要的,而且必须用这种强调来反对新社会所体现的咄咄逼人的个人主义和经济至上的各种关系。同样,强调创造性的想象,可以看成是要另谋确立人类的动机与活力,以对比当时流行的政治经济学的种种假定。”人类不应成为专门化的生产工具,而是有着基于爱、同情和关系的共同文化,有着创造性的想象与追求。这与种种功利目的性十足的政治经济学假定有着明显的区别。事实上,这种批判性的主张,在很大程度上,都是威廉斯生态思想和生态行动的自然延伸。

最后是实践性的知识行动。知识生产模式的变更，不仅凸显了跨学科研究的重要性，也把实践应用的价值导向提到了新的高度。威廉斯生态思想并非僵死的书本知识或高头讲章。恰恰相反，他的生态思想是以实践性、行动性和应用性为标识特征的。正因如此，他的生态思想给人以相对零散、缺乏系统的印象。这并不表明他的生态思想缺乏理论性和学术性，只能说明他的生态思想契合了知识生产的新模式，表现出了新的知识形态。

自始至终，威廉斯的生态思想都贯穿着马克思主义的现实逻辑。如果对雷蒙德·威廉斯的生活背景和职业经历加以回顾，我们就不难发现两者在形塑威廉斯学术思想方面的重要性，也正是这种背景和经历决定了威廉斯的现实关切和人文情怀。我们有必要指出，威廉斯的学术贡献和理论主张乃至他整个的学术生涯，都具有鲜明的在地性和实践品格，都始终把学术的触角深入现实之中，这和寻章摘句的书斋做派判然有别，更与凌空蹈虚的不良学术倾向截然相反。（徐小霞，2019）归根结底，这体现了马克思主义基本原理对他的影响，马克思主义构成了他理论研究的底座和基础。正是这一现实逻辑，让威廉斯在多重理论话语的建构中确立起自己独特的生态思想，其独特性在于鲜明的实践导向，即便是他理论性和系统性的论著，也充满了关注现实和指导行动的精神，这与很多其他学者相比有着明显的区别。

在"《走向 2000 年》一书中，威廉斯将生态运动、和平运动和妇女运动等新的政治因素视为建立一个新社会秩序的'希望的资源'"。（李思捷，2023：104）由此可见，威廉斯格外注重生态运动，也亲身参加生态运动。他密切关注现实，紧盯英国资本主义社会的波动与变化。现实中的生态运动，政治舞台上新成立的绿党，左翼运动中的绿色思潮，都有效激发威廉斯对生态问题展开深入的思考。这些思考会转化为学术成果，或者是系统性的专著，或者只是篇幅较小的学术文章，也都发人深省，表达了他对于社会现实的最新判断，构成了阐释他生态思想的重要篇什。更为关键的是，威廉斯对现实生态的关注，常常激发他介入具体的生态行动，以具身实践落实自己的生态思想，也成了他的招牌与亮点。

第三节　威廉斯生态批评的价值形态

“生态社会主义”“弱人类中心主义”“生态共同体”等构成了威廉斯生态思想的主体,也是威廉斯生态知识生产的重要内容。这些内容或为威廉斯首创,或为威廉斯认可,或为我们对其思想的学术化概括,都与其学术立场和现实情怀密不可分。尤为可贵的是,威廉斯的生态知识生产,是针对英国后工业化社会发展实际作出的理论判断,在社会批判中有取舍,在人文批评中有扬弃,形成了颇具参考价值的思想导向、理论主张和分析范式,可以为我们建设生态文明提供借鉴,为我们探索中国式现代化发展之路提供参照,为满足人民日益增长的对美好生活的需要提供经验。在威廉斯身上,我们既得到了理论运思的方法论指导,又受到了价值立场的方向性启迪。他的生态知识生产将激励和引导我们在学术话语创新的道路上精思猛进,不断取得新的成绩。

从威廉斯生态思想的知识构成和知识形态中,我们可以得出诸多价值启示。威廉斯的生态思想引导我们刷新了对文化与自然的理解,使我们更愿意在互动和共生的关系中去把握文化与自然的关系。文化与自然,不能说谁是谁的背景,谁是谁的对象,它们永远处在一种互相影响和彼此塑造的动态过程中。作为整体的生活方式和实践形式,文化不仅可以观照自然、反映自然、表征自然,更将借助特定的价值立场、思想观念、活动方式和实践模式去影响自然,促发自然环境和生态系统产生积极的变化。从这个意义上说,文化就应秉持生态意识,就应秉持责任意识,以鲜活的形式保护生态和自然。我们应该以文化的多样性保护和促进生态的多样性,以“生态多样性隐喻文化多样性”(龚浩敏,2022:38),让生态多样性为文化多样性提供更为坚实的保障。换言之,我们的文化与自然应该彼此生发、共同成长,要在文化中培养尊重自然、保护环境和生态的意识,更要在实践中维护生态平衡和环境正义。经由威廉斯生态思想的启迪,我们应该激发生态想象力,秉承可持续发展的理念,努力推进社会结构的生态转向,推动经济社会不断迈向环境公正和生态友好的发展目标,促进人类活动和自然环境的和谐共生。

威廉斯促发我们对消费社会的生产和运作模式以及消费主义伦理价值观进行了深刻的批判和反思。消费主义激发和塑造虚假的需求，引诱人们过度追求和依赖物质，甚至迷恋物质的象征意义和符号价值。它诱发的增长逻辑，与生态的可持续发展南辕北辙、背道而驰，终将导致严重的资源危机和生态后果。因此，面对已然渗透进我们日常生活的消费主义观念，我们必须密切关注、积极应对并展开批判。在战后的西方社会，消费思潮风起云涌，消费社会不断推进，消费取得了相对于生产的优势地位，成为社会运行的关键枢纽。在人们的日常生活中，消费逻辑无孔不入。这种逻辑为商品赋予了额外的符号意义和象征价值，后者成为人们的新宠，成为人们追逐的对象。购买一辆汽车，其使用功能固然重要，但对消费者而言，更重要的是这辆汽车美丽的外观，是它超越其他汽车品牌的象征价值。这不光标识了购买者的身份地位，还将为他的品位和兴趣背书。（王敬民，2024：99）密切关注现实的威廉斯，对此不可能不有所触动。他对消费主义侵扰人们日常生活、左右人们消费行为、控制人们思想观念的做法提出了警示。在威廉斯看来，有些消费根本是没有必要的，有时候享受简单生活，把更多的时间和精力放置在人际关系的深化和拓展上，或许更有价值和意义。如果任由消费主义泛滥，无节制地占有和消耗各类物品，势必危及全社会的可持续发展，毕竟有限的资源总量难以支撑消费主义生产和生活方式的蔓延，毕竟在重重生态危机面前，在严重的环境灾难面前，在不可再生的资源面前，那种生产和生活方式是难以为继的。（威廉斯，2014：239）

威廉斯的学术背景是文学艺术，他最初从事的工作是文学审美，他学术生涯中最先产生影响的也是文学研究，即便他的很多著述跨越了文学的界限，也大都以文学研究为基础和底色，而且他本人还从事文学创作，出版了多部小说作品。因此，在进行生态知识生产时，威廉斯的环境批评和社会批判很自然地诉求于文学艺术，诉求于他对文学艺术的深入研究。正是在这样的研究成果中，他的生态思想得以成形并产生了积极的影响。威廉斯与其他学者的不同在于，他的文学批评“突出现代文学形式与普遍的现代经验之间的关联，尤其是现代悲剧文学（包括戏剧和小说）与现代革命经验之间的联系”。（刘进，2007：118-119）可以说，他的文学研究，无论对戏剧的分析，还是对小说的探究，都不是那种专注于文本的内部研究,毋宁说,他的文学批评就是一种文化实践。比如他的戏剧研究,就“既不是一种纯粹的文学批评,也不是一种‘剧场批评’,而是将戏剧作为一种文化革命的文化形式来展开研究”。(刘进,2007:119)他这样做的目的在于,从研究中探析日益世俗化的戏剧形式所隐藏的“情感结构”,借此“既坚持戏剧的文学形式的维度,又坚持戏剧的表演形式的维度;既发现戏剧形式自身的现代演变历程,又通过戏剧形式的演变来发现戏剧演变与社会变迁之间的复杂关系”。(刘进,2007:125)同样,威廉斯对于小说研究也作如是观:“小说是作为一种文化革命的形式进入威廉斯的研究视野的,其小说研究试图通过小说这一文学形式来介入他对现代社会现实的思考。”(刘进,2007:197)对威廉斯而言,一部小说最为重要的是,看它能不能在认知和交流社会现实经验的基础上形成“可知的共同体”。如此一来,它就融合了文本的内与外,是一种综合性的文学研究,这很容易让我们想到“审美”的概念。长久以来,人们有一种相对固化的理解,认为所谓审美批评或审美研究,就是要把注意力放在文本内部诸要素上,对文学艺术作品的语言风格或线条造型加以研究。其实这是一种相对狭隘的理解。按照姚文放(2008:102)的界定,“所谓‘审美’,就是人类基于完整、圆满的经验而表现出的一种身心洽适、灵肉协调、情理交融、知行合一的自由和谐的心理活动、行为方式和生存状态”。何为“人类基于完整、圆满的经验”呢?答案不言而喻。这种经验当然涵盖了威廉斯所重视的社会现实经验,将其与文学艺术的内在质地加以融通,不仅凸显了文学艺术本身的社会价值,而且也维护了审美研究和审美批评的价值空间。这样的理路在威廉斯那里是一贯的,他在多个领域的探索都秉持了这一精神,在他关于电视、广播、电影、戏剧和小说的论述中审美研究的丰富性得到了充分的体现。(O'Connor, 1989:89)在所有这些研究中,生态的问题是绕不开的话题,这一点只需看看他的《乡村与城市》便可一目了然。纵观威廉斯的学术实践,我们发现,在他包括生态批评在内的学术研究中,文学艺术及其审美批评一直就是不可或缺的重要内容,也形成一种强大的学术动能,使他借以反思工业文明,批判社会制度,引导生活方式,鼓励交流对话,推动社会变革,涵养生态思想,重塑精神价值,并且取得了卓尔不群的效果。

当然,随着生态批评的进一步发展,物质生态批评、动物研究、植物研究、新物质主义、赛博格批评等新热点渐次登上学术舞台。虽然雷蒙德·威廉斯鲜有对这些话题的论述,不过他开启的生态意识和生态精神得到了延续,他的学术视域和研究方法得到了继承,他与这些新的学术议题足以展开跨越时空的交流与对话。

第三章

雷蒙德·威廉斯生态思想的检视与反思

雷蒙德·威廉斯注重理论与实践的结合，注重在文学文本的解读和阐释中生发自己的学术观点，同时也让自己的理论主张在文学艺术文本分析中得以验证，在社会文化实践中得到检视。随着知识生产模式的转型，如今的生态批评理论究竟表现出什么样的面貌和形式？究竟该如何对此加以分析和评判？现在的生态批评是否存在什么问题？它未来的走势又将如何呢？这些都是当前生态批评所面对的热门话题。下面我们通过文本分析，来对威廉斯的生态思想展开初步的反思和检视，并由此出发尝试对上述问题作出回应。

第一节　生态思想的文本检视[①]

雷蒙德·威廉斯一生著作颇丰，他的“情感结构”理论、“共同体”思想、“文化唯物主义”主张、“关键词”研究方法等都受到学界的广泛探讨，但其生态思想所得到的关注却相对较少。究其原委，或与两方面原因有关，一是威廉斯本人并未出版过系统的以“生态”命名的阐述其生态思想的专著，二是蕴含其生态思想的多部著作的中译本在我国出版时间较晚。（郑楠，2019）现如今，已有

① 在本部分内容的准备和撰写过程中，张晓婷做了大量基础工作，特此致谢。

学者开始关注威廉斯生态思想的学术价值和现实意义，他们或提议深挖威廉斯的生态社会主义思想观点（李兆前，2014），或称威廉斯为生态思想家乃至生态文化研究的创始人。（Malay，2014；Giblet，2012）值得注意的是，同托马斯·哈代一样，威廉斯也生活在远离国家核心地带的边远乡村，他（1970：97）曾在自己的著作中肯定了哈代的边乡书写，认为哈代的小说对于理解英国小说的整体发展过程具有深刻的意义。因此，在生态、城乡、环境、发展等问题日益受到关注的当下，从威廉斯的著作以及诸多学者的研究成果中厘清威廉斯的生态思想主张，并将其作为哈代小说的分析范式，不仅可以在文学文本中检验威廉斯的理论观点，也能够为哈代小说文本的阐释提供新的视角。

首先是威廉斯对乡村认知的重构。

在工业化进程的裹挟下，农村人口大量迁入城市，英国的城市人口激增，这不仅带来了大规模、密集型建筑的拔地而起，也造成了城市与乡村的观念对立。（纪晓岚，2004）对城市千篇一律的钢筋、混凝土建筑的厌恶，以及对更为“自然的”环境的幼稚渴望，驱使很多人远离城市，去乡村寻找心灵栖所与精神抚慰。在《花园里的机器——美国的技术与田园理想》一书中，利奥·马克斯（Leo Marx，2011：2-3）将这种逃离城市、拥抱乡村的做法称为情感型田园理想。这种心理反映了人们对绿色风景的渴望以及对宁静和谐的美好生活愿景的追求，但同时也受到了媒体的大肆改造和资本的高度操控。为赚取利润，媒体与资本携手营造了田园乡村的诱人景象。譬如，美国的影片和杂志就通过呈现乡村生活的原始与幸福来迎合人们的这种心理，与田园理想相关的香烟、啤酒、汽车也大受热捧。长此以往，在旅行者、农家乐、媒体效应、作家的“绿色”文学书写等多种因素的渲染下，乡村呈现出一片风景优美、心旷神怡的伊甸园形象。然而，这种盲目追捧的背后有着更深层次的问题：加诸乡村的种种光环是否符合实际呢？乡村居民能否予以认同呢？它们究竟名实相符还是言过其实呢？其背后又有多少商业动机和意识形态印迹呢？不消说，这些问题均须详加考辨。

为了还原农村的真实图景，威廉斯在其著作《乡村与城市》中首先追溯了田园诗歌的写作历程。在经过一番梳理后，他发现早期的田园诗歌书写了彼时乡村的事实，不仅呈现了安居乡村的乐趣，也传达出乡民频受战争威胁的恐惧心理。但在随后英国古典作家的笔下,“田园诗变成了一种极其造作和抽象的形式:它的纯朴完全是外部的”。(Williams,1973:20)也就是说,人们不再以劳作中的乡下人的眼光来看待自然,而是从一个旅行家的角度来感受自然。对此,威廉斯列举了蒲伯(Alexander Pope)对牧羊人的理想化塑造、迈克尔·德雷顿(Michael Drayton)对乡村生活的梦幻性想象、托马斯·卡鲁(Thomas Carew)对乡绅生活的赞美等具体例子来佐证其观点。这些新古典诗人的诗歌皆是对乡村地主的一种美化和辩护,而这种辩护其实是“通过对劳工的生存的简单提炼来完成的”。(Williams,1973:32)质言之,此时的田园诗歌已沦为宣扬地主统治秩序合理性的工具,早已从根本上剔除了劳工的存在及其生存的艰辛。事实上,“无论过去还是现在,乡村都是美好与苦难并存,它既没有因为资本主义工业化而消亡,也并非我们在诗歌中看到的那么美丽”。(陈海,2015:58)这样的观点雄辩地指出了乡村生活的两面性:乡村生活既有它的甜美之处,也饱含苦难色彩。因此,要还原乡村的真实面貌,就极有必要借鉴威廉斯的理论并验之于哈代的乡村书写,以此来客观公正地重塑人们对乡村生活的认知。

哈代的作品呈现了乡民的愚昧和守旧。在《德伯家的苔丝》中,哈代借苔丝的悲惨遭遇书写了乡民的世俗成见,这在一定程度上纠正了将乡民生活浪漫化、理想化的文学书写传统。首先,小说中德比菲尔好吃懒做、整日耽于幻想的人物形象打破了乡民素来勤劳朴实的刻板印象,而苔丝的母亲也爱慕虚荣,指望苔丝嫁给富贵人家来帮助家里渡过难关。在这样一个不幸的家庭中长大,苔丝很早就背负起家庭的经济重担。但勤劳淳朴的苔丝并未得到命运女神的垂青,相反,她接连遭受了心怀不轨的亚雷的玷污、乡亲的指责和父亲的冷眼。秉持世俗成见的乡民指摘苔丝:“无论在贞操方面,无论在节制方面,无论在嗜好方面,都不能算是好榜样。”(哈代,2020:512)即使是有着先进思想的克莱尔,在得知心爱女人的遭遇后,也不知不觉地沦为世俗成见的帮凶,狠心将她抛弃而孤身前往巴西。就这样,本该是受害者的苔丝,却被当成是一个不正经的女人。甚至在她父亲去世之后,村民立刻将居无定所的孤儿寡母赶出马勒村,让他们留宿街头、自生自灭。可以说,村民的愚昧无知和克莱尔对苔丝的抛弃是导致苔丝最终毁灭的关键因素。

由此可见,乡村生活并非宁静和谐的世外桃源,其内部也波谲云诡,充斥着不同思想的交锋。乡村生活主体的不理想状态,对人们惯常的乡村认知不啻一种颠覆性的冲击,也使得威廉斯揭示乡村刻板印象的努力变得合情合理起来。

哈代的笔下也充满了劳工从事体力劳动的辛苦。“如果说美丽的乡村确实存在,那也仅仅存在于那些远离劳作的人的眼中。他们远离劳作却拥有土地以及土地上的一切,正是他们写出乡村美丽的神话。”(陈海,2015:59)此言道出了“美丽乡村”神话的诈骗性和虚妄性,乡下生活的美好与富足仅仅是外来人和大地主的特权,佃农、短工、长工等劳动者早就被排除在外了。

劳动者的辛苦首先体现在工作的不稳定性上。像苔丝这样的劳工,农作时长全凭季节的更替和农事性质而定,具有时效性和极大的不确定性。在小说中,自苔丝辞去亚雷家养鸡场的工作后,她就像浮萍一样随处漂流,必须四处寻找自己能干的工种。其次,劳动者的辛苦也体现在他们平日的忙碌劳作中。在秋季农忙时节,苔丝等短工还可以找到稍微轻松些的零活,但一到庄稼停长的冬日,迎接他们的就只有凄风苦雨的天气和冻成冰碴的削萝卜活计。即使戴着极厚的皮手套,也挡不了刺骨的冷气。打麦垛的时候,机器的引入使得工人们更加疲惫不堪。不管男人还是女人,“没有一个不腰酸背痛,汗流气喘的。往机器里填麦子的工人累得身疲手懒……”(哈代,2020:484)就这样年复一年,劳工们随着农田上的繁忙情况不断转场,不断迁移挪动,在田野上、牛奶厂里等短暂需要他们的地方挥洒自己的汗水,没有稳定的工作,更没有稳定的收入。

因此,仅仅讴歌乡村生活美好,而对乡村生活的阴暗面视而不见的诗作,只是为封建统治阶级地位合法化辩护的工具,也掩盖了劳工的悲惨生活处境。(李先悦,2022)哈代对劳工贫苦生活的揭露,同威廉斯在《乡村与城市》中呼吁诗歌创作应承认劳作事实的做法不谋而合。他们都认为,严格意义上的乡村属于那些真正在乡村从事各种活计的人,而不是拥有豪华大宅的庄园主。就这样,威廉斯揭示了乡村生活的真面目,这种真面目在哈代的文学文本中得到了鲜活呈现。这正说明,作为现实主义作家的哈代,在作品中真正书写和批判了社会现实。

其次是威廉斯对城乡结构的颠覆。

曾几何时,人们一提起城市和乡村,就带着一种深植脑海的刻板印象:城市是先进的而农村是愚昧的，城市是肮脏的而农村是美丽的。在《乡村与城市》中，威廉斯（1973：1）追溯了这种二元对立的思维模式，指出将乡村与城市加以对立的源头可以追溯到古典时期。不仅如此，他还指出农村的自然经济和资本主义经济之间并不是一种毫不相干的关系，恰恰相反，资本主义经济正是在自然经济的孕育下产生的。哈代也在自己的文学作品中书写了这种乡村生活中潜藏的变革暗流。（魏艳辉：2012）

我们在哈代的小说中看到了乡村生活内部的流动性。乡村生活并非一成不变，而是“具有一种切实存在的流动性”。（Williams，1973：200）这种乡村生活不断变化的性质，可以从不谙世事的苔丝的思想变化中得到揭示。苔丝并非一个完全没有接触过城市世界的农村姑娘，她曾在求学期间跟着一个伦敦毕业的女教师读了六年书，或多或少地受到了外部世界的影响，在某种程度上接受了社会流动性的观念，这就是她曾与宗教迷信观念短暂对峙的原因。在与亚雷生下的孩子不幸去世后，她不顾父亲的反对，私自给孩子洗礼。这时的她已经无意识地对陈旧的社会道德观念产生了质疑。由此看来，苔丝所在的乡村即使再偏远，其内部也正在经历缓慢的变革，正在迎来各种各样的思想抗争。

其实，乡村内部的流动性还体现在新旧贵族的财富变更中。苔丝家的祖上原本是一个家境殷实的富贵人家。正像一位牧师所言，他们原系贵族“德伯”家的后裔，但传到苔丝的父亲德比菲尔这一代，他仅仅以做小商贩为生，早已家徒四壁、荣光不再，日子过得甚为拮据，几乎到了穷困潦倒和捉襟见肘的地步。不仅苔丝家，村里很多原本有钱的家族，如今都相继没落。而发迹的商人西蒙·司托则凭借自己的资产购入一座乡下庄园和“德伯”这个古老而荣耀的姓氏。因此，德伯这个姓氏，不仅证实了德伯家曾经的风光荣耀，也见证了如今真正的德伯后人的陨落和其他家族的崛起。三十年河东，三十年河西，“这是数个世纪以来发生在有权阶级及其附属阶级身上常见的富有破坏性的故事”。（Williams，1973：210）新旧贵族的交替对社会结构产生了复杂的影响。苔丝的父母以及其他商人、手艺人在早期都属于比较稳定的保产人，但现在的情形却大不相同，一旦他们久住的房子到期了，就很少有人再租房子给他们住。因此，这些“旧日乡村生活的骨干”，现如今只能迁移到人口稠密的大地方，即统计家所说的“乡村人口聚会都市的趋向”。（哈代，2020：512）

我们在小说中看到，城乡之间存在某种紧密的联结，两者之间并不存在截然对立的关系。正如李先悦（2022）所言，资本主义社会的市场关系是从封建时期的自然经济里孕育出来的。换言之，资产阶级的前身就是靠圈地运动、收取土地租金致富的大地主。在赚取足够多的财富之后，他们在城里安家立业，摇身一变成了资产阶级。哈代的小说就体现了这种内在变化的连贯性。在他看来，英国的乡村大体上可以分为三种，其中一种就是"地主不住在乡下，由着他的佃户们耕种，他只收地租"。（哈代，2020：414）苔丝在棱窟槐从事的短工工作就属此类。当地的佃农为了加快收成速度，不仅雇用了短工，还租了蒸汽打麦机。正像雷蒙·威廉斯（1973：212）所说的那样："机器受雇于一个农场主，而非受雇于工业主义。"因此，经常摘取哈代的片段来证明乡村力量同城市力量对峙的学者，在一定程度上忽视了作家将城市与乡村联系在一起考虑的努力。苔丝早年工作的牛奶厂也与城市之间保持着农产品的交易往来。铁路的开通使得牧场老板可以凭借便利的交通条件向伦敦提供牛奶，这就是农村资源的商品化，是面向城市的商品化。哈代笔下这种城乡联结，而不是截然对立，可以说俯拾皆是，这是不容辩驳的事实。

同时，城乡之间的传统关系在世界范围内得到了重建。在《乡村与城市》中，威廉斯以两章的篇幅对城市与乡村间的贸易关系作了探讨。航海大发现与殖民扩张使得偏远国家的原材料——咖啡、茶叶、香料、烟草——纷纷流入英国的乡村宅邸。为了加快对被殖民地的剥削，帝国主义在偏远地区建立了种植园，通过安排白人管理、掳掠黑奴等方式保障商品贸易的顺利进行。约瑟夫·康拉德（Joseph Conrad）的《黑暗的心》、阿卜杜勒-拉扎克·古尔纳（Abdulrazak Gurnah）的《遗弃》等作品，都对英国殖民者强取豪夺的行为进行了控诉。正是通过对外的殖民与贸易，英国本土的乡村宅邸得以与世界其他各地建立联系，"于是城市和乡村的传统关系又在世界范围内得以彻底重建"。（Williams，1973：280）由此，那些原本自给自足的国家变成了英国的农村地区，在政治、经济、军事等力量的压制下沦为帝国主义的原料国。

无论是乡民思想观念中的冲突与抗争，还是没落贵族和新兴庄园主向城市的流动，抑或城乡间的贸易往来，从中都可看出乡村与城市之间密不可分的联系，而城乡对立的观念实则在很大程度上忽略了乡村内部的流动性以及"乡村

对城市的供养关系”。(方英、卢艺萱,2023:69)

最后是威廉斯对发展理念的反思。

《德伯家的苔丝》不仅有优美的自然环境描写,还揭示了农业化、工业化对自然风景的扰乱。苔丝家周围的环境与她后来做劳工时的环境形成了鲜明的对比。在小说第一章,马勒村到处都是葱茏茂密的树林和连绵苍翠的草地。虽然也有长庄稼的土地,但是“块数不多,面积有限”。(哈代,2020:10)但她后期工作的农舍周围却非常荒凉,几乎连草木都看不到,映入眼帘的只有随处可见的休作地和萝卜地。随着农产品的商品化,还会有越来越多的绿地被征为农用地,从自然风景转变为人造景观,以满足市场和资本的需求。在征服自然、人定胜天理念的支配下,人们不惜以牺牲环境为代价来赚取利润,其中需要付出的代价是惨痛的。对此,威廉斯推崇布莱恩·诺顿(Bryan Norton)和尤金·哈格罗夫(Eugene Hargrove)的“弱人类中心主义”观念。这一观念中和了人类中心主义和生态中心主义两个极端概念,重新定位了人与自然的关系,不失为威廉斯对发展理念的审慎思考。

工业革命带来的新机器使得机械化参与农作物生产成为可能,哈代的小说也对蒸汽打麦机等农机进行了描写:“他只把煤烧红了,把蒸汽憋足了;在几秒钟以内,他就能让机器上那根长带子以目不及见的速度转动。”(哈代,2020:473)尽管机械化的投入加快了收割效率,但同时也引发了人类对自然秩序的破坏。威廉斯(1989:211)在《希望的源泉:文化、民主、社会主义》一书中探讨了人们对工业初期自然环境遭到破坏的异常强烈的反应,如气锤的发明者詹姆斯·内斯密斯(James Nasmyth)就提到工业活动对自然的影响:“烟囱里冒出的亚硝酸蒸汽使草木干枯死亡,各种植物都变得灰头土脸,惨不忍睹——标志着植物正以最悲惨的方式死去。”从詹姆斯·内斯密斯的描述以及随后世界爆发的数次环境灾难事件来看,越来越多的人认定工业革命就是环境破坏的罪魁祸首。

尽管工业革命引发的环境污染发人深思,但威廉斯指出,无论是回到工业化前的社会还是忽视环境问题、集中精力搞生产的做法,抑或进行“非政治”的生态运动,都是不可行的。首先,回到工业化前的社会这一畅想,实则是一种对先前生活秩序的美化,因为那个时期的人类活动也曾引发过大规模的自然灾害。其次，依靠生产消除贫困、忽视环境的做法更是不切实际的，且资本主义国家贫富差距的鸿沟更是证明了追求极端性的生产“非但没有消除贫困，甚至还造成了新的贫困”。(Williams，1989：215)在实践中，非政治化的生态运动更多地成了一种口号和小打小闹，难以真正产生积极的社会效果。

因此，威廉斯(1989：237)重新思考了“生态社会主义”的概念。他将“绿色社会主义”看作是“我们这个时代最有希望的社会和政治运动”，也是“会导致一种公平生活的新型政治”。一方面是因为这一概念在发展的过程中始终考虑适度性和整体性影响，控诉资本主义社会追求利润而将生产本身作为目的，从而造成了资源的挥霍和浪费；另一方面，该理念对某些发达国家打着环保旗号禁止欠发达国家进一步发展的丑恶做法进行了谴责，认为只有社会主义才能更好地协调各方利益，才能促进资源的公平分配。迈克尔·罗伊(Michael Löwy，2018)和罗伯特·塞尔(Robert Sayre，2018)将生态社会主义比喻为一棵“绿色的社会主义之树”，虽然新栽不久，却深植于对资本主义的批判中。这一判断鞭辟入里，给人以想象未来发展方式的希望和底气。

客观来讲，威廉斯的生态观对现实世界具有极强的警示意义和指导作用。其一，他区分了作为谋生场所的乡村与作为休闲场所的乡村之间的对立，后者在一定程度上忽视了劳动者的存在，而只是把乡村当作赚取资本利益的旅游场地。其二，在对待城乡关系的问题上，他聚焦乡村内部的流动性和城乡之间的互动往来，揭示了城乡之间的紧密联系。其三，他将破坏自然环境的始作俑者归结于资本主义无节制的生产方式，并以“生态社会主义”的概念呼吁大家关注环境公正与可持续发展的议题。总之，威廉斯的生态思想不仅具有深切的现实关怀，也在一定程度上纠正了生态批评的极端化思潮，而这一切均可在《德伯家的苔丝》中得到不同程度的应验，文学文本与理论话语的良性互构在此彰显无遗，这无疑具有典范意义。

第二节　生态理论的知识透视[②]

英国学者迈克尔·吉本斯（Michael Gibbons）等（2011：1）指出，知识生产的方式正在经历从模式Ⅰ到模式Ⅱ的转变。与模式Ⅰ知识生产相比，模式Ⅱ知识生产是在应用情境中的研究，是跨学科的、异质性的、多变的，且更加强调社会反思性。如果以知识生产的视角衡量，雷蒙德·威廉斯的生态知识生产颇富新意，他似显零散的生态思想反倒具备了知识生产模式转型的典型性，在当下的学术研究中尤其值得借鉴。在此，我们不妨来参照其他学者的论著，比如胡志红的《美国少数族裔生态批评理论研究》。如果以知识生产模式转型的标准加以衡量，该著同样新见迭出、创意十足，与威廉斯的生态思想一道，具有平行文本的参照价值，为我们透视和反思当今生态批评理论的知识生产提供了新的契机。

生态批评的知识生产与经济学、政治学、哲学、伦理学、种族学、心理学等学科紧密关联，生态批评理论在跨学科甚至超学科的学术视野中进行知识建构实乃其应有的题中之义。胡志红（2005）呼吁当前的生态批评应着手两方面的工作：一是从跨学科视角深入研究人与自然环境的亲密关系；二是从跨学科角度厘清人类文化中的反生态因素。由此可见，跨学科意识是他一以贯之的学术意识，这种意识在其著作中得到了全面的体现。

该著开篇即对第一波生态批评的得失进行了回顾和总结。西方生态学者提倡反思人类文化中对环境不利的因素，开启了文学与生态学的跨学科结合。正如高春民（2023：53）所言："从学科知识生产角度讲，生态批评自诞生起就是一个'跨学科'的宠儿。"美国历史学家小林恩·怀特（Lynn White Jr.，1967）还从宗教的角度着手，指出犹太基督教中蕴含的人类中心主义思想应对全球的环境危机负有责任。面对人类中心主义思想造成的环境危机，多数白人学者提议

② 在本部分内容的准备和撰写过程中，张晓婷做了大量基础工作，特此致谢。

以生态中心主义思想取而代之。那么，这一替代性的文化范式是否会因过度矮化人类而滑向另一个极端呢？立足于情感主义的生态中心主义思想又能否有效指导现实中的环境建设呢？（陈瑜华、王建明，2015）在时间的检验下，对此类问题的解答早已不言自明。可见，尽管第一波主流白人生态批评家对生态问题进行了一些跨学科思考，但由于其所跨越的学科并不多，跨学科特征还未充分彰显，难免流于纸上谈兵和学术视野狭窄的局限性。（胡志红，2024：17）这就为我们超出生态反思生态，为深入开展生态批评理论的跨学科知识建构敞开了新的空间。

随着生态危机频仍，人们的生态意识增强，如何从根源上反思环境问题已经成了“政治、经济、文化、艺术及伦理道德等人文学科”（高春民，2023：54）共同面临的问题。美国少数族裔生态批评家在这方面进行了可贵的探索，他们尝试跨越多个学科壁垒，促进学科间的“相互渗透与补益”。（高春民，2023：54）该著指出，黑人生态批评学者金伯利·K. 史密斯（Kimberly K. Smith）的著作《非裔美国人环境思想基础》跨越文学、人类学、环境学、种族学等多个学科界限，对这些领域的作品进行了深入探究，发掘出一个“丰饶的黑人环境文化传统”，从多个学科的角度论证了黑人与环境之间的紧密联系。（胡志红，2024：31）非裔美国环境科学学者卡罗琳·芬尼（Carolyn Finney）的著作《黑面孔，白空间：对非裔美国人与环境之间关系的再想象》则跨越文学、通俗文化、地理学、环境学、种族学等学科界限，对非裔美国人与环境之间的关系进行了独到的阐释。（胡志红，2024：32-33）此外，印第安生态批评也并未局限在特定的学科内来看待生态问题。美国土著文化研究学者杰克·D. 福布斯（Jack D. Forbes）的《自然与文化：在美国土著人眼中有问题的两个概念》一文跨越文化、文学、语言学、宗教等学科领域，揭示“自然”与“文化”两个概念在印第安部落文化中的内涵、欧美人对其的误释及其背后的文化机制，以此来揭示他们的险恶用心——让自然失语。生态批评的跨学科研究催生了生态女性主义、后殖民生态批评、城市生态批评等多个研究方向，这无疑深化和拓展了生态知识生产，促进了生态批评理论的跨学科话语建构。（王兵兵，2023）

这样看来，无论是生态批评外部复杂的社会环境，抑或其内在的多元化诉求，都要求构建一个跨学科乃至超学科的生态理论体系，都要求促进学科间的相互渗透与融合。这是生态批评理论知识生产的新动向，也是生态批评理论知识生产的新机遇。

在《美国少数族裔生态批评理论研究》中，作者认为，在第一波生态批评浪潮中，批评家群体以白人男性为主，在人员构成上排除了女性、少数族裔群体及他国学者的参与，因此在选择文本的时候，后者的作品几乎没有被纳入生态批评的学术视野。（胡志红，2024：17）囿于主流白人文化的藩篱，第一波生态批评也滋生了如下问题：一是秉持笛卡尔的二元对立思维逻辑，将自然等同于"荒野"或"未经人类染指的纯自然环境"，而人工环境和城市环境并未纳入讨论视野；二是在反思人类中心主义思想危害的同时，又陷入了生态中心主义的极端，这种简单化的思维模式并不能有效指导生态批评实践；三是缺乏公正立场，白人提出的理论缺乏普适性，给弱势群体的生存环境带来了严重的威胁。质言之，第一波生态批评说到底是白人的"一言堂"，其唯我独尊的文化霸权主义随后遭到了其他群体的质疑和反驳。

在白人生态批评屡受诟病之际，杜维明（Tu Weiming）、戴维•梅泽尔（David Mazel）和帕特里克•D. 默菲（Patrick D. Murphy）等学者呼吁跨文化的生态研究，提倡不同文化、不同文明的学者就生态问题展开深入的对话，从而展示了生态智慧的异质性和多元性，这促成了少数族裔生态批评理论的崛起，也顺应了模式Ⅱ生态知识生产转型的要求。多元文化生态批评的兴起不仅是时代的呼唤，而且是"生态批评发展的必然要求"。（胡志红，2017：284）《美国少数族裔生态批评理论研究》从跨文化的角度揭示出黑人、印第安人和奇卡诺三个少数族裔的生态智慧，旨在提供对西方文化中导致生态危机的思想根源——人类中心主义、环境种族主义、二元对立思维模式——加以整治的学术资源。毫无疑问，这种学术资源是跨文化的，这种跨文化的认知视野将有效推动生态批评理论的知识生产。

在印第安部落文化中，人与自然是神圣一体化的，天地万物都是自己的兄弟姐妹。著名的土著作家卢瑟•斯坦丁•贝尔（Luther Standing Bear）和印第安文化研究学者 J. 唐纳德•修斯（J. Donald Hughes）都强调了印第安人与自然万物一体的土著自然观，突出了印第安文化整体主义取向的特点。（胡志红，2024：249–251）作为美国少数族裔生态批评的一支，奇卡诺生态批评批判了西方主流社会将自然看作死气沉沉的工具的观点。在这些作家心目中，自然是被灌注了生命的自然，它的鲜活与壮丽可以慰藉人类的心灵。（胡志红，2024：335–337）这些生态智慧，与中国文化中“天人合一”“道法自然”“取之有度”的观念和追求人与自然和谐共生的理念，相得益彰、彼此生发，多有契合之处，多有相通的地方，若都能成为生态知识生产的有效因子和合理动能，生态批评理论就更有希望因跨文化视角而敞开更为广阔的知识图景。

当代奇卡诺女作家彻里·莫拉格（Cherríe Moraga）拒斥主流白人对“自然”的定义，她在其作品《最后一代》中重新界定了“自然”和“土地”的概念（胡志红，2024：348），指出自然并不是远离我们的存在，而是我们所生存和活动的空间，自然与我们的身体交织在一起。（Ybarra，2016：144）莫拉格对“自然”和“土地”概念的重新界定引导弱势群体更加关注与自己身体活动息息相关的环境领域。由于性别、种族、阶级等因素，不同群体承受着不均等的环境负担。（胡志红，2024：350–351）莫拉格在其戏剧中指出，有毒环境在美国少数族群地区大量存在，农药的滥用导致很多农场工人孩子的先天缺陷。我国学者关盛梅和于景辉（2007：148）也谴责了发达国家将发展中国家当作“垃圾堆”的恶劣行径。面对形形色色的环境不公，少数族裔和来自第三世界的弱势群体必须保持警醒，要基于自身文化价值，敢于发出声音，敢于主张权益，敢于维护环境公正，敢于争取更加美好的生存空间。唯有如此，转变的态势才会出现，向好的趋势才能发生。

以此看来，跨文化学术视野的引介和跨文化批评实践的开展，不仅是模式Ⅱ生态知识生产的重要特征，也是生态批评理论自身发展的必要之选。对跨文化生态智慧的发掘与借鉴，有利于纠正主流白人的文化顽疾，生态知识的异质性和多元化也能为生态批评贡献新的智慧，为生态批评理论的完善提供新的启迪。

从实践层面看，主流白人生态批评刻意忽视历史、经济、阶级等因素，推行环境保护同等责任制的政策，其一刀切的做法忽视了弱势群体及第三世界国家的现实发展利益。这种罔顾社会现实的生态批评不仅没有缓解环境危机，还给第三世界国家带来了深重的苦难。吉本斯等人（2011：4）评价道：模式Ⅰ知识生产是一种缺少实用目的的知识生产，“其情境是由统治着基础研究或学科的认知及社会规范所规定的”。换言之,模式Ⅰ生态知识生产无法回应社会关切,也无法满足社会上绝大多数人的现实需求。因此,模式Ⅱ知识生产应运而生,作为一种应用情境下的模式,其知识生产过程是各个团体不断谈判、不断协商的过程,直到各个参与者的利益都被兼顾为止。因此,模式Ⅱ生态知识生产的过程是动态化的,其生产过程也更具有反思性、深刻性和应用性,而这正是胡志红新著以及整个生态知识生产的鲜明特征。

作为一种应用情景下的知识生产,模式Ⅱ生态批评首先对黑人及印第安人遭遇的“污名化”进行了一定的纠正。主流白人生态批评在推行环境保护政策的同时侵害了其他群体的利益,其表现就是对弱势群体的生态他者化。为了更合法地对黑人实施种族暴力,黑人被白人描述为“没有人性的动物”“黑兽色魔”等,他们试图将黑人的形象框定在“一整套种族主义预设的范围之内”。(胡志红,2024:88)不单是黑人,美国的印第安人也被严重他者化。白人所塑造的印第安人形象,不论是过去的“高贵野人”“下贱野人”,还是现如今的“生态印第安人”形象,并没有如实反映印第安人真实的生存状况,而只是白人按照自己的需求对印第安形象进行的重塑和扭曲。(胡志红,2024:288)因此,模式Ⅱ生态知识生产的过程伴随着洗刷其他群体被白人异化和歪曲的耻辱。在此期间,许多黑人作家力图在文学作品中呈现黑人的真实生活境遇、情感世界及其所遭遇的种族主义压迫。为了改变主流白人对印第安人形象僵化和歪曲的认知,印第安作家杰拉尔德·维泽诺(Gerald Vizenor)在自己的作品中构建了一系列的“生态恶作剧者”形象,打破了主流白人文学对印第安生态形象刻板的认识。人类学者谢泼德·克雷西三世(Shepard Krech III)对印第安人可否被称为“生态印第安人”提出了质疑。他声称,尽管土著人会使用合理的方式不断延续可供其食用的物种,但他们也存在类似“牛跌崖”的商业捕杀行为。因此,我们不应片面地称呼生态印第安人,不能将复杂的问题简单化,而要尊重具体语境的实际情况。(胡志红,2024:292)

模式Ⅱ生态知识生产的过程是一个不断披露白人环境种族主义行径、争取社会正义和生态公正的过程。尽管体制化的种族主义已经消逝,但种族化留下的阴影仍然存在,并以全新的面貌——“环境种族主义或环境殖民主义”——复又登场。(胡志红,2024:180)在应对飓风卡特丽娜引发的自然灾害的过程中,救援直升机刻意漠视亟待救助的黑人群体，对不幸遇难的黑人尸体随意处置，媒体对受灾黑人形象故意抹黑，所有这一切都昭示了种族主义的阴影仍然没有彻底弃绝。正如胡志红（2024：181）所言，飓风“那超乎想象的破坏力实际上是社会生态与自然生态合谋产生的结果”，如果少数群体希望今后能更加有效地应对未来灾害的话，“就必须综合运用自然科学、历史学、社会学、文学等学科的理论和方法对它进行全方位的分析”，披露其中对黑人的不公正对待。如今，少数族裔的聚居地，如印第安肖肖尼部落的聚居地，“在40多年时间里遭遇928次核试验”，（李嘉宝，2023）由此产生的放射性沉降物严重影响了当地居民的身体健康。长久以来，美国的国家政策倾向于将有害和污染企业转移到少数族裔居住地。面对现实生活中的这些环境种族主义行径，著名学者赖特（Wright，2021）要求进一步扩大环境种族主义的适用范围，将破坏少数族裔的环境栖息地也作为环境种族主义的研究范畴。尽管美国曾组织过环境公正运动，但直至今日，其环境种族主义问题依然存在，甚至愈演愈烈。其根源在于，美国长久以来形成的种族主义心理在作祟。（吴琼，2023）如今，越来越多的学者挺身而出，揭露美国福祉分配不公等问题，呼吁重视弱势群体的现实诉求，推动生态批评的公正转型。

因此，新一波的生态知识生产，是建立在环境保护的社会实践之中的，是建立在具体应用的情境之中的，生态批评应当成为充满实践品格的社会运动。这反映了学以致用和学以为用的学术理想，也对建构生态批评学术话语和理论体系大有助益，不仅将推动学术发展，还有利于找到适用于现实的生态策略。

在多年的学术研究中，胡志红一直是生态批评跨学科研究的提倡者和实践者，他呼吁学界构建一个跨越环境学、人类学、伦理学、心理学、政治学等多个学科壁垒的生态批评，这将“为生态批评的学科知识生产发挥积极的学理作用”。（高春民，2023：56）同时，他从跨文化和跨文明的视野出发，反思所谓西方主流学术观点，关怀少数族裔和弱势群体的生态诉求，支持学界开展多元文化的生态批评和学术研究，使生态批评不再是白人自说自话的平台，而是众声喧哗、各放异彩的多元文化对话交流的机制。再者，如果深入剖析知识生产模式转型的内在逻辑，我们就不难发现生态知识生产正日益凸显其应用性品格。也就是说，生态知识生产不仅倚重深入的文本解读与严谨的学术反思，还更多受益于具体的批评实践和生态行动,受益于对弱势群体、自然环境、社会文化的多维度聚焦。这反映了中外学人学术追求与现实情怀的深度融合,反映了学界热衷理论建构与持守社会公正的高度统一。这种转变,不仅迎合了生态知识生产的最新趋势,也彰显了生态学者的责任意识和担当精神。也许是生态批评的学科属性使然,从事生态批评的学人都有着一脉相承的精神气质。在《美国少数族裔生态批评理论研究》的字里行间,我们仿佛看到了雷蒙德·威廉斯的身影,看到了威廉斯生态批评精神的延续,看到了生态知识生产模式出现了新的变化。这种变化喻示着生态批评理论和实践或将迎来新的发展机遇。

第三节 生态批评的出位之思

无论是雷蒙德·威廉斯,还是西方专事生态批评的诸多学人,抑或中国学者,他们都为生态批评作出了贡献,使生态批评生机勃勃,使生态知识生产不断展现理论话语的新景观,并在社会实践中连续取得有目共睹的实际效果。如今,生态批评已然蔚为大观,早已成为众多学者的“宠儿”,这是值得肯定的。不过,为生态批评学术前景考虑,在此,我们不妨对它进行一些反观与展望,这是在雷蒙德·威廉斯生态知识生产启迪下所进行的“出位”之思。

生态批评,作为众多中外学者的志业,学术观点层出不穷,理论话语精彩纷呈,确实呈现出繁盛的景象。这是像威廉斯一样的生态批评家辛勤耕耘的结果,更与他们拯救世界于危难的担当情怀密不可分。然而,这种充满责任感的担当,最终驱使生态批评跨越了学科边界,突破了学术藩篱,以一种现实关怀的实践精神介入社会生活,甚至踏上了政治化与经济化的征途,承载起更为宏阔的理论抱负和实践使命,是非曲直难以评说,前途愿景不易判断。在此情形下,学界以“君子以思不出其位”的操守,对生态批评予以回顾和反观尤为必要,但若能跳出自身限制,跃出学科界限,对生态批评加以反思则更有利于生态批评未来的健康发展。

第一个需要反思的问题是,生态批评的元理论倾向是否需要设置必要的限度。

归根结底，生态批评乃众多文学批评模式中的一种，其文学研究的属性与品格最终要落实到具体文本的解读上，舍此别无他途，否则便有偏离根本宗旨之虞，也就很难建构起文学批评的理论体系。在生态批评的滥觞期，学界对众多文学经典文本的解读充满了新意，这促进了生态批评的迅速发展。当然，生态批评是对生态危机的回应，是对“由于现代性到来而引入的风险景象”（吉登斯，2000：116）的忧思，并试图对此种危困局面进行化解；同时，它也是对日渐封闭的文学批评体系和模式的反叛。“生态批评是对回避现实矛盾、自鸣得意地进入封闭批评象牙塔的当代文学批评的反拨。”（胡志红，2015：36）在生态批评家看来，当代文学批评应该突破狭隘的封闭圈，直面人类的生存问题，承担起历史使命，走出学术象牙塔，将学术研究延伸到文本之外的意义世界，去纠正社会的偏颇，去匡正陷世界于险境的人类过失。

在生态批评筚路蓝缕的发轫期，无论蕾切尔·卡逊（Rachel Carson）的《寂静的春天》，还是里奥·马科斯（Leo Marx）的《花园中的机器》，抑或约瑟夫·米克（Joseph Meeker）的《生存喜剧：文学生态学研究》和雷蒙德·威廉斯的《乡村与城市》，都清晰地告诉我们，生态批评离不开文本细读，文本细读奠定了生态批评理论建构的基础，也为这种理论建构提供了颇具现实感的文学经验支撑。随着时移世易，生态批评渐成显学，学术成果汗牛充栋，学术路径迥然有别，有些学术努力偏离了对文学经验的依赖，逐渐走向理论自足的迷途，表现出明显的元理论化倾向。

经过几十年的发展，生态批评先是围绕生态中心主义立场展开，接着又以环境公正为价值诉求进一步拓展，林林总总，派别多样，确实需要进行学科史的归纳，确实需要进行理论范畴的梳理。这种理论化的研究，不仅可以呈现出一门学问的渊源来由和发展历程，增强人们对其基本内涵、历史定位、价值倾向、功能作用的整体认识和系统把握，还有助于学科反思，有助于拨乱反正，有助于把握学科规律，促进学科的健康发展。对于生态批评的理论梳理和反思，是一种必不可少的学术路向，只是不能走得太远和太过。如果生态批评场域中充斥的都是理论推演，如果生态批评学者都迷恋于理论建构，而有说服力的文本解读被束之高阁，它就偏离了文学批评的初衷，难免在元理论的偏好中迷失自我。

元理论倾向，将引导生态批评抛弃文学经验的现实感，在理论话语自圆其说的追求中故步自封,久而久之便会自说自话地自我陶醉,表面上看研究成果丰硕,实际上都是凌空蹈虚,成为无源之水、无本之木,彻底丧失这门学科的生机和效力。张江(2014:5)指出,西方文论的诸多学说和流派,都或多或少存在脱离文学实践和文学经验的现象,常常热衷于运用其他学科的现成理论来强制阐释文学文本,并将其推广为普适性的法则。“这些理论发生的起点往往不是鲜活的实践,而是抽象的理论。在许多情况下,文学文本只是这些理论阐述自身的例证。这让我们对一些西方文论的科学性产生疑问。”作为西方文论重要派别之一的生态批评,也明显存在这种问题。它若置文学经验于不顾,割裂与文学实践的联系,一味地迷恋理论演进,陶醉于理论增殖,妄图实现理论自足,追求抽象理论的普适性,就会丧失学理基础和发展前景,其科学性自然也无从谈起。刘跃进(2007)曾就此指出:“理论研究的极度困惑,专业队伍的急剧分化,致使文学研究者变成了业余的社会政治家、半吊子社会学家、不胜任的人类学家、平庸的哲学家以及武断的文化史家。这种现象确实值得我们深思”。要摆脱这种窘迫,就必须放弃跨领域的理论征用,放弃元理论化的研究倾向,返回文学研究的根本宗旨,在基于文本的文学经验中找到落脚点和立足点。唯其如此,作为文学研究范畴的生态批评才有望健康发展。就此而言,我们应该反观雷蒙德·威廉斯的学术理路,他是理论研究的大家,但对文学文本和文化现象的厘析未曾稍有疏离,后者也成为他学术研究的根基。他固然有着理论建构的热情,但这种热情在文学艺术和社会文化面前找到了合理而必有的限度,这是值得我们借鉴的。

第二个需要反思的问题是,生态批评泛意识形态化的价值立场是否完全合理。

生态批评承载了宏大的历史使命,这一点鲜明地体现在中外学者的论述中。鲁枢元(2002:9)认为:“生态批评应当是一种拥有明确目的和意义的批评,一种拥有责任和道义的批评,一种饱含历史文化内涵的批评,一种富有现实批判精神的批评。批评不仅是大脑皮层上的智力活动,还应当是全身心的投入;批评者不仅应当持有批评的技巧,更应当具备批评的良心;生态批评者不仅是一个严谨的学者,还应当是一个古道热肠、勇于担当的‘操心之人’。”很明显,在这里生态批评被赋予了责任和道义,生态批评学者不能仅仅满足于书斋里的笔耕，还应"操心"书斋外的事务，以批判的精神去关注社会现实，投入身心和勇力，促发社会文化的变革。王诺（2008：11）也指出："生态批评的目的是思想文化变革，进而推动生活方式、生产方式、科学研究和发展模式的变革，建立新的与自然和谐相处的文明。"诚然，生态批评的使命在于探索导致生态危机的诱因，这诱因必然是多方面的，既紧密关涉长久以来的思想文化形态，又与生产生活方式和社会发展模式直接相连。生态批评在这方面贡献甚巨，它给人以深刻的警示，在社会上普及了生态意识，让人们对生态危困更加敏感，对生态文明建设更加认同。生态批评家劳伦斯·布伊尔（Lawrence Buell，2005：133）认为，生态批评的未来在于进一步强化社会公众对地球命运的关切、人类保护自然的责任感以及人们对环境不公的羞耻感，这就要求我们转换思维方式、生活方式和社会发展政策。要达此目的，生态批评就必须在关怀自然的同时也来关怀社会，努力推进思想、文化和社会的变革，颇具与天地并生的文德意识和道义担当。

总之，生态批评历经几十年的发展，先后提出了两种基本诉求：其一乃生态中心主义的生态批评，其二为基于环境公正的生态批评。前者以生态中心主义哲学尤其是以深层生态学为基础，认定人类中心主义是一切生态危机的总根源，从而对其大加挞伐，并在文学和文化中彻底加以清算，认为解决生态危机的根本途径在于告别人类中心主义的谬误，建构起生态中心主义的理想范式。对人类中心主义的清算，让我们愈发关注荒野中的自然书写、白人男作家对有色人种和女性的压迫、自然资源在发达与发展中国家不平衡的分配等问题，而所谓生态中心主义理想，内在地隐含着对不公正和非正义的回护。试想，保护荒野的诉求对发达的欧美国家和发展中国家而言，其意义必然天渊有别，对前者来说是在享受高品质环境的便利，在后者看来则很可能意味着生活来源被彻底切断。如果考虑到近代以来的殖民掠夺，就更存在维护固有秩序的嫌疑，更存在支持不公正地占有和使用环境资源的嫌疑，最终难逃"环境法西斯主义"或"生态帝国主义"的责难，属于一种很值得商榷的意识形态规训。随着弱势群体和第三世界的抗议，也由于环境哲学的新发展，诉求环境公正的生态批评应运而生并获得了长足发展。基于环境公正的生态批评，将种族、性别、阶级引入考量视野，将民族国家的历史与现实状态作为研究要素，拓宽了生态批评的学术视野,深化了生态批评的内容,也开辟了新的学术空间。它主张从“荒野归来”,“回到自然与人文交汇的中间地带,回到充满种族剥削、阶级压迫的人类环境,奉行环境公正”。(胡志红,2015:27)这种生态批评是以人类为导向的,既对人类生存加以关怀,又避免了人类中心主义的极端化。如果说生态中心主义的生态批评,充满了生态乌托邦色彩,是一种较为绝对化的学术建构,那么基于环境公正的生态批评就体现出相对性的特征,这是由其明显的人间情怀、历史文化视野以及公平正义的伦理诉求决定的。但问题在于,环境公正的理想必然与种族、性别、阶级等概念交织罗列在一起,更要联系殖民主义、后殖民主义、新历史主义、东方主义、权力话语等诸多后现代学术理念,并结合现代民族国家的政治、经济和文化政策,才能真正有所建树。这无疑是一个庞大的“理论帝国”,其鲜明的价值诉求必然带有意识形态特征,并由此裹挟着前置性“先见”,对社会现象强行阐释,对文化资源硬性宰割,在研究对象的丰富性面前放逐自身,其必然的结果就是生态批评学科属性的弱化和消解。若生态批评热衷于提出政治主张和经济策略,从而在价值选择上表现出强烈的现实倾向性,那么它无疑将走向泛意识形态化,它的内涵就将进一步扩容,直至学科边界模糊不清,作为文学研究的优势遁迹无形。可以说,以绿党为代表的政治实践固然有积极的生态意义,但启发心智、涵养精神、激发思想更是文学研究的特长,生态批评绝不能在泛意识形态化的倾向中丧失自身稳固的学术品格。

我们再来反观雷蒙德·威廉斯的生态批评,可以说他有明确的价值立场,有坚定的思想观念,这决定了他学术主张的深刻性和社会实践的丰富性。可是,若以特定学科的健康发展作为衡量标准,威廉斯的丰富性未必就是上佳之选。如果把生态批评限定在文学研究的范围内,我们就须对其泛意识形态化的倾向保持必要的警惕,不能任其四处蔓延,最终丧失学术根基。但是,生态批评又是一种涉及面极广的社会实践,从这个意义上来说,我们不能对其做过多的限定。两者之间如何有效平衡,是当前生态批评学者必须思考的命题。

第三个需要反思的问题是,在生态批评中如何恢复业已被边缘化的审美感受。

随着学术关切的日益增多,生态批评的学术热情空前高涨,涉足范围越来越广,这使得边界感消失,引发了有识之士的审慎批评。生态批评在其批评实践中对文学文本关注得不够，对文学审美经验和审美感受进行了边缘化的放逐，不能不说是一种遗憾。作为源自西方的文学批评流派，生态批评本能地融入了20世纪西方文论的潮流，又在新世纪沿着其内在的规律不断拓展。在西方文论盛行期，福柯、德里达、拉康等人风行一时，“但他们的理论有一致命的缺陷，这便是没有审美的感受。二十世纪造就了一批文化思想者，这些思想者的本质是造反派，他们有批判能力，而且借文学批评进行社会批判，可惜都没有审美能力。百年来艺术不断革命，不断颠覆，其最大的负面作用，就是以理念代替审美，以哲学代替艺术。若与德里达、福柯谈美，就如与夏虫谈冰”。（刘再复，2014：153）放到生态批评上，这样的分析同样适用。发展到现阶段，生态批评越来越迷恋社会批判，越来越追求理念与概念，反倒将文本解读置于不顾，把审美感受丢在一旁，忘却了文学批评的根本属性，与文学研究的初衷背道而驰、渐行渐远。

生态批评家格伦•A. 洛夫（Glen A. Love，2010：17）援引了一个有趣的例子，说在加利福尼亚大学洛杉矶校区（UCLA）的生命科学大楼门上贴着两行诗：“让理论离去，/ 请青蛙留下。”而在反思学科潜在的危险时又说：“请理论留下，/ 让青蛙走开。”在生命科学中重要的是青蛙，在文学研究里受到关注的应为文学本身，两者都不能以理论来替代，不然这种学科便失去了生命力，也就难有大的作为。生态批评的当下境遇就是如此，是泛理论化还是回归文学的审美研究，已经到了必须作出回应和选择的时候。生态批评的泛理论化，从根本上说与西方文论的致命缺陷有关，理论本体化的追求背弃了文学文本的基础地位，文化研究和思想史的治学模式诱使人们追慕“宏大”的社会意义，而置审美感觉于不顾，其结果必然是审美批评的空间被严重挤占。在新的文化样态中，生态批评需要重塑自身，需要更多地关注文学文本中审美的社会性和历史性流变，更多地营造出生态批评的诗性空间，以灿烂的诗性光辉去感染人，以敏锐的审美判断去影响社会，把美好的生态梦想逐步变为社会现实。

作为文学研究的生态批评，重视文学文本，强调审美感受，倚重审美经验，本来是这一批评范式的分内之责。当然，这并不是说文学批评不能从事理论研究，只是这种理论研究最好以文本解读为基础，并能够及时纠正生态批评发展过程中的偏误，能够激发文本的活力，揭示文本的魅力，挖掘文学的思想，潜移默化地移风易俗，春风化雨般提升人的境界，有效促进人的全面发展，全面提升人们对生态和环境重要性的认知。在这样的审美感受中，情感倾向、是非判断、价值取舍一定能够获得隐形的传达和深刻的把握，这正是审美教育和文学研究的最大魅力，也是生态批评最值得崇仰的地方。

放逐审美而踏上理论演绎的道路，不利于生态批评自身的良性发展，更无助于促进健康文化生态的建设。如今的文学批评生态还很不完善，学界素有批评备受批评的论断，这种论断说明当前文学批评确实存在各种问题，但同时也表明人们对文学批评有着极高的期待。为此，批评家更应面向崭新的生活，面向已然发生深刻变化的时代，面向新时代文学批评所担负的历史使命和文化责任展开反思，"文学批评既要坚守也要提高。没有对文学的忠诚坚守，批评家将沦为'掮客'；没有提高，批评只能堕落为浅薄……让批评从这些世俗的或非世俗的工具中解放出来，重新回到文学自身，是批评发展的希望所在"。（张江，2015：106，114）返回文学本身，复归文本审美，对于生态批评而言，不仅可以完成对自我的救赎，以文学的方式实现既定的学术理想，沿着审美的路径达到预期的生态目标，还将以自身独特的优势，促进文学批评生态的健康发展，促进文化生态的良性运行。生态批评的独特优势，首先表现在其对价值理念的深刻反思上，这有利于我们"把真实的需要与虚假的需要加以区别"，（马尔库塞，2008：6）这在消费文化语境中尤为重要，攸关是非判断和价值取舍。其次，生态批评揭示了文学艺术的生态属性，揭示了文学艺术的诗性特征及其与自然生态、社会生态、人文生态、精神生态的内在关联，进而从生态学的视角出发，使文学批评走向深化，使文学艺术繁荣发展，使批评生态不断优化。就此而言，正如我们反复申明的那样，雷蒙德·威廉斯是值得借鉴的，他对文学审美、文化研究的执守与其政治参与的热情之间基本处于相对均衡的状态。

相较而言，我们在此提及的生态批评现状，在雷蒙德·威廉斯的生态知识生产和生态批评实践中并不构成突出的问题，这是与威廉斯的基本学术理路分不开的。不过，我们尤须注意的是，生态批评与其他学科相比具有自身的特殊性，它的优势在于学术性和实践性的结合，但作为一门学科的生态批评与作为一种社会实践的生态批评有可能并不完全一致。以学科的标准衡量，生态批评需要设定自身的范围和边界，需要围绕相对稳定的研究对象进行符合学术规范的探索，而从社会实践的角度判断，生态批评又应该博采众长，突破种种限制和局囿，在现实世界中垦拓出广阔的空间，发挥自身应有的作用。从这个意义上说，生态批评的优势之中内含着劣势，它的劣势本身交织着优势，劣势会转化为优势，优势也会转化为劣势，两者之间是辩证统一的，这也符合事物发展变化的规律。客观地说，边界感的丧失，元理论的倾向，泛意识形态化的特征，放逐审美的做法，都不利于作为文学研究的生态批评的健康发展，对此我们必须保持足够的清醒。然而，社会现实中的生态危机和环境灾难，又警示人们一切努力都是可贵的尝试，种种尝试不仅是必要的，而且是极为紧迫的。或许，如何在两者之间找到平衡，更是当下生态批评学者需要考虑的问题。这就是我们重访威廉斯生态知识生产的意义所在，其理论诉求和批评实践中所蕴藏的宝贵经验，将激励我们秉持正确的价值立场，创新理论研究模式，提高学术实践效果，维护生态批评的精神底气，为我国生态文明建设提供强有力的学术保障。

第四章

消费伦理的生态反思

雷蒙德·威廉斯对于资本主义的生产生活方式是持批判态度的，在他看来，正是这种生产生活方式造成了种种生态危机和社会不公。我们知道，威廉斯作为文化研究的大家，对大众文化情有独钟，对大众群体寄予厚望，而后现代消费主义亦通过改造和征用大众的方式才得以运行。既然都重视大众，那么这两者之间有什么关联和区分呢？其实，在威廉斯所生活的时代，"'新左派'应运而生，试图将马克思主义理论用于探讨文化现象与英国社会问题，包括消费主义的兴起，新型广告杂志、媒体和视听产品的出现"。（王晓平，2022：10）正是由于这种社会背景，威廉斯把"大众"从消费文化中捞了出来。在他的思想深处，"大众在社会关系中具有自身立场和利益，既不是被保守者看作愚昧无知、趣味低下的群氓，也不是被法兰克福学派指认为完全被动的受控对象和客体，而是具有主体性的潜质和能动性"。（王晓平，2022：11）他一方面挑战了英国传统精英主义传统中的"少数人文化"的观念，另一方面又和德国"左翼"批判理论将大众当作被蒙蔽和控制对象的看法不同，更与"西方那些消费文化鼓吹者宣称消费者具有辨识和选择能力的乐观的、形左实右的论调保持着本质性的距离"。（王晓平，2022：11）与此相反，威廉斯力图建立一种由大众参与创造和社会共同享有的通俗文化。这是一种共同文化，其创造者和参与者是经由工会等劳工组织教育出来的大众，"大众性参与提升了他们的文化素质，与文化商业化及美国式的消费文化的流行形成抗衡"，（王晓平，2022：11）这有意识地弘扬了工人阶级文化。如此看来，威廉斯虽然热衷于大众文化，但他的"大众"根本上不同于西方大众消费文化中的"大众"，他对消费文化和消费主义是持批评态度的。威廉斯时代的英国已经迈入消费社会的轨道，消费伦理盛行于世，虽有积极的作用，但对社会也造成了消极性影响，尤其对于生态和环境而言。在下面的两章中，我们集中对消费主义伦理加以反思和批判，其间既有威廉斯的影响，也有对威廉斯的延伸和超越。

在消费社会中，经济运行和社会发展越来越离不开消费的动能，越来越倚重于消费的建设性作用。随着物品的极大丰富，消费占据了社会的要津，种种物品和商品逐渐接受了符号化、象征化和审美化的改造过程，其符号价值和象征意义对消费者的吸引远远超过了其使用价值，逐渐地审美也就成了一种资本化的形态。审美资本如雨后春笋般涌现，审美资本的幕布笼罩了消费社会的每一个角落。审美资本的逻辑堪称消费社会的核心密码，其关键在于使审美具备了可资本化的理论潜能，更在现实中具备了可资本化的动能。只要对社会现实和日常生活稍加关注，我们就会注意到审美资本的活跃状态，就会认识到审美资本的形塑力量。如今，审美资本的逻辑构成了社会流行话语的隐秘表达，成为新的集体无意识，对人们的思想观念发挥着规约作用。必须明确，这里所说的观念形态是文化政治意义上的观念形态，它渗透进社会现实和日常生活，沿着“社会消费化→消费符号化→符号审美化→审美资本化”的逻辑线路，规制了人们的心理和情感，改造了人们的思想和意识，使其深深堕入审美资本的温柔陷阱而难以自知、不能自拔。

第一节　消费意识的影响悖论

审美资本的逻辑是消费社会的内核，不管它是否合理，截至目前，它的成功已在社会实践中得到验证。倘要追索其成功的奥秘，就必须明确一点事实，那就是审美资本逻辑对消费意识的成功改造。

审美资本逻辑对消费意识的改造并非一蹴而就，而是经历了较为漫长的过程。这与审美资本逻辑是消费社会的典型征候并不矛盾。如果按照阿苏利的学术视野和理论判断，将“品味的工业化”作为审美资本主义的肇端，那么这种现象早在消费社会形成之前就已存在了，只不过它在消费社会表现得更明显、更突出而已。

首先,在审美资本改造消费意识的过程中,离不开一个基本前提,那就是人们对“消费”态度的转变,无论是个人,还是民族国家,都经历了对消费态度的明显转变:消费由负面词汇逐渐转变为正面词汇。

消费由负到正的价值转型,跟“消费”一词在不同时代的意义变迁紧密相关。消费“本质上是某种社会关系的显现”,“不同时期对于‘消费’的不同看法也是由其特定的社会关系所决定的”。(夏莹,2014:117)以此来衡量,消费在不同社会类型和社会关系中所占的地位不同,个人对消费的感知方式,社会对消费的态度,自然也就表现出显著的差异。在前工业化时代,在工业化社会的初期,生产力水平相对较低,物品匮乏典型地标识了那个时代的特征,原始资本和货币财富的积累当为紧迫问题,只能“将消费视为一种无意义的消耗”,“试图完全抑制消费的重商主义是这一时期的主导性思潮”。(夏莹,2014:117)这里的表述稍有歧义,并不是说当时社会上流行重商主义,而重商主义对消费采取抑制和贬斥的态度,其实此处真正的意思是,重商主义以消费为特征,全社会都应该对消费和重商主义采取抑制的态度。这种态度之所以流行,原因就在于“作为消费行为的购买由于造成了对货币的消耗,从而成了一种有害的行为”。(夏莹,2014:118)这是对西方社会的评断。反观我国历史,这一点表现得更为突出,历史上对农业基础地位的强调,对商业和消费的贬抑,曾经是我们一贯的选择。

随着工业化的精进与资本主义生产方式的推进,生产力水平显著提升,“社会逐渐从绝对性稀缺转变为相对性稀缺”,“以劳动价值论的提出为标志的‘生产’性转向凸显了出来。而这一时期对消费所进行的研究根本上源自于对经济危机的关注”。(夏莹,2014:118)也就是说,积累社会总的财富成为总体性目标,这就决定了生产的突出地位。如果消费者的购买力不足,就会使生产处于相对过剩的状态,就会引发生产的停滞,最终影响社会的运行。因此,根据马克思最经典的解释,之所以发生经济危机,原因就在于生产的相对过剩。此处的“相对”二字有着特定的含义,“指的是人的购买力与生产力之间的对比关系,在本质上也就是人的‘消费’与‘生产’之间的关系”。(夏莹,2014:119)倘若这种对比关系严重失衡,也就意味着生产与消费的严重失衡,生产相对地过剩了，消费相对地处于滞后状态，结果就是生产趋于停滞，经济危机随即爆发。通俗地讲，资本主义向来以扩大再生产为要，这是资本积累和资本扩张的根本宗旨决定的，而随着科学技术的新进展，在固定资本和劳动力资本的有机构成中，资本家对前者倾注了大量资金，这保障了生产力水平的提升，而劳动力的状况并未得以改善，其结果就是无产阶级的极端贫困，他们的购买力和消费水平处于低迷状态，与生产的相对过剩恰成反比。直至此时，"消费仍然仅仅被视为一种'消耗'。但这种消耗对于社会发展所具有的影响力已经正在显现出来，致使这种显现是以否定性的形态展现的"。（夏莹，2014：120）也就是说，当社会陷入经济危机，人们才意识到消费的价值，消费借助经济危机而彰显自身价值的这种方式，并不意味着消费在社会发展中所处地位的根本性调整。

从 19 世纪延续到今天，持续的社会经济发展迎来了"消费"的时代，消费"作为一种力量对生产所具有的影响已经由'反作用'转变为'主导性作用'，消费不仅影响着生产的发展，在其现实性上，它的增长已经直接成了一种生产"。（夏莹，2014：121）此前生产占据绝对的主导地位，生产决定着消费，消费只能在经济危机爆发时反作用于生产；如今消费的重要性凸显，处在了主导性的地位，消费不仅与生产等量齐观，更是后来居上，决定着生产，逐渐地消费本身就是一种生产。由此，社会和个人对消费的态度发生了根本性的转变："'消费'的增长在国民经济的计划中已经转变为一种正值，它在数量上的增长直接反映出了经济增长的速度与水平。消费的这一转变使得消费完全成了一种肯定性的因素参与到经济发展的计算之中"。（夏莹，2014：121）对消费的倚重，为经济发展提供了强力支撑，这已是我们耳熟能详的道理。消费与投资、出口一起被称作拉动经济发展的"三驾马车"，对比昔日人们对消费的厌弃与否定，人们对消费的态度确实发生了颠覆性的变化。"消费"已经由否定性和反作用的力量，变身为具有积极意义的经济推手。"作为一种'消耗'的消费本身的增长就构成了经济增长的重要砝码，因此如何刺激消费的增长将成为经济增长的重要途径。"（夏莹，2014：122）为了确保经济发展的可持续性，保持消费的可持续性就迫在眉睫，于是被消费的对象开始走向普遍化。当诸多物品产品和服务体验均成为消费对象之际，消费社会就粉墨登场，审美资本也就长袖善舞了。虽然从夏莹简明而清晰的辨析中，我们认识到了"'消费'意义的嬗变"（夏莹，

2014:117)历程,这一历程主要是对社会形态和社会关系转折的分析,特别是对“生产”和“消费”的聚焦顺理成章地描述了“消费”的意义流变,但她却未论说审美资本逻辑的问题。其实,即便不能说审美资本在这一意义流变中隐没其后,潜在地发挥了促发变革的作用,那也可以认为,在“消费”意义嬗变的过程中,在“丰裕社会”的各种物将人们重重包围之际,推动消费便是保持和促进社会发展的首要任务,而完成此任务最有效的手段非将审美当成一种资本莫属,是审美资本重新塑造了人们的消费意愿和消费行为。

其次,由物到符号的抽象契合了审美资本逻辑的内在需求。

我们必须明确,审美资本逻辑并不意味着所有的审美和艺术都已踏上了资本化的轨道,都成了资本的形态。这一提法旨在表明,在消费社会中,有些商品和服务借助审美的转换作用,对人们的认知、心理、情感、判断施加了影响,促成了这些商品和服务的消费,实现了其背后资本利益的筹谋,而消费基本脱离了以凸出具体效用为特征的使用价值迷恋,转而注重起符号价值和审美价值来,这样加诸商品和服务的审美就具备了资本的属性特征。在这一过程中,至为关键的是消费对象的符号化,只有实现了符号化转变,审美的资本化才有可能落到实处。

由物到符号的符号化过程是一种抽象,这很容易理解,但其实却未必符合鲍德里亚的初衷,因为鲍德里亚心目中的物与我们肉眼可见、触手可及的具体物有着根本的差异,他言说中的物对于我们的感知而言本身就是一种抽象。在鲍德里亚(2015:2)看来,“物远不仅是一种实用的东西,它具有一种符号的社会价值,正是这种符号的交换价值才是更为根本的——使用价值常常只不过是一种对物的操持的保证(或者甚至是纯粹的和简单的合理化)”。鲍德里亚之所以作如是观,将人们日常感知经验中的物进行如此抽象,是他试图超越马克思而自树伟辞、别立新宗的论述始基,是他将马克思的政治经济学改造为自己的“符号政治经济学”的理论原点。这种对物的界定,与马克思不同,“不是在生产领域中被生产出来的实体性的商品,它是符号社会的产物,是一种信息形式以及符号状态。因此物的诞生并不在生产领域,恰恰在消费领域,因为只有在今天的‘消费社会’中‘物’才能转变为符号”。(夏莹,2014:116-117)鲍德里亚认为,在消费语境当中,物的目的性已不在它本身的效用上,由此物的目的性实现了与具体实在物的脱离，而物的信息形式和符号状态才至关重要。这些信息形式和符号状态超出了物作为商品的生产、流通和交换限定，其自身的意义与价值获得了凸显。沿着这种思路，“无论是能指、所指还是指涉物，所有要素都被符号的规则所操控，价值理论也不得不在符号学的语境下获得说明”。（夏莹，2019：122）物品或商品也只是一种能指形式，它本身含有符号信息，而所指或指涉物则是对某种现实的感知，也即所指的内容和价值，这种内容和价值本质上也是符号，是相互指涉的另一种符号。这样，价值就成为某种抽象的形式，不再是现实生活的具体价值，失去了具体现实的支撑，“最终只能变成构成要素之间的相互指认，这也就是鲍德里亚所谓的符号政治经济学中替代生产方式的意指方式，它就是要在相互指认中产生意义，而意义就是符号政治经济学的最终产物”。（夏莹，2019：123）

作为鲍德里亚“符号政治经济学批判”最终产物的意义，是符码规则制约下的相互指涉，其间指涉物再次成为符号，最终内容与形式难以区分，能指符号不断流动，价值与内容却被抽空，物本身的非功能特征在能指统辖下得以凸显。就这样，鲍德里亚“从物本身的操持方式内在地走向象征意义，再从这种建构性的意义走向物的非物性象征意义”。（张一兵，2015：“代译序”第 5 页）这可谓双重的象征，其一在于将物脱离于马克思意义上的生产实践，使物摆脱了生产、交换和消费关系的商品性征；其二则是将物符号化，在符码规则的规约下，在非物性的象征层面建构出物的符号意义。无论前者还是后者，物的符号化和象征化都是显而易见的。

物的符号化必须遵守符码的制约，必须受到符号意指规则的统辖，但这种制约与统辖不是源自索绪尔的《普通语言学教程》，而是基于消费社会的现象学规律。“鲍德里亚所关注的符号并非只是观念性的抽象语言记号，而主要是由物以及物性的操持方式表征出来的差异性意指关系。”（张一兵，2015：“代译序”第 5 页）鲍氏之所以费尽周章，刻意自外于马克思的经典传统，就是要强调消费社会的表意规则的特殊性，用他本人的话说，那就是：“有必要区分出消费逻辑，即符号和差异的逻辑，而这一逻辑已经在对现实的考察中习惯性地与其他的逻辑混淆在一起了。”（鲍德里亚，2015：62）换言之，在消费社会中占支配地位的只有一种逻辑，这就是符号和差异的逻辑，它本身就是消费逻辑的别名，这种逻辑的本质就是生产差异，或曰差异性生产。这才是消费社会中由物到符号的抽象所具有的真实目的。

“符号/价值也诞生于‘生产’。只是这种生产不是物质生产，而是差异的生产，它最终带来了社会等级的产生。”（夏莹，2014：142）这是对消费社会符号生产的定性。与其认为符号生产造成了社会等级的分化，毋宁说现实生活中客观存在的社会等级为符号生产确定了方位和指向，符号的差异性生产与社会阶层的差异本身存在着某种同构关系，但这种同构关系绝不宣示阶层固化，而是巧妙地利用了社会阶层的差异，以差异性的符号生产让人们想象性地实现了平等的夙愿，或者象征性地获得了社会阶层的跃升。事实上，消费社会差异性的符号生产，就是对各式各样的商品和服务加以符号化处置的结果。“人们在生产中主要的追求是制造出形式各异、相互区别的符号，尽管这些符号是通过各种产品表现出来的，但这些产品成为商品时，人们对商品的关注已经从使用价值转向了符号价值，符号的差异性已经覆盖了功能的统一性。”（刘少杰，2014：312）符号的差异性就是符号意指实践的最高原则，因为在一个语言符号系统中，一个符号的意义就在于它与其他符号的差异上。如今，在消费社会的符号迷宫中，差异性的生产就是不同价值、不同意义的宣扬；这种宣扬本身有着积极的作用，它打开了阶层流动的“闸门”，社会流动性就是资本的流动，就是消费的活跃状态，这正是消费社会赖以生存的关键动因。这个时候，需求的性质已经改变，它不再是对物品使用功能的需求，而是成了“一种在社会上突出自己的需求，一种追求社会性区别和社会性意义的需求”。（鲍威尔，2015：47）归根结底，这是需求的改变，这种改变也正是消费社会的审美资本竭尽全力促成的局面。虽然特定物品的功用性依然不容抹杀，但这些物品的符号价值更显重要，符号的差异性生产就是对消费者需求——特别是对符号价值的差异化需求的满足。借助差异化的符号价值，消费者象征性地拉近了实现梦想的距离。一旦有此效果，人们就会迷醉其中不辨归途，就会激发新的动机和欲望，在符号的迷宫中越走越深，借助新的消费符号来实现自己的新梦想。照此下去，一种新的消费氛围就会形成，其根本标志就是：“肯定差异性，追求差异性，炫耀差异性，这种消费观念是适应后工业消费社会需求的新意识形态。”（刘少杰，2014：296）如果说一开始还需要头脑灵活的商家绞尽脑汁地对自己的商品进行符号化改造，宣称自己的商品就是对消费者身份、声望、品位、志趣、品德等属性的高度标识，并以此确立独特的优势地位，与芸芸众生明显地拉开距离，但随着消费逻辑的广泛扩展，如此商家逐渐增多，整个社会都会对审美资本的机巧熟稔起来，对其操作也极为得心应手，一种新的风潮自此产生。在这样的风潮里，宣传的效力、鼓动的能量和充满诱惑的审美筹划都将无所不用其极，其结果就是让审美资本的伦理承担起改造人们思想意识的功能，轻而易举地引导消费者在审美的迷惑中成为审美资本的合谋。

因此，物品、商品或体验式服务的符号化，是一种将其实用功能和使用价值进行剥离和弱化的抽象过程，转而为其赋予形形色色的符号价值。符号价值，而非使用价值，才是消费社会中人们在购物或购买服务时越来越多地考量的要素。商品和服务在消费社会达到极为丰盛的地步，不过，“人们在生产中主要的追求是制造出形式各异、相互区别的符号，尽管这些符号是通过各种产品表现出来的，但这些产品成为商品时，人们对商品的关注已经从使用价值移向了符号价值，符号的差异性已经覆盖了功能的统一性”。（刘少杰，2014：312）诚哉斯言！诸多商品或服务在功能上的统一性早就让位于符号的差异性，试以门类繁多的洗衣机为例加以说明，它们的实际操控大体一致，洗衣的效果极为相仿，但不同的洗衣机厂商对自己的品牌有着不同的符号筹划，分别为自己的品牌赋予了独特的价值与意义，同时也对自己的品牌进行审美化设计与包装，这就使其符号价值和审美价值交融在了一起，甚至合而为一，符号价值靠着审美的作用机理实现了与消费者完美的沟通和协商。这种运作机理将符号价值收入囊中，对消费者最终的消费行为起到了决定性的促进作用。由此看来，“所谓消费社会，就是一个对商品符号价值的关注超过对其使用价值关注的社会，而所谓符号价值，也就是指一件商品对个人身份的标志作用和修辞意义。因此，我们可以说，消费社会中一些人对符号化商品的饥渴症，与他们对自我身份的不确定感和焦虑感是紧密相连的”。（陈国战，2012：48）这里说得很透彻，在“流动的现代性”中，在日渐繁盛的消费图景里，像华盛顿•欧文笔下的瑞普•凡•温克尔那样对社会变迁无动于衷，能够安贫乐道、不为世事烦扰者在当下几乎世所罕见，几乎每一个人都在意自己的身份地位，都注重自己在别人心中的形象，都关心自己是不是能够跻身中产阶层或上层人群，由此而生发的惶惑和焦虑甚至成了当代人的流行症候。而消费社会的到来,为人们展示出摆脱束缚和羁绊的美好愿景,也提供了实现这一愿景的途径和方案,即通过审美资本的消费来抵近心中的理想彼岸,虽然没有彻底改变现实,但至少在认知、心理和情感方面部分地实现了自我规划,这就足以让人们欢欣鼓舞、乐此不疲了。

审美资本的伦理作为消费社会的头等大事,帮助人们经由消费部分实现了理想目标,成功地动员、号召和组织消费社会的中坚力量接受了消费的伦理,完成了预期中的消费,同时为社会发展提供了稳固的基础。不过确须指出的是,审美资本逻辑的成功,就在于其对符号价值的差异化生产和审美化改造。若非如此,生产将由相对过剩滑入绝对过剩,各类商品会因滞销而充塞仓房,种种服务也将门可罗雀、少人问津,严重的后果随即到来,那就是经济的运转丧失了动能,整个社会陷入停滞而裹足不前。消费的社会逻辑"不是那种把财富和服务的使用价值占为己有的逻辑——不平等的丰盛逻辑,一些人拥有奇迹权,而另一部分人唯有奇迹的碎片——这不是令人满意的逻辑,这是生产和驾驭社会符号的逻辑"。(鲍德里亚,2008:41)这种逻辑一方面要确立基于符码规则的明确意义,另一方面则为此种意义交流赋予社会分类和区隔的功能。其逻辑后果不言自明,符号化的差异性生产如此重要,在当今消费社会中须臾不可或缺。但令人深感吊诡的是,这并不预示着审美资本的目标就是要消除真实社会的差异,也不意味着审美资本要着力构建一个人人平等的社会。消费社会中的审美资本,虽然热衷和依赖于符号的差异性生产,但这与消除社会不公,消除社会阶层差异,完全是两码事!审美资本的伦理与逻辑,绝对无意于让消费大众都能平等拥有同样的审美资本,既过上富足的生活,又享有精神的愉悦,这绝无可能。恰恰相反,审美资本的根本命意不在于消除社会差异,而在于强化这种差异,并把这种差异合理化和扩大化,使之成为审美资本伦理的坚实基础,成为消费社会的坚强保障。

进入"丰盛社会"之后,物质生产的支配地位被消费社会的符号生产取而代之,"追求差异、标明地位、区分等级、根据符号结构或社会结构形成符号仿真"(刘少杰,2014:313-314)就成了拟象的新形态和新任务。在审美资本化伦理之中,真实存在的社会差异越是突出,就越是可资利用,因为这些差异常常引发人们不满,也激发人们抗争,在后阶级的文化政治语境中,表达不满和抗争的方式已别无选择,鲍德里亚就"残酷地发现当下已经不再是一个革命的世界,残酷地发现了颠覆的不可能性"。(夏莹,2019:118)武装斗争渐趋过时,平权运动风光不再,口舌之快抵不过体制高墙的坚固,身份政治加深了政治极化和群体撕裂。值此之际,唯有消费才是最佳选项,唯有消费才能帮助人们实现身份认同,将自己归入中产阶级和上流社会,并在其中保持相对的优势地位,从而兵不血刃地奔向理想的"乌托邦"。倘要达此目标,就需要消费的支撑,不仅是单次消费,往往要一连串的消费;不光有标识身份的商品和服务的消费,更有奢侈品和豪华度假式服务的消费。这些消费将确证消费者的身份与品位,此类确证宛如欲望实现之后是更大的欲望、动机完成之后又有更多的动机一样,永无止境也永不消歇,其结果有二:其一是为审美已经资本化的消费社会提供不竭的消费诱因和动能,其二是客观上进一步固化和深化了真实世界的差异结构。这两者同时存在,又同时被裹挟登上审美资本的"战车",一次又一次地上演同样的戏码,为消费社会绘制出诱人的远景图。之所以如此判断,是因为以差异化为特质的符号秩序搅动了同样以差异化为特质的社会秩序,其间蕴藏的力量为消费社会提供了不竭的能量。标识社会地位和展示阶层差异的符号系统,并非静态的,而是充满了变化,是交换关系和交换结构的变化。"人们消费物或展示符号,是一种社会表达,是试图告知他人自己的社会地位,而这需要得到社会的认同和接受,使自己展示出来的意义得到领悟,符号价值由此得到实现。"(刘少杰,2014:305)正是这种召唤结构,激发了人们的消费冲动和躁动,将消费欲望落实到具体行动中,而行动本身就是维系消费社会发展的根脉和血液。当然,消费的冲动和躁动借由审美资本的驱动,是审美资本伦理创造的产物,其重要性体现在它们促成了消费社会急需的消费者。

最后有待说明的是,以上论述皆是沿着鲍德里亚的思路展开的,这种思路对于消费社会的形构和发展是有相当说服力和阐释力的,但这并不是我们对其不加分辨、照单全收的理由。不消说,鲍德里亚"手持新千年魔剑的批判幽灵的掌门人"(张一兵,2015:"代译序"第 18 页)的自我角色定位显示了他的自负与自大,他对马克思的误读,通过"符号政治经济学批判"试图超越马克思,又借"生产之镜"踏上诀别马克思主义的反向路径,都不乏拙劣和粗劣。张一兵(2015:"代译序"第 21 页)指出:"绝大多数低端日用商品都是直接进入使用

'耗费'之中,根本不存在什么差异性的符号交换价值的转化",鲍德里亚"没有道理兴冲冲地宣布一场涉及整个政治经济学学科的'哥白尼式的革命'的到来"。对鲍德里亚的这种判断就足以说明问题了。对此,我们稍后再作辨析。

第二节　消费主义的伦理困境

审美资本伦理作为消费社会的内在逻辑,对消费者的影响显而易见,对社会现实和日常生活的冲击不容忽视。抓住了这一关键,就找到了认识和辨别消费社会真相的门径。当然,由于发展阶段不同,所处的具体环境不同,不同国家和地区所表现出来的消费征象也各有区别,有的基本趋向于鲍德里亚等人所论述的符号消费、象征消费和审美消费,有的则还处于使用价值消耗的状态;在温饱问题尚未彻底解决的人群中,在张一兵提及的绝大多数低端日用品的消耗中,符号机制、象征意义和审美资本的影子几近阙如,这是不容否认也不容辩驳的事实。鲍德里亚的理论抱负过于狂妄空泛了,他后来"蜕变为一个'漫步水晶宫'的社会妥协者,写写专栏,发点奇谈怪论,拍拍照片,办个摄影展,最终沦为资本逻辑操控下的艺术家,其行为与其早年的社会批判理论似乎渐行渐远了"。(夏莹,2019:117)这不免令人遗憾和费解。当他晚年轻松自得时,我们真不知道他是否满意于自己作为消费者的处境,是否在资本、商品、服务、审美、消费面前感到了被操控的压抑。当我们重读他的《美国》时,不难发现宏大理论构想消弭了,只剩下他片段式地就"微笑""广告""沙漠""马拉松"等具体景物抒发的感想。当他声称"我们是美学、意义、文化、品味和诱惑的狂热追求者……对我们来说,发现无意义的魔力,发现某种令人目眩的断裂的魔力……发现原来可以因摆脱了一切文化而愉悦,可以对冷漠的加冕仪式激动不已",(鲍德里亚,2011:210)真不知他作何感想;在他注意到"纽约马拉松已成为某个国际性符号,象征着拜物教表演,象征着对虚无的胜利的狂热,象征着对无结果的壮举的喜悦",(鲍德里亚,2011:35)他究竟心境如何呢?是否还记得自己当初的理论抱负和批判锋芒?或许答案就在他《为何一切尚未消失?》这一小册子里:"我们要么追随通俗的批判立场,将此视为一种不幸,要么视其为一种令自身得以保全的享受(jouissance refuge)和在某种程度上算是幸运的宿命。”(鲍德里亚,2017:72)理论家的喟叹与无奈在此尽显无遗,他带有逃避色彩的“享受”和宿命般的“幸运”却并不专属于理论家,而是当下时代很多人普遍的感觉。这也许就是以鲍德里亚为代表的诸多学者对消费社会、消费文化、消费主义重点论述的遗产,尽管不无缺憾,却也成为穿透现实的方家之言。

坦白地讲,鲍德里亚并未论及审美资本的问题,“审美资本主义”实乃后辈学者的学术探索。不过,消费逻辑的演进却是人所共知的事实,不仅在西方,我国也未能例外,这究竟是功是过尚需考论。我们只要关注身边的现实,就会在消费的现象学里找到鲍德里亚的影子。这提示我们,对鲍德里亚的批判同样需要一个合理的限度,对基于审美资本的消费主义的辨析就更是如此。

倘以“主义”名之,“消费主义”至少应该有相对明晰的概念,但事实不然,试图对“消费主义”加以界定的学者,往往立场各异、褒贬不一,最终只能聚讼纷纭、莫衷一是。据杜早华(2021:37-39)的梳理,学界对消费主义的界定方式有三。其一是“描述其表现性特点的方式”,其二是揭示“消费者的消费目的或消费动机”的方式,其三是“通过外部特征的描述”的方式。在列举了诸多学者的观点后,杜早华给出了自己的见解,认为必须回到人的生存结构和人性需要结构,并在对人性的真实需要与异化需要作出原则界分的基础上,才能准确界定消费主义,由此“将消费主义界定为这样一种价值观念和生活方式,即人们进行消费的目的或动机,不是为了满足生存、认同、自我发展与完善以及享受等合理的人性需要,而是为了满足作为合理人性需要之异化形态的欲望”。(杜早华,2021:40)也就是说,人们的需要结构中既有符合人性的合理需要,又有不符合人性的异化需要,满足前者的不是消费主义,满足后者的才是消费主义。这样的态度倒也鲜明,不过如果将消费主义就此打入另册,使其作为异化的象征,就难免忽略其中可取的成分。再者,在人的存在论意义上,满足生存、实现认同、保障自我发展与完善,再加上适当的享受,所有这一切未必悉数摆脱了人性的异化,这样的界定难免有简单化之嫌。其实,人的需求结构是极其复杂的,人的需要有抽象性和具体性的二重表现,“所谓需要的抽象性,指的是功能性需要。这种抽象需要不涉及满足需要的具体的对象和形式,它只涉及一般和普遍的生存与生活功能……所谓需要的具体性,指的是满足需要的具体对象和形式”。（王宁，2011：28-29）比如当我们说人有进食的需要，为的是满足身体的功能性需要时，这就是人的抽象需要；当我们说人需要进食馒头、油条或红烧肉时，这就是具体的需要，两者间的差别还是很明显的。如果再加上心理、情感、认知等要素，人的需求结构就更为复杂。若仅从人的需求结构入手来界定消费主义，颇有脱离现实语境的危险，人需求的合理与异化恐怕在任何社会形态中都普遍存在，难道消费主义可以横亘几千年的历史吗？我们只能说消费的现象是普遍存在的，而消费主义毕竟是历史现象，是特定历史阶段的产物，与特定的社会现实和日常生活有着千丝万缕的联系。正是出于上述的界定，消费主义表现出了如下特征：“沉湎于外在物欲或消费行为本身而无法自拔，消费被当作生命价值和人生意义的寻求、安顿或逃避方式，并因此由手段变成了目的本身。”（杜早华，2021：40）这样的描述凸显了消费主义的重要性，使其与生命价值和人生意义勾连在一起。既然如此，那沉湎于外在物欲究竟是可取的还是应该予以摈弃呢？抑或，人们借由消费主义来寻绎生命价值和人生意义，是选错了路径和方向还是存在目的论的偏误呢？消费主义果真只对个人影响至伟，难道它对社会就没有影响吗？这些问题都尚需进一步厘清，但不管怎样，给消费主义下定义的努力是可贵的，也给我们进一步辨识消费主义提供了参考依据。

近年来，诸多学者孜孜以求，尝试着给出对消费主义的界定。有人聚焦于欲望，认为消费主义的欲望超出了现实的合理性；有人视其为价值观之一种，这种价值观力图引导人们把消费行为作为日常生活的核心；有人认为消费主义是当今全球化的经济形态和文化心态，以促进消费为经济发展的动能，以社会的消费化定义文化的变迁；有人将消费主义视作实现身份认同的手段；有人强调消费对象的非功用性动机；有人从欲望生产的社会化角度来辨析消费主义；有人则把消费主义作为人生价值的衡量尺度和借以实现人生目标的途径；有人认为消费主义是一种价值观念，满足了人们的许多设想；有人判定作为生活方式的消费主义造成了拜物教的恶果，致使自然资源被掠夺，环境生态和人文生态危机重重；有人宣示消费主义对品牌、名牌的推崇具有现实意义；有人觉得消费主义招致个人享乐主义的异化后果，如此等等，不一而足。这些看法都是积极的探索，都是对界定和认知消费主义极有价值的知识生产。在这些知识生产中，我们不妨从中抽取几个关键词，以此为出发点对消费主义进行多维度的透视。

第一是时代语境。诚如上文所言，消费亘古至今常见，消费主义则未必与消费相伴而生。消费原初的含义是“消耗”，对物的消耗，对时间的消耗，对精力的消耗，都是“消费”一词能够涵盖的语义范围，而消费主义则不然，它是特定历史语境的产物。陈众议(2018：118)指出：“消费主义无疑是当今世界的‘主旋律’，时尚的瞬息万变、信息的五花八门大都瞄准了人们的腰包、刺激已在和潜在的欲望。这是资本逻辑和技术理性合谋的结果。”这就突出了消费主义的历史性特征，它是“当今世界”的流行现象，构成了“当今世界”的“主旋律”。那么，“当今世界”明显不同于过往的传统世界，不同之处在于其信息流动、时尚流行、鼓励消费、欲望刺激以及资本逻辑与技术逻辑的合谋。那么，这样的普遍现象发生于何种社会形态呢？显而易见，西方是后工业化和后现代社会，詹姆逊(1997：418)的社会类型标签中也包含了“消费社会”：“一种新型的社会开始出现于二次大战后的某个时间(被五花八门地说成是后工业社会、跨国资本主义、消费社会、媒体社会等等)。新的消费类型；有计划的产品换代；时尚和风格的转变方面前所未有的急速起落；广告、电视和媒体对社会迄今为止无与伦比的彻底渗透……这些特点似乎都可以标志着和战前旧社会的彻底断裂，那时高等现代主义还是一种地下力量。”诸如此类的论述不在少数，其间多有重叠，我们从中拎出“消费社会”的术语，就足以概括后工业时代的社会特征。这不仅符合詹姆逊的意愿，更与鲍德里亚的理论吻合，还可以从齐格蒙特•鲍曼(2004：77)“生产者社会”向“消费者社会”转型的判断以及迈克•费瑟斯通(2000)“消费文化与后现代主义”的思想中得到支撑。这还只是对西方社会形态的描述，将其落地于我国，是否需要额外的确证呢？这确实是一个问题，但近年来王建疆对“别现代”和“别现代主义”① 的创造性论证已经得到国内外较为广泛的接纳，显示出用以指称中国社会现状错综复杂性的合理之处。其实，这种错综复杂本身就是对多种社会文化现象同时存在的判断，其中少不了消费社会的身影。因此，我们完全可以概括地说，消费主义产生的语境是消费社会，是消费的作用日渐突出的当代社会。

第二是需求结构。需求结构也可称为需要结构。人与动物皆有需要，但两

① 可参考王建疆 2015 年以来以“别现代”为主题的多篇学术论文。该话题已在国内外获得深入讨论，产生了积极的影响。

者颇为不同,前者是由“生物与环境因素决定的”,而后者“则是由生物、环境、经济、社会、文化与历史等因素决定的”。(王宁,2011:21)这集中表现在消费需要上,人的消费需要是多种因素综合决定的,这是人与动物的根本区别。“需要作为人的行动的一种动力,说的是人的一种存在状态,即生理存在、社会存在和精神存在的状态……需要是维持人的生理、社会和精神存在的再生产(或发展)所必不可少的要素和动力。”(王宁,2011:22)只有在三者皆被满足的情况下,需要才是完整的、全面的。如果只偏于生理存在的需要这一端,那么人也就与动物难以区分了。所以,生理存在的需要自不待言,社会存在和精神存在的需要就不那么单纯简单了,后两者将涉及多种社会文化要素,也引发我们对需要作多维度的考察。说到社会存在的需要,我们都知道,“人是社会的人,具有对社会关系的依赖性”。(王宁,2011:23)社会关系包括自然性(如家庭、亲属、朋友、邻居)、象征性(如社区、民族和国家)和功能性(如劳动和工作形成的领导、同事、伙伴)三种,而精神存在的需要则是对“意义、价值、信仰以及精神产品(如宗教、文学艺术、娱乐、教育)的需要”。(王宁,2011:23)在物资匮乏的年代,人的生理存在需要占据突出地位,这是维持生命状态和保持生理特征的最低层次的需要,彼时社会存在的需要和精神存在的需要处于被压抑的状态,直到随着社会的发展和文明的进步,物资匮乏的问题得到了解决,社会存在和精神存在的需要才日益彰显出来,这是人全面自由发展的合理内容。要满足人的三个层次的需要,就必须调动技术进步、市场化、文明进程、价值观念、社会分层、社会互动、社会化过程、全球化进程等诸多要素,(王宁,2011:30-42)可以说这是一项综合的系统工作,而在后现代消费社会,消费在这项系统工程中居于显要的地位。满足需要离不开消费,在新物质主义的启示下,在鲍德里亚等人的意义上,物的消费呈现出不同于既往传统社会的意义与功能。它满足人的生理需要的比重在急剧降低,而满足社会存在和精神存在的分量在显著提升,而物本身也不再只是实体的功能范畴,而被抽象出更多的符号价值和象征意义,后者在标识消费者社会属性和精神特质方面发挥着决定性的作用。也就是说,人的需要的满足要通过消费才能完成,而这种满足并非物质形态的实际满足,而是社会存在和精神存在的象征性满足,比如身份认同的满足、生活品位的满足、心理和情感的满足。所有这一切均可转向消费主义得到解决,消费主义不光预示了价值方向，还提供了筹谋和办法。因此，满足人的多层次需要，绝对离不开消费，消费成了社会存在和精神存在的表征，这在物资匮乏的传统社会极为少见，在当下的后现代消费社会却愈演愈烈。这种趋势和倾向暗合了消费主义图谋，成为消费主义得以产生的重要机缘。

第三是欲望生产。齐格蒙特·鲍曼(2005:92)提出，消费主义并不承诺要满足人的欲望，即使承诺了也无济于事，恰恰相反，消费主义意在激起人更多的欲望，激发人为欲望而奋斗，使之永远处在追逐和实现欲望的途中。鲍曼的判断既符合欲望机制的规律，欲望在满足之后会生发新的欲望，再满足就再生发，一路下去永无止境，又切合消费主义的主导理念，毕竟通过欲望生产带动消费才是消费主义的基本目的和动机。

第四是价值立场。消费主义究竟意欲何为，这是我们关心的重点，而要回答这一问题，就必须立足于后现代消费语境，就必须明了消费逻辑在其中所起到的关键作用。这种逻辑说到底就是资本的逻辑，逐利性的本质和扩张性的野心乃其根本属性。这一点不会随着社会的发展而有任何改变，只是更换了面目、翻新了手段、进行了包装而已。保障资本增殖和资本扩张就是消费社会本真目的，也是消费主义的最终目的。这一价值立场决定了消费主义必然以追求实际利益为要，其他的一切都无关宏旨、无足轻重。这种主观动机和立场显然易于滑向罪恶的渊薮，它会极力推介和鼓动消费而将人异化为欲望机器，也将因扩大生产而无节制地攫取资源最终引发生态灾难。消费社会充满了矛盾性，充满了负面性，“因为消费包括能力与行为两者，消费能力是一种理性的过程，消费行为则是一种非理性的过程，两者之反差构成了现代人存在的荒谬”。(林立树，2014:203)由此可见，对于消费主义，我们需要警惕，需要进行深入的批判，但事实上却并非如此简单，毕竟它在客观上起到了维持社会运行、促进社会发展的作用，同时也使人获得了摆脱物资匮乏和阶级压迫所带来的自由释放的感觉，拥有了闲适生活中的乐趣，拉近了与梦想的距离，通向了艺术审美的文化通道。毫无疑问，这都是有积极意义的。因此，对于消费主义的价值立场，我们要从正反两面来辩证把握，若“东面望者，不见西墙；南乡视者，不睹北方”，则谬误大矣！

第五是运作手段。我们多次提及，生产力水平的极大提高，造就了消费社会的丰盛和丰裕，数目可观的物品和商品，俯拾皆是的服务体验，都需要快速进入市场通道，以期完成消费的全过程。如果做不到这一点，商品和服务就会积压成灾，社会就难以运转，更遑论社会的发展和人类的进步了。于是，促进消费就成了首要的任务，而要完成这一任务就需要精心的设计和筹谋。首先是将物品和服务进行符号化抽象，“正是物的符号化功能，使消费获得了文化意义。商品或物品，如同词语一样，构成一个总体性的、随机性的和连贯性的符号系统，一个代表价值和意义秩序的文化系统”。（王宁，2011：115-116）这一过程取消或悬置了商品和服务的使用价值，将其效用属性置换为符号属性，从而使其具备社会文化系统中的象征性意义。符号价值和象征意义能够感召和动员普罗大众，将其变为预期中的消费者。其次是将业已符号化的商品和服务再进行审美化的处理，正如我们前文所言，符号价值是一种象征价值，如何将这种价值落实在消费者的思想意识和购物行动中才是关键。审美化完成了这一关键工作，一方面它对商品和服务进行了美学规划和包装，使其颇具审美价值，另一方面则营造出诱人的媒介景观，“正是大众的媒介通过影像的拟像，物性的商品正在转化为种种差异性的‘富有魔力的符号’，符号编码建构着消费游戏，在一个无意识的共同体中，离开了经济价值的消费游戏成为隐匿社会对抗的节日”。（张一兵，2015：“代译序”第 23 页）媒介技术对“富有魔力的符号”景观的呈现，事实上营造出浓厚的诱人的消费氛围，同时又隐含着意识形态式的规训，达到了混淆视听、迷人心魄的地步，最终让符号化和审美化成了消费主义资本逻辑的垫脚石。

以上五个方面对于我们把握消费主义至为重要，堪称辨识消费主义的五副面孔。反过来讲，这也是审美资本伦理核心要义的具体表达，是审美资本对消费主义进行塑造的思路和进路。有了这些认知，关于消费主义的定义就不再重要，在本质主义与反本质主义之间，我们对消费主义提出了五种规范性认知维度，同时并不想将这种规范性强化到权威和垄断的地步，而是保持它们开放性的讨论空间。再者，如此处置也为援引审美资本伦理和消费主义的概念工具，来指陈和探析我国的社会文化现象提供了可能性。简而言之，审美资本规制下的消费主义，既是发展的动能，又是异化的力量；既是一种思想价值立场，又是一种资本增殖方式；既有积极的意义，又有消极的影响；既可用来分析西方的后现代消费社会，又能帮助我们厘清诸多社会文化乱象，关键在于我们如何合理地认识它、把握它和使用它。

第三节　消费文化的现实形态

消费社会的精髓在消费主义，而消费主义的密码则是审美的资本化。消费主义具有思想立场，审美资本更能体现消费社会的价值倾向性。那么，消费主义是一种意识形态吗？审美资本伦理是一种意识形态吗？要回答这两个问题，需要我们清楚意识形态的内涵。其实可以这样认为，无论意识形态作何理解，审美资本伦理至少在实践中显现出对人们观念形态的某种操弄。

首先，审美资本逻辑对意识形态的挪用。

关于"意识形态"的辨析，在学界广有积累，观点主张极其多样。如果对这一术语进行词源学追溯，其含义无非就是思想学或观点学；中国社会科学院语言研究所词典编辑室(2016：1556)明确将其界定为："在一定的经济基础上形成的，人对世界和社会的有系统的看法和见解，哲学、政治、法律、艺术、宗教、道德等是它的具体表象。意识形态是上层建筑的组成部分，在阶级社会里具有阶级性。也叫观念形态。"这些释义包含着丰富的内容。其一，意识形态本质上是思想、观念、意识和观点，属于上层建筑的范畴；其二，人的思想、观念、意识和观点等等，均系人在与世界和社会的实践关系中形成的，而且是系统性的看法和见解；其三，这些系统性的看法会具体落实在哲学、政治、法律、艺术、宗教、道德等不同领域中；其四，意识形态的主体必须基于特定的经济基础，这在阶级社会中表现出明确的阶级立场，也就是说无产阶级的意识形态与资产阶级的意识形态会有着根本的不同。这是如今人们惯常的理解，也是人们耳熟能详的标准，以至于在很多时候人们一看到这个术语，马上就心领神会，知晓它的政治属性和规范力量。

如果考镜源流，"意识形态"的概念生成史是漫长的，至今也不断冒出新的阐释，在其知识生产过程中有一些学者作出了界标性的贡献。弗朗西斯•培根

（Francis Bacon，1984）就通过他的“四假象”说提示我们，意识具有虚假性，这种虚假性与存在的本真性构成了紧张的关系，常常体现为对立、矛盾和冲突。何为“四假象”呢？培根认为，“四假象”即“种族假象”“洞穴假象”“市场假象”“剧场假象”。其中“种族假象”主要指以人感觉的不可靠性而造成的认知观念的假象，这是人类与种族中普遍存在的一种集体式假象；“洞穴假象”是指由于个人的独特处境、条件、资质等要素引发的个体假象；“市场假象”是人们在相互交往流动中形成的假象；“剧场假象”则是人们受到现有哲学教条和价值理念塑造而出现的假象。培根的标志性概念，揭示了思想观念与客观外物之间的虚假和扭曲关系，人的理性判断常常被蒙蔽，受到诸多要素的制约，让人们与真相隔膜开来，拉开了准确认知和把握事物的距离，使得自己形成的思想、观念、意识、观点假象环生，达到了以假乱真、以假代真的地步，同时也提醒我们须提防意识的虚假性。真正提出“意识形态”概念的是法国学者德斯蒂·德·特拉西（Destutt de Tracy），他深受启蒙思想影响，努力揭示观念的真实起源和本质内涵，从而消除封建神学的钳制，确认意识观念与身体感觉的关系，并以此为一切科学思想奠定基础。这种认识不带个人立场倾向，但后来被拿破仑强制改造，“意识形态”才披上了政治的外衣，成为虚幻意识的代名词。这种虚幻性在黑格尔那里得到了强化。因为在他看来，意识本身就是一种异化形式，这是不由人的意志决定的，自然、社会和思维都是绝对精神和绝对理念自身演绎变化的形式，这种形式本身就是自我异化的形式。因此，在辩证发展的过程中，意识形态就本能地带上了虚幻性和虚假性的标签。但就此而判意识形态死刑，未免有失公允，后来就有学者提出应该一分为二地对其进行重估。德国思想家卡尔·曼海姆（Karl Mannheim）即把意识形态划分为总体性意识形态和特殊性意识形态两种。前者是指人们对现实世界的认知与看法，具有客观、真实和普遍的属性，后者则承继了意识形态虚假性的看法，主要指社会特定人群或个人对自然界和社会现实的特定看法，带有明显的偏见性和虚假性特征。不过，这种偏见性和虚假性“不是有意的，而是从某种因果决定因素产生的必然的和无意识的结果”。（卡尔·曼海姆，2000：62）事实上，即便这不是有意的，但决定其产生的因素不期然地与特定人群或个人的利益判断发生着必然联系。到了马克思主义的经典作家那里，意识形态研究就达到了崭新的境界。首先是明确了意识形态的阶级属性。在批判了意识形态作为唯心主义认识论的虚假性之后，马克思强调了意识形态的阶级性，认为意识形态是统治阶级的思想意识，在资本主义社会中是资产阶级的思想意识，具有阶级统治的欺骗性。对于意识形态，马克思具有鲜明的批判性态度和否定性精神。恩格斯除对意识形态的独立性有所申明以外，与马克思秉持了相同的立场："意识就是社会意识，意识形态就是社会意识形态，其表现是国家意识形态，实质是统治阶级意识形态。"（赵德江，2008：78）列宁则基于无产阶级革命斗争实践经验，对无产阶级意识形态进行了确证和阐释，使其成为无产阶级革命理论的一部分："'意识形态'概念基本完成了从论证前提条件的必要性，到革命知识分子自觉自由的精神生产，再到与资产阶级意识形态对立的过程……从否定性概念到描述性概念，'意识形态'经受了从理论到实践的考验，在相当程度上丰富了马克思主义意识形态学说的内涵，也适应了历史上阶级斗争实践提出的新要求。"（胡亚敏，2015：380-381）如此一来，"意识形态"概念就经历了漫长的转变过程，由否定性概念，转而成为描述性概念，再到规范性概念，否定的是虚假意识，描述的是精神生产，规范的是无产阶级革命实践的阶级性内容。

至此，意识形态研究发生了明显的改观，呈现出统治阶级主导性的特征，但这仍非止境，"意识形态"概念若想摆脱语义含混的状态殊非易事，它"既包括传统与现实的纵向扬弃关系，又包括政治、经济和文化的横向互动关系；既包括主体的认知，又包括价值的评判；既是一个思维的过程，也是一个信仰的过程；既具有理论的性质，又具有实践的品格"。（赵德江，2008：78）西方马克思主义学者更是将意识形态研究推进到了新的阶段，又对意识形态进行了相对泛化的设定。

世事更迭，时势变迁。随着资本主义制度的巩固和调整，经济生产和社会治理的模式发生了显著变化，无产阶级的生活条件得以改善，以阶级阵营为动员和组织模式的斗争方式不再流行，斗争的领域明显发生了转移。卢卡奇提出："意识形态批判关注的焦点开始从与经济、政治以及阶级斗争实践相关的领域转移到文化哲学领域，对这个概念的相对独立性的强调逐渐超过此前多少对其带有政治工具论色彩的理解。"（胡亚敏，2015：382）也就是说，经济、政治以及阶级斗争实践领域中的意识形态渐趋淡化，取而代之的是文化哲学领域中的意识形态，这是形式的调整，也是斗争方式的转换，但无论前者还是后者，体现和维护的依然是资产阶级的根本利益。只不过在文化哲学领域，主导意识形态采取了更为隐性的体现和维护方式而已。劳动大众即便衣食无忧，即便享尽消费带来的自由的感觉，赏尽眼前赫赫扬扬的媒介景观，但在本质上还是被规训和压迫的，还需要进行新的“斗争”，而“斗争”的关键就在于葛兰西所谓的“意识形态领导权”问题。原来这种领导权是彰显在外的，现在这种领导权却是隐而不宣的；政治和经济意识形态领导权的争夺往往意味着国家权力主导力量的轮转，而文化哲学领域仍然存在意识形态，仍然存在意识形态领导权的问题，不同之处在于，它“将包括日常生活和意识形态领域在内的‘市民社会’引入上层建筑领域，更是实体化了意识形态与革命实践相联系的方式”。（胡亚敏，2015：384）革命实践就发生在日常生活之中，日常生活就是革命实践的具体落实，而且行之于日常生活的斗争实践将经济基础弃置一旁，转而投入上层建筑领域，使得“意识形态”的概念“成为学者们多方解释权力如何在意识、感觉、知识、理想、话语等层面隐蔽运作的试验场，意识形态批判成为以‘去蔽’为特征的现代性批判的形式之一”。（胡亚敏，2015：385）对于“意识形态”概念而言，这是具有现实意义的转向，既然日常生活成了主战场，既然上层建筑领域成了是非地，随后产生的“文化工业批判”也就顺理成章了。阿多诺和霍克海默的学术努力收获颇丰，但在马尔库塞看来，这种批判本质上是极为孱弱的，是极为空泛的，根本就无力攻破发达工业社会意识形态的坚硬“堡垒”。这种状况谁也难以改变，包括马尔库塞本人，这也许就是他后来寄居他乡时祭出“审美之维”大旗的根本缘由，他新的希望就是以审美为手段来表达对资本主义意识形态总体性的抗争。从客观上看，此举确实有利于将审美纳入现代性批判的合理内核之中，为后世学者的“美学革命”先行做了尝试；还有一个效果，那就是将意识形态概念进一步泛化了。其实，在概念泛化的道路上，阿尔都塞走得更远，他将“包括宗教、教育、政治制度、工会、大众传媒、文化艺术和体育活动等在内的各种非政权控制的领域”悉数归入意识形态的国家机器之内，这就进一步为意识形态进行了扩容，“使意识形态的这种非物质性落实到维系社会运行的层面”。（胡亚敏，2015：389-390）这里的变化是显而易见的，这种变化使得意识形态弥漫于日常生活空间，成了人们近在眼前、如在身边、触手可及的普遍现象。

伊格尔顿（2002：7）把话说得更直接："关于体制、舆论和组织的这些观念本身将神魔化为含糊的无政府主义时尚……一度群众性的、处于中心地位的和富于成果的政治运动已经暂时停业。"意识形态本身既是一个学术概念，又是一种被特定阶级和阶层倡导的价值理念，更是规训人们思想行为的实践操作指南。现在，这一切都还在，但具体内涵却已天壤之别了。对于拥有巨额资本的资产阶级而言，这种变化并不令人失望，反倒成了他们可资利用的契机。既然日常生活中的一切都被意识形态化了，那么这种泛化的意识形态和日常生活的结合部，就是他们着力筹谋和攻坚的"滩头阵地"。如果征服了日常生活，使日常生活成为他们资本增殖或扩张的领地，那么他们又何乐而不为呢！同样，这种泛化对普罗大众也极具吸引力，毕竟现实条件改善了，物资保障充盈了，工作余暇增多了，工资利益也有保障了，在这一切都得以满足之后，人们更高追求的实现路径，不是再诉诸过去的"运动"和"革命"，而是投身到消费的语境中来"心想事成"。不过，令普罗大众没有想到的是，他们根本就没有摆脱意识形态的束缚，事实上他们反而陷得更深，只不过此时的意识形态与日常生活达成了和解，并呈现出含蓄、温和、诱惑等新的面貌特征。缘何如此呢？答案就在资本与审美的结合中。资本始终隐藏在意识形态的背面，始终都在起着作用，始终都在发挥着影响。它把审美推向前台，为日常生活进行了审美化的装饰，以此构筑一个审美化的日常生活。毋庸讳言，日常生活中的每一次审美筹划，其背后都有资本增殖和扩张的图谋，都有资本的逻辑在支配，都有资本的力量在操演，或者说每一次审美化本身就是资本运作，经过审美化处置的物品或服务在市场上会更有优势，在消费中会更具潜力，此乃审美资本之所由也。因而，将这一切稍加综合，我们就不难发现在业已泛化的意识形态中，有资本、消费、审美相互呼应的身影，"资本""消费""审美"也是消费时代的流行话语，这正是审美资本对人们观念形态的精巧挪用。

其次，审美资本对消费形态的重置。

当前，日常生活中浸淫着基于消费的观念形态，这种观念形态是消费的观念形态，是审美资本伦理的观念形态，是消费伦理和资本逻辑占据要津的观念形态。它改变了暴力压制的残酷性，呈现为一种温和的亲切感和诱惑力，隐蔽在日常生活的暗处，却发挥了重要的作用，直至将当今社会重置为消费意识形态占主导地位的社会,直至消费的意识形态以不易觉察的方式替换了人们的思想和情感,社会的消费形态逐渐形成。

这种消费形态为了推进消费,就必须廓清阻碍消费的思想观念,树立有利于消费的价值理念。于是,首先被视作清理对象的就是清教主义思想和新教伦理。虽然它们曾极大地促进了资本主义的发展,但那是在资本原始积累的初期,现在早已斗转星移、时过境迁,到了乾坤颠倒挪移的时候了。马克斯·韦伯(Max Weber,1987:134)指出:"这种世俗的新教禁欲主义与自发的财产享受强烈地对抗着:它束缚着消费,尤其是奢侈品的消费。而另一方面,它又有着把获取财产从传统伦理的禁锢中解放出来的心理效果。它不仅使获利冲动合法化,而且把它看作上帝的直接意愿。"这本来就充满了矛盾性,一面鼓励克勤克俭,宣扬禁欲主义,一面又鼓励获得财产,摆脱传统伦理的束缚,两者处于对立和冲突的地位。我们只能说,在资本的原始积累时期,资产阶级筚路蓝缕地开拓生活和事业时,前者在起着关键作用,而到了后现代消费社会时代,禁欲主义的生活方式就难再成为社会的主导力量。根据丹尼尔·贝尔(Daniel Bell,1989:37)的观察,消费享乐主义迅速取代了新教伦理和清教主义思想,"资本主义的双重矛盾已经帮助竖立起流行时尚的庸俗统治:文化大众的人数倍增,中产阶级的享乐主义盛行,民众对色情的追求十分普遍。时尚本身的这种性质,已使文化日趋粗鄙"。如果韦伯还健在,不知道他会气从心头起,还是进一步扩展自己的理论设想,将消费享乐主义作为当下社会发展的新动能,这我们不得而知。不过,消费伦理置换了新教伦理,享乐主义取代了禁欲主义,快乐原则消弭了现实原则,这是后现代转向的新标识。如果以传统的标准加以判断,新的倾向纯属离经叛道走歪路,但鲍德里亚们却从中真的辨识出可资援用的资源,为社会稳定和发展找到了新的保障。

在戴维·哈维(David Harvey,2003:356)对"后现代状况"的分析中,人们看到的是如此景象:"调动大众(与精英相对)市场的时尚,提供了加快消费速度的一种手段,不仅在服装、装饰品和装潢方面,而且也在整个生活风格和娱乐消遣活动的广泛领域中。"可供消费的商品层出不穷,可供消遣的服务体验多种多样,它们充斥着社会现实和日常生活的空间,并以审美化的诱惑机制来激发人们心理和情感的认同,刺激人们快速完成向消费者的转化。在此,符号化和审美化起到了重要作用，但更关键的是它们背后审美资本的观念形态的温柔规训。“健康”“快乐”“品位”“幸福”“成功”等诸多类似词汇天天鼓噪在人们的耳畔，相伴而来的是媒介奇观的视觉轰炸，所有这些会逐渐地改写和操控人们的思想意识，让人们去认同这些词汇的价值观念。殊不知，这些价值观念是资本和媒介合谋营造的假象，其最大的特点就是虚幻性和诱导性，其真实意愿就在于引导人们从这些词汇转向购物和消费。尽管如此，很多人也任由其驱使和摆布，接受了他们的观念，并以完成相应消费过程的方式抵近那些词语所描述的虚幻状态。反观这一过程，起决定性作用的难道不就是审美资本的观念形态吗？在消费社会中，若论及改造人们思想意识的手段，这种审美资本化的消费观念定能独领风骚，其余的恐怕就难出其右了。

当消费意识盛行于世，消费就再也不仅仅是个体的某次购买行动，而是一种消费主义的集体无意识的呈现，是消费逻辑已经支配了人们的思想和行为的结果。“看似是人们选择着商品、商品给人们带来愉悦，但实际上这一切都服从着一种集体的社会逻辑，人并不是真的因为内在需求而消费，他们是被符号牵着鼻子走。为了维持自己的地位、为了守住他所属的阶级，他必须遵守这门消费的法则。”（加卢佐，2022：57）消费的法则是由消费的伦理制定的，而穿行其间的是资本的逻辑，两者又与审美符号携手，共同炮制出消费的观念形态。这种观念形态加诸人的影响是认知性的、心理性的、情感性的、想象性的，因而也具有巨大的潜能。在它的面前，人们束手无策、毫无办法，只能接受被围猎的现实和被支配的命运，甚至甘之如饴，密切配合。用李西建（2016：85）的话说，这种状态“代表了消费主义语境下国民的一种普遍的信仰、观念和行为追求；消费意识形态的确有一种隐蔽的文化引导功能，在日常生活的渗透与认同中，缓慢转换为一种集体的无意识；消费意识形态构建的动力来自社会结构从生产型向消费型的巨大转向，来自国民不断增长的对物的需要与追求，消费意识形态是一种复杂的意识集合体。”当消费进入人们的集体无意识时，消费意识形态就取得了辉煌的胜利，这更将激励它做进一步的努力，但最终的结果如何，却不能单从审美资本的动机去看待。

“消费意识形态作为当代社会日常生活中一种‘隐蔽的霸权统治’力量，它是在一种高度的价值认同及‘合法化’的名义下构建起来的，其蒙蔽性和虚假性正在于此。”（李西建，2013：42）李西建此言确实切中肯綮。消费意识形态绝对是对日常生活的征服和殖民，但又采取了隐而不宣的温和手段，堪称“隐蔽的霸权统治”。更要命的是，它之所以能够畅行无阻，原因就在于它在普罗大众中得到了高度的价值认同，这也使得它的统治具备足够的合理性，毫无“合法性”的困扰，这确实就是它的蒙蔽性和欺骗性之所在。那么，如果要祛除它的蒙蔽性和欺骗性，我们又能对它有什么样的深刻揭示呢？鲍德里亚（2008：39-40）回答了这一问题：“一部分人能够获得环境要素（职能用途、美学组织、文化活动）理性的、独立的必然结果：他们与物毫不相干，从本意上讲他们不‘消费’；而其他人则注定要献给一种神奇的经济和原封不动的物，以及作为物的其他所有东西（观点、娱乐、知识、文化）：这种盲目拜物教的逻辑就是消费意识形态。”在此，我们必须对鲍德里亚保持必要的尊重，他并未将一切物都视作消费对象，并没有把所有的购买行为纳入它消费意涵，他采取的还是具体问题具体分析的态度，这是值得肯定的。即便消费逻辑占据了支配地位，社会上仍然有很多购买行为是基于效用性的考量，与符号价值、象征价值和审美价值毫不相干，这就不是“消费社会”探析的对象。就是说，现实生活中的芸芸众生，特别是社会底层人士，他们作为消费主体，受特定需求驱动而购买物品，看重的仍然是物品带来的满足实际需要的功能。不过，鲍德里亚的观察也是直抵要害，他所说的消费意识形态其实就是盲目的拜物教，拜的不仅仅是物品本身，还包括物品的种种符号价值和象征意义。此时的物已经“别具新意”了，“作为一种价值的标记，物的应用不是一种理性的操持，而是在带有宗教色彩的炫耀中显现出来。因为它是一种资本，所以它必须能够产生效益。在当代工业社会中，物不再是一个纯粹地被物恋所迷恋（fétish）的物”。（鲍德里亚，2015：44）

正是符号价值和象征意义的引入，让消费具备了观念形态的运作余地，这就是拜物教本身盲目性的根源。消费意识形态借用审美化的手段，将符号价值和象征价值兜售给消费者，说到底，这样做是成功的，成功的密码就在于它对社会差异性的利用。“消费是一种意识形态，是社会分层的显影。我们祈求的个人和社会平衡总是遥不可及；我们享受物的消费时的平等形式，却遗忘了消费制造的不平等内涵；消费是一种实质的同质化，却以个性化的伪装面孔出现。”（朱立元，2015：355-356）可以说，同质化是消费意识形态用以鼓动消费者的理想目标，这种理想目标之所以具有吸引力和诱惑性，根源就在于社会差异性，特别是社会阶层的差异性以及对这种差异性的种种象征性表达。其实，将消费“建立在符号/价值的交换模式之上，即建立在差异性交换的基础上，同时也就是建立在有区别的物质载体，以及由此产生的潜在的共同体的基础之上”。（鲍德里亚，2015：149）如果个体与个体之间有着不可逾越的鸿沟，这是阶级属性和社会关系所致，在现实中较难找到弥合的途径；现在消费意识形态对此加以利用，通过激发和诱导消费，特别是为消费赋予符号价值和象征意义，为处于劣势地位的人们编织出实现梦想的图景，以此满足人们祈望平衡平等、幻想优势地位的渴望。只可惜，这种满足在实质上是伪装的，是虚假的，唯有一件事是真实的，那就是在人们消费之际，资本的增殖和扩张就得到了保障。

鲍德里亚对消费社会的研究，越到晚期就越是玄幻，在此我们不妨引用他在早期著作《物体系》中的一段话：“我们想要的是越来越多的消费。消费的强制性格并非来自心理上的某种宿命性（比如喝过的人会更想喝等等），也不是来自社会威望单纯的强制力。如果消费似乎是克制不住的，那正是因为它是一种完全唯心的作为，（在一定的门槛之外）它和需要的满足以及现实原则，没有任何关系。”（布希亚，2001：227）我们认为，此时的鲍德里亚还有着精准的判断力和批判性，他将消费归入唯心行为的范畴是极为合理的，因为热衷符号化和审美化的消费本身完全脱离了现实原则。正因如此，在鲍德里亚看来，“意识形态的真正神秘作用恰恰不在它的内容，而是一种神秘的形式”。（张一兵，2015：“代译序”第35页）这确是中肯的判断，也是无奈的判断，好在通过这种形式，他实现了自己社会批判的某些理想，也显示出他直接面对社会现实的学术勇气。而通过这种形式，我们发现，消费主义理念已经成为当下社会话语的隐秘表达。

再次，审美资本对消费话语的形构。

客观地讲，消费意识形态的说法明显是一种修辞策略，意在强调消费社会中激发、诱导和促进消费行为的生产机制和观念系统。这种机制与系统浸淫在日常生活中，并不以暴力的强硬手段压迫人们奉其为圭臬，而是以充满诱惑的柔性方式对人们施加影响，借以实现资本的目标。因此，消费意识形态主要的运作空间就是日常生活，日常生活化的意识形态虽然没有阶级动员，没有暴力革命，但在本质上仍然是一种统治和控制，只不过方式和手段更新了，要求消费出场,要求消费者履职担责了。鲍德里亚(2008:67)就明确说过,“消费是(通过对消费个体进行分化作用)实现社会控制的一种有力因素”。这种控制的背后是一套价值系统和制度设计,或许没有明文规定,却也改造了人们的思想意识,将其转换为消费意识形态的规约符码,成为日常生活的指导原则,成为消费机制的配合者、合作者和践行者。然而,消费意识形态并不总是秘而不宣,果真如此,那它对人们的规范和引导必然大打折扣。事实上,这种意识形态促发了消费文化的诞生,而在消费文化中有一种力量不容小觑,那就是话语,就是消费话语。客观地讲,消费话语俨然构成了消费时代的话语标签,这种话语标签的根底就是消费主义的价值系统和生产机制。

在消费社会的场域中,消费主义理念居于重要地位,不过它在外表形式上并不张扬,而是退居幕后,以隐匿的方式起着支配的作用。审美资本的伦理构成了它的基本运作规则,使消费意识形态落地生根,产生实际的效果,但它同样也是隐性的,并不显露在外,并不呈现在消费者的面前。即便摆在消费者面前的诱人图景与审美资本伦理脱不了干系,这种图景也只是结果,并非审美资本本身。再说了,在这些图景中,动感美艳的画面,灵动跳跃的符号,虚拟与真实的变幻,想象与现实的勾连,意义联想的机理,都离不开一种重要的介质——话语;若话语不存在,这些图景的效力必然大打折扣,也正是消费话语的形构力和塑造力保证了种种消费图景的效能。因此,我们可以说,消费场域固然充斥着难以胜数的物品和商品,充斥着五花八门的服务体验,充斥着消费符号的诱人景观,但更为重要的是消费话语的存在,消费话语是消费文化中最具活力的要素。

根据法国思想家米歇尔·福柯(Michel Foucault)的研究,“话语”的概念与我们用于日常交流的言语或语言都有所不同。这主要体现在话语的社会性上。它绝不是人们借以传情达意的工具,简单而直接,而是与社会权力纠结在一起,关涉到诸多要素。话语固然是一种语言应用,但话语本身“与权力关系、机构特征、意识形态等概念交织在一起,形成一个复杂的整体……社会生活中人们根据自己的社会地位、交流对象、所在场合以及各自依托的机构选择使用词汇、句式、体裁和模式进行传递信息、参与活动、构建身份、再现事实的社会活动。”(田海龙,2014:10)这是语言学和批评话语研究的新发现,话语早就不再是一种透明的介质。按说话人的意愿将说话人的意思如实传达给受话人，是最理想的状态，但这在现实生活中往往并不存在，毕竟“话语是指一系列的意义、隐喻、表象、意象、故事、陈述等，以某种方式共同产生特定的事件版本”。（Vivien Burr，1995：32）其间涉及的多重要素共同起着作用，这决定了话语在信息传递中的复杂状态。说话人的主观意图未必能被受话人领会，说话人说“天气太热了”，他可能意在请对方打开门窗通风或者是打开空调纳凉，受话人却未必能够得到这样的意图信息。如果再牵涉到团体机构、权力关系、社会地位、意识形态、隐喻象征等因素，情况就将更为复杂。正如斯图亚特•霍尔（1997：44）所言：“话语本身，一方面创构了话题，一方面界定和构成了我们的知识客体。与此同时，它还对我们谈论和思考问题的方式作出规定，对思想如何付诸实施、如何规约他人行动的方式施加影响。”言语本系沟通交流的工具，但要这一工具不折不扣地传达信息，实际上很难做到。作为言语和语言综合化身的话语，现已具备颇为复杂的社会关系属性，其中渗透着权力关系的运作，渗透着对人们思想的影响，渗透着一种操纵和规约的企图。正是在这一意义上，话语在消费社会中被派上了特殊的用场，消费话语缘此产生。

消费话语本身就凝聚着消费意识形态，并成为消费文化的重要组成部分。说到底，消费意识形态是一种日常生活的意识形态，也是一种文化哲学的意识形态。这就决定了它必然以文化的面目出现，必然在消费社会中与消费文化互为渗透、融为一体。“消费文化是一种符号象征与价值，它反映了全球性、全球地方性背景下大众消费时代的生活格调、生活方式与价值取向。”（扈海鹂，2018：1）这是对消费文化的指认。这种指认突出了符号性象征价值，突出了消费时代人们的生活格调、生活方式和价值取向，而这一切都是文化包孕其中的重要内容，都是文化的合理因子。生活格调必然表现为文化的格调，生活方式的提升必然与文化结合，价值取向的根本标志也在文化之中，符号性象征价值本就是文化的核心关切。若脱离了文化的语境，任何符号象征都将形同虚设，不会再有意指实践的基本标准。到了消费时代，这种标准就更集中地汇集在消费上，上述生活方式、生活格调与价值取向都会围绕消费展开，消费语境也决定了诸多符号象征的意指规则。这种规则将以什么样的方式显现出来呢？毫无疑问，答案就是消费话语。

有人说,“炫耀性消费”和“交换礼物”的逻辑逃脱了马克思的政治经济学批判,而在鲍德里亚(2015:157)看来,“‘需求的意识形态起源’设定了四种不同的价值逻辑”,其中“使用价值的功能逻辑”对应着“有用性”,“交换价值的经济逻辑”对应着“等同性”,“符号/价值的差异逻辑”对应着“差异性”,“象征交换的逻辑”对应着“不确定性”。后两者是消费逻辑加以征用的重要对象,“差异性”和“不确定性”也被塑造成为消费意识形态的合理内容。在某种意义上,消费社会就是充分利用这种“不确定性”来进行“差异性”生产的,差异性生产旨在引导人们以消费来弥合差异,但事实上差异不但弥合不了,反而会进一步强化和固化,进一步形成新的“不确定性”。由于消费注重的“不是物品而是梦想、影像与快感,消费的方式以方便为主,认同的是品牌,区别的是价格,强调生活方式对社会地位差异的区分,商品被用来标识人的社会差异,通过对商品的使用,划分了社会关系”。(林立树,2014:198)这就是消费意识形态的奥秘,也是消费话语的话语规则,它决定了消费话语必然以维护和促进消费为本质特征。也就是说,消费话语绝非关于消费的客观描述,也不可能是关于购物的如实表达,它本身就站在了消费意识形态的立场上,既带有倾向性,将消费作为一切话语的表意规则,又具有诱导性,旨在全力鼓动和吸引人们成为消费者。

这就让消费话语为消费者作出承诺,为消费者勾勒出理想化的消费“王国”。因此,在消费话语描述的景象中,一种新的伦理观渐次形成,“诸如消费合理、消费幸福,甚至‘我消费故我在’的观念,业已成为消费社会的意识形态,其中深蕴了快乐主义、享乐主义和拜物教”。(周宪,2008:128-129)由于消费话语的表意功能,“消费”二字更能给人以意义联想的空间,“获取和消费成为实现幸福的手段,对新事物的崇拜,欲望的民主化,金钱价值成为衡量社会所有价值的主要尺度”。(利奇,2020:1)其实,消费话语本身就是一种实践,这种实践又导向了一种消费意识形态化的伦理观,让人们不知不觉地认同消费就是合理的,消费就是幸福的,消费就是人存在的依据,并进而形成快乐至上、享乐为先的人生观和价值观,最终心甘情愿地屈从于彻头彻尾的拜物教。问题在于,这种人生观和价值观是社会提倡的,而消费者对此等“拜物教”并不反感,很多时候还是乐在其中、乐此不疲,因为它已经“是一种主动的集体行为,是一种约束、一种道德、一种制度。它完全是一种价值体系，具备这个概念所必需的集团一体化及社会控制功能”。（鲍德里亚，2008：63）众所周知，价值体系的塑造离不开话语，价值体系的宣扬更离不开话语。消费意识形态塑造了消费话语，反过来，消费话语也对消费意识形态的价值体系起到了积极的建构作用。再进一步说，消费意识形态的精髓在于审美资本的伦理，消费意识形态对消费话语的规约是通过审美资本的统御和支配完成的，消费话语最终也是对审美资本的表达。这种表达不光体现在语言应用上，更体现在日常生活的购物实践中。

消费社会有着摄人心魄的景观和物象。“消费文化是通过广告、电视、新媒体、商业品牌、新型商场、购物中心，发展起的一种符号化的消费生活方式及价值选择。”（扈海鹂，2018：1）日常生活中符号化的消费方式与价值取向，实难不言自明地轻易得到昭彰和宣示，必须仰赖于消费话语的沟通，仰赖于消费景观和物象的渲染。消费话语可以营造消费氛围，这是有目共睹的事实，景观和物象的作用不容忽视。如果用隐喻的修辞方式来表达，景观和物象其实也是消费话语的活样板。德国学者波默尤为强调“氛围”（atmosphere）的重要性，这是合情合理的；消费社会就尤其如此，因为消费氛围实乃关键之所在，如果营造好了消费氛围，一切都将迎刃而解、水到渠成，一切消费的筹谋与规划都将化为现实。若要营造好消费氛围，就必须发挥消费话语的作用，这里的消费话语既包括语言形态，也包括景观和物象的形态；消费话语在语用实践中获得了扩容，将种种景观与物象包括在内，也正是从这个意义上说，消费话语本身就是消费氛围的具象化。

在当下的日常生活中，消费话语构成了我们的生存环境，这种生存环境有一个典型的例证，那就是购物中心。“超级购物中心（Super Shopping Center）就是我们的先贤祠，我们的阎王殿。所有消费之神或恶魔都汇集于此，也就是说，所有的活动，所有的工作，所有的冲突以及所有以同样抽象方式废除了的季节。”（鲍德里亚，2008：7）这里的“超级购物中心”，在语用实践中可以被当作语言符号，这是语言符号较为常见的用法，比如将建筑视为语言，将球赛当作符号，等等。现在，从话语的角度讲，特别是处身消费语境，它们不仅是语言符号，更是消费话语，或声名显赫，或在无声告白，共同构筑起消费社会的话语场。倘若将它们视作消费话语，就意味着，它们宣示了一种消费的价值理念，表明了审美资本的逻辑规则，也营造出消费实践的话语效果，让消费者在浓厚的消费氛围中陷入“麻醉状态”，听任消费驱使，由着资本压榨。这不能不引起我们的重视。在这里，我们对消费主义伦理的分析，或许超越了雷蒙德·威廉斯的论述，但这种延伸是合理的，是符合威廉斯学术的精神追求的。我们必须对消费伦理予以反思和批判，“必须告别把‘拥有汽车’与‘个体自由’挂钩的消费文化”，(斋藤幸平，2023：60)以相对克制的生产和生活方式，确保友好型的环境保护和生态文明建设取得长足的进步。

第五章

微观生活的生态意蕴

雷蒙德·威廉斯曾对“消费者”这一关键词进行了历史语义学研究。他(2005:86)认为,随着该词现代语义的变化,购买者和使用者组成了一群群的消费联盟,“这种发展,主要是与有企图的、有计划的市场控制有关,这一种控制潜藏在大规模的工业资本主义(与国营资本主义)的生产里”。此处,威廉斯阐明了资本主义的生产方式对消费者联盟控制市场的决定性作用。其实,这种控制还体现在日常生活中,人们的微观生活也受到了这种消费逻辑的支配。我们屡次提出,在威廉斯看来,文化就是日常生活,(Williams,1989:3)文化就是一个民族、一个时代、一个群体的特殊的生活方式。(Williams,1985:90)这种生活方式或日常生活,其实就是人们的微观生活。如今,在人们的微观生活中,消费日渐显要,消费的核心关切也从物品和服务的效用性,从商品和体验的使用价值,转向了符号价值和审美价值。当然,这并不是说效用性和使用价值已毫无意义,已超出了“消费”一词的义项范围,只不过这不是我们关注的重点。我们重在讨论使审美成为资本的消费现象对于社会诸多方面的影响,尤其是对于人们微观生活和思想观念的影响。在此,我们将集中探究审美资本伦理的微观呈现,亦即对审美资本逻辑在日常生活中的具体作为及其后果进行勾勒、梳理和评析,毕竟微观生活中人们的价值关切和行为模式,攸关生态与环境,也是威廉斯鼓励的对作为生活方式的文化予以研究和反思的重要领域。

第一节 日常生活的重构

随着消费社会的深度迈进，审美资本蕴含的消费伦理和资本逻辑已成为当下日常生活的重要构筑力量，使人们的日常生活展现出新的姿态和面容，同时也表现出新的功能与作用。这引发我们对日常生活加以重视，重新思考日常生活也成为很多学者感兴趣的话题。

长时间以来，日常生活都被简单化处理，被认为是琐碎的、驳杂的、重复的、庸常的日常现象的总和，“微不足道”“平淡无奇”“了无生趣”“单调乏味”“简单明了”等词汇经常被用来形容这种程式化的生活样态。法国思想家亨利•列斐伏尔(Henri Lefebvre，2018：545)干脆声称：“哲学家把日常生活挤出了知识和智慧的殿堂……日常生活是非哲学家的世界和栖息地。”英国学者戴维•英格利斯(David Inglis，2010：1-2)也认为：“所有人都把每一天过得如此程序化和平庸世俗，以至于这样的生活似乎根本不值一提……其他不计其数的平凡琐碎的事情，构成了我们日常生活的内容。”如此看待日常生活，如此矮化和弱化日常生活，持续了相当漫长的时间。这种态度想当然地将日常生活中的一些内容抽离出来，使之与日常生活形成矛盾的龃龉关系，比如政权更迭、社会变革、战争灾难等等。人们将这些现象与日常生活对立起来，认为它们已不是日常生活的组成部分，日常生活由此被切割开来，被降格为微不足道的场域。对此，洪治纲(2020：1)提出“完整生活”的概念，认为“人类的‘完整生活’应该既包括组织化、制度化、专业化的‘非日常生活’，也包括个人化、碎片化甚至是非理性的‘日常生活’。”事实上，“非日常生活”早就有各门学科加以观照，而“日常生活”则不然，一直处于湮没无闻的状态。学科的划分，其实就是对“完整生活”的切分，被切分出去的早就成了精深的学问，而剩余的部分一直静待学界的挖掘和研究。幸好，列斐伏尔等一众学者恰逢其时地担当了此任，他们对“日常生活”的界定揭开了罩在日常生活上的面纱，揭示了日常生活的真实样态。

我们在谈论“日常生活”时，其实在谈论人的日常生活，这里面有着人的标准，有着人的蕴含。日常生活是人的日常生活，人是日常生活的建构者和体验者，两者根本上就难以区分。“人毕竟是一种文化的存在，也是一种历史的存在。从衣食住行、吃喝拉撒，到婚丧嫁娶、生老病死，人在日常生活中面对的每一件事，其实都蕴藏着无限丰富和异常复杂的历史文化信息；日常生活本身，也是确认我们自身存在价值的重要载体。”（洪治纲，2020：3）如此看来，即便“完整生活”中被划走了相当的部分，那剩下的部分，亦即所谓日常生活的部分，仍然负载着人自身存在的价值和意义。随着学术研究的推进，人们在研读历代官修史书的同时，越来越注重私人笔记中的日常书写；当政治、经济、历史等教科书只提供粗略的事件脉络时，人们会在文学描写中寻找细节真实。戴建兵和张志永（2015：68）认定“个人生活史”是“当代中国史研究的重要增长点”，历史学家从文学名著《金瓶梅》中探寻明代的生活真相，文学家在经典小说《了不起的盖茨比》里查找消费主义重塑美国民众生活的证据。这充分说明了日常生活的重要性，也清晰地表明研究日常生活的必要性。

然而，只要对日常生活稍加留意，我们就会被它的复杂性弄得无所适从。“日常生活把自身提呈为一个难题，一个矛盾，一个悖论：它既是普普通通的，又是超凡脱俗的；既是自我显明的，又是云山雾罩的；既是众所周知的，又是无人知晓的；既是昭然若揭的，又是迷雾重重的。”（海默尔，2008：30）日常生活看上去杂乱无章、琐碎枝蔓、无足轻重，但事实上它变幻莫测、波谲云诡，连向来以理论思辨著称于世的特里·伊格尔顿（2009：6）都感叹：“日常生活就像瓦格纳的歌剧，错综复杂、深不可测、晦涩难懂。”日常生活缘何如此呢？一方面，日常生活具有庞大的实体规模、纷繁的构成要素和变动不居的存在样态，这都决定了日常生活不可能呈现固定的面貌，供人们一望而知；另一方面，这是跟人本身的复杂性深刻相关的，人处身其间的社会关系始终处于动态调整的过程中，矛盾、冲突和抗争构成了人生活的常态，加之人的感觉、心理、情感、欲望总是变幻莫测，很难为确定的理性知识所把握。事实上，正因为日常生活的这种“晦涩难懂”，它才充满了魅力，它才具有巨大的挖掘空间。日常生活“既包含了形而下的欲望特征，又承载了形而上的伦理之思；它既有感性的无序和缭乱，又有理性的程式化和规范性；它既是惯性化的无聊和乏味，又时常迸出节日的仪式和欢乐；它在某个族群内部保持着强大的共识性，却又与其他族群存在着巨大的差异性；它既能同化不同的个体，又被时代不断地改造”。（洪治纲，2020：5）这是对日常生活的新判断和新认知，与原来那种将其贬低、弱化甚至放逐的态度相比，已有明显进步和改观。随着现代性的拓进，随着后现代性的自我反思，日常生活本身旧貌换新颜，发生了重大的变化，其直接动力源自多重多维，其中少不了消费社会的审美资本的伦理，而消费社会的审美资本对日常生活的塑造主要体现在如下三个方面。

第一，日常生活的消费之变。

消费有着漫长的历史，在人类不同的历史阶段均有呈现，但传统社会中的消费主要指对物品的“消耗”，突显的是物品的实际效用和使用价值。及至后现代消费社会，消费的含义已经发生了根本的变革，人们会考量物品和服务的使用价值，但更重要的是衡量物品和服务的符号价值和象征价值，后者起到了决定性的作用，这也是消费社会滥觞的缘由。值此之际，人们的日常生活条件明显优越起来，工业化、电子化、数字化、智能化的累加效应得以彰显，为人们提供了物质的丰盈和生活的便捷。据约翰·菲斯克（John Fiske，2001：142）的观察，美国在电视上已播放过 300 多个智力竞赛和游戏节目，而且大都在白天播放，其目标观众瞄准的是女性消费者，常年如此，循环往复，以至于让人们觉得这类节目本身就是观众幸福生活的合理部分，如果缺少了这类节目简直难以想象。但这类节目的“商业诱惑力是显而易见的”，它们给商品和服务赋予了“明星的地位”，为观众“提供了一种全国性的商店橱窗”。这里提示的信息是多样的：首先是人们物质生活条件的改善和余暇时光的增多，可以享有电视节目的陪伴。其次是消费价值观的宣示，将这类节目变成了“商店橱窗”，无异于对节目中的商品和服务进行了全国性的展示。再次是推进消费的谋略，比如让产品和服务的生产者在节目中表现自己的“慷慨”和“利他”，这样就转换了他们的角色，使其更容易与观众——消费者——产生共情；再比如，这类节目表面上是要决出智力竞赛的优胜者和游戏节目的胜出者，却无形中将商品与高智力水平勾连起来，将服务与各类竞争的胜出勾连起来，从而使商品和服务别具象征意义；更不用说，一次次的演绎，一遍遍的重复，都将加深观众的印象，同时也为商品和服务的符号价值做了宣介，使其获得明星般的优势地位。如果将所有这些信息加以整合，我们不难得出结论：人们的日常生活已然遭遇了消费之变。这里的“变”有两重含义：一是消费取代生产占据了社会的要津，或者说消费就是生产，不光生产商品和服务，还生产社会的稳定和发展；二是消费本身之变，也就是我们反复申明的从使用价值向符号价值、象征价值和审美价值的转变。

日常生活的消费之变，体现出更深层次的意义。对此列斐伏尔有过细致的说明，在其基础上洪治纲对日常生活的新样态做出了更为明确的总结：“虚浮的意识形态直接把经济现实、政治上层建筑以及革命的种种可能性掩盖起来，并用大众传播工具去扫除大众的独立思考和判断力，随着电视、报纸和广播的扩散，具有大众性和性刺激的图像包围着人们的日常生活，不断去安抚和左右电视机面前的消费者。”（洪治纲，2020：6）质言之，此处虚浮的意识形态就是消费意识形态的别名。这种意识形态消解了经济和政治现实，遮蔽了革命的可能性，将所有这一切代之以消费，而消费氛围和环境的营造就是大众传媒之功，其微妙的手段在于通过对消费者的“安抚”来实现对他们的控制。由此看来，如果说传统阶级社会中的无产者有通过斗争赢得“解放”和“自由”的理想目标，那么，如今这种理想已经消散，这种目标已经淡化。消费时代的消费者在消费中寻觅到了“解放”和“自由”的感觉，而他们付出的代价是主体性的丧失，是自我的消费异化，只可惜他们可能全然不觉，甚至还积极地予以配合。从消费社会的资本动机判断，这无疑是极为成功的，但从消费者的角度看，这种成功的代价也是昂贵的。

日常生活的消费之变，敞开了日常生活空间，这一空间最为突出的特点就是它的消融性，也即通过激发消费而消融个体差异性的特征。消费给人们以许诺，让人们相信个体的差异性是可以弥合的，甚至是可以翻转的，本来自己处于弱势地位，完全可以转化为优势地位。不过，这种许诺的兑现是通过消费才能完成的。当你发现有钱有闲一族在各地旅游，你也加入其中，就让自己告别了辛勤劳作的辛苦状态；当你看到精英人士都在打高尔夫，你也挥杆上阵，仿佛你也成了精英俱乐部的一员。在物质财富和闲暇时光的双重保障下，这样的消费并非遥不可及。由此，消费确实拉近了人们与自己梦想的距离，日常生活所具有的消融性力量尽显无遗，它征用了现实中的个体差异，引导人们以消费为手段去消弭这些差异，从而成功激发了人们内心的欲求，使其投身于商品和服务的购买之中,让消费帮助自己实现梦想,同时也让消费成了维护社会秩序的稳定器和促进经济发展的加速器。其实,个体差异性并未消失,尽管在某种程度上得到了缓解,但新的差异性会再次光临。这就暗合了消费的预期,因为社会个体越是以差异性为特征,就越是具备操纵和利用的空间;如果说消费现在已经成为生产,那么这种生产实际上就是差异性生产。久而久之,差异性生产就会促成日常生活的消费意识,这种意识与实现欲求的梦想交织在一起,所以它更容易转化为人们的主导观念,并最终转化为消费活动。"消费活动作为日常生活的基本方式,就是通过种种消融性的手段,实现了两者之间互动的默契。通过日常消费,不同的个体获得了自我欲求的暂时满足;而这种满足,又进一步刺激不同的个体去进行更大的自我生存空间的获取,并由此形成了日常生活的繁复驳杂,或者叫生机勃勃。"(洪治纲,2020:11)繁复驳杂也好,生机勃勃也罢,它们其实都是消费社会审美资本运作所引发的后果。

第二,日常生活的审美之变。

日常生活的审美之变,可以从迈克·费瑟斯通关于"日常生活的审美呈现"的分析中得到确证。费瑟斯通(2000:95-96)是从三种意义上揭示日常生活的审美呈现的。首先是指从第一次世界大战到20世纪20年代出现的"达达主义、历史先锋派及超现实主义运动",他认为这些"亚文化"意在消除艺术与日常生活之间的距离,最终"已为消费文化中的广告和大众媒体所吸收"。可以说,这是现代主义运动的结果,其间绘画、雕塑、文学、音乐等领域的名流翘楚各擅其胜,颇为大胆地对审美和艺术的经典范畴发起挑战。马塞尔·杜尚(Marcel Duchamp)就是最为典型的例证,让人彻底混淆了作为日常用具的小便池与伟大的艺术作品"泉"之间的界限。

其次是指"将生活转化为艺术作品的谋划",从而"既关注审美消费的生活,又关注如何把生活融入到(以及把生活塑造为)艺术与知识反文化的审美愉悦之整体中的双重性,应该与一般意义上的大众消费、对新品味与新感觉的追求、对标新立异的生活方式的建构(它构成了消费文化之核心)联系起来"。(费瑟斯通,2000:96-98)也就是说,要反对和颠覆文化的"经典性"和康德式的审美观,把审美融入日常生活,与消费文化的大众化品味和感觉联系起来,使日常生活得到审美化的改造,展现出艺术的风格和审美的品格。何以展现呢?通过影像，通过大密度和大范围的影像，让人感觉到，“实在与影像之间的差别消失了，日常生活以审美的方式呈现了出来，也即出现了仿真的世界或后现代文化”。（费瑟斯通，2000：98）正是在这里，费瑟斯通与鲍德里亚相遇了，这也是日常生活中审美与消费的相遇，其结果就是日常生活的审美之变。

再次是指“消费文化发展的中心”。“艺术不再是单独的、孤立的现实，它进入了生产与再生产过程，因而一切事物，即使是日常事务或者平庸的现实，都可归于艺术之记号下，从而都可以成为审美的。”（费瑟斯通，2000：99）艺术曾经为自己划定领域和范围，虽与现实有着表现或再现的关联，但毕竟这是一种艺术的关联，而且一旦这种关联形成了实体形态的艺术品，它就具备了自足自律的性质。自足自律的艺术，需要欣赏者的审美观照——无功利的审美观照。但事实上，“文化工业”的冲击，消费社会的影响，终于让人们认识到艺术的自足自律可能只是一种假象。姑且不论艺术与现实的紧密联系，这预示着艺术生产与现实世界的深度结合，单就消费市场中艺术品本身愈发形而下的走向而言，审美对象的甄别标准就越来越日常生活化了。相伴而来的就是“非投入式审美”的诞生，随即“任何东西都可以以审美的态度来欣赏，包括日常生活中所有的事物”。（费瑟斯通，2000：103）

日常生活的审美之变，很容易让我们想到“日常生活的审美化”和“审美的日常生活化”。鉴于这两种概念与韦尔施的“美学重构”都已得到较为深入的讨论，我们在此不拟赘言。但李西建（2013：120）的判断不容忽视，他认为消费时代人们日常生活的审美化表达了人类审美的新的价值趋向：“即趋向个体的日常生活的过程，趋向人类现实的生存价值的实现。从某种意义上讲，当代审美文化就是指一种消费形态的文化，一种重建人的日常生活形态及自由空间的文化。”如此一来，个体的人的生存样态，人们的日常生活，就都成了审美对象；反过来说，个体生存与日常生活全都发生了审美之变，这种改变的价值目标在于重构日常生活，在于拓展人类的自由发展空间。

第三是日常生活的资本之变。

日常生活发生了消费的转向，发生了审美的变迁，其结果必然突显资本的重要性，这是由消费逻辑决定的。不消说，审美在日常生活中的扩张，会为人们带来更大的空间，因此也为人的全面自由发展提供了保障。但自由有真实和虚假之分,基于消费的自由就有着明显的虚幻性,与现实生活中真正的自由还有着距离,尚不能在真实世界中完全凭借自主意识行动,完全实现自我支配和自我负责。就此而论,日常生活的消费化和审美化,确实为人们提供了一定程度的自由感,但更多的是通过所谓消费自由体现出来的。我们不妨以身份感为例来略加说明。身份感意即对自我身份的感知,这种感知既包含对自身物质、精神和文化条件的理性判断,又包含对超越自我身份判断的渴望,也就是说本来自我判断是属于A阶层,但却总是有着超越A阶层的渴望。囿于具体条件的限制,这种身份感就表现出不自由的状态,会带给人压迫和钳制。如今消费社会登场了,为人们挣脱压迫和牵绊意味十足的身份感提供了契机。原来他可能只购买普通雪糕,这是对身份感的理性表达,而现在他可能去考虑"哈根达斯",这就突破了具体条件的限制,超出了自我身份的理性判断,对更高阶层的身份认同充满了渴望。当这种渴望通过消费实现时,人们确实得到了自由的感觉,这种感觉无疑会带来极大的满足感。但从本质上说,这种自由的实现是通过消费才实现的,是典型的消费自由。尽管如此,类似的故事每天都在日常生活中上演,消费带来的自由和满足固然有虚幻的成分,但也召唤和诱使人们趋之若鹜地投身其中。这是人们在物质满足之后从心理和精神层面进一步有所追求的自然反应,是有着积极意义的,必须予以肯定,尽管它早已被消费伦理纳入彀中。

我们一再申明,消费的伦理与逻辑会诉诸符号化和审美化,这两者促进了消费的意义转化,促进了消费的具体落实。正是由于消费对日常生活的改造,作为消费对象的商品及其符号化和审美化,就都蕴含着资本的逻辑,体现在以推介消费为目的的媒介影像中,其间商品符号灵动跳跃,审美景观充满诱惑,但"由于广告,由于形象文化,无意识以及美学领域完全渗透了资本和资本的逻辑。商品化的形式在文化、艺术、无意识等等领域无处不在"。(杰姆逊,2005:145)正因如此,符号化和审美化才只是手段,是将符号价值和审美价值送达人心的途径,其背后难掩消费的资本初衷,这在客观上形成了审美资本充斥日常生活空间的景象。

第二节　物性意义张扬

审美资本的伦理，是对消费时代审美形态的重新界定，消费凭借审美抱定资本增殖的目的，实现资本扩张的野心。而消费社会的审美，早已脱离了经典意义的艺术阈限，走向了日常生活，为日常生活中诸多形态的“物”赋予了美感。这自然是对物的再度打量，无疑将进一步敞开物的意义空间，与新的学术语境中对物性意义的张扬达成了巧妙的契合。学界对物性意义的重新确认，离不开两大学术思潮，其一是“后物质主义”，其二是“新物质主义”。

“后物质主义”是美国学者罗纳德•F. 英格尔哈特（Ronald F. Inglehart, 1977，1985，1990，2018）在20世纪70年代提出的概念。他在一系列论著中反复申明，并在欧美多国进行了实验验证，用具体的数据来支撑自己的观点，即西方社会发生了“后物质主义”的价值观念革命，人们的价值追求在内容上有了更新，在优先顺序上有了调整。我国学者丛日云（2013，2023）对此问题也有关注，并就价值观的变迁等问题做出了深入论述。在物质主义时代，经济因素和人身安全至关重要，那是由物资匮乏和社会动荡决定的，吃饱饭、穿暖衣、有地儿住、养家糊口、确保人身不受伤害等是人们的重要关切；而到了后物质主义时代，生产力水平提高了，物质生活条件改善了，经济保障和人身安全方面的担忧逐渐被自我表现、自我实现、生活质量、精神富足的追求取代，于是在社会变革和代际更迭中一种后物质主义的价值观悄然形成。“坚持物质主义价值观的人数在不断减少，坚持后物质主义价值观的人数在明显增加；主流社会对传统物质价值的关注程度在明显降低，而对后物质主义价值观的关注明显提高。”（胡连生，2011：33）可想而知，后物质主义不可能凭空产生，也不可能独自产生，而是人类发展进入新阶段后由多种因素共同作用而引发的结果。英格尔哈特的贡献在于为这种变化作出了准确标识，使之引发了广泛讨论和普遍认同。价值观念从物质主义到后物质主义的更新，反映了社会生活的变化，同时也进一步促进了社会生活的变化。不无巧合的是，当后物质主义在西方显出端倪之际，恰是发达工业社会演进之时,英格尔哈特所描述的时代也正好与后现代消费时代基本重合。后物质主义的价值追求,与审美资本的符号价值追求也是不谋而合,只不过英格尔哈特是从积极的层面对其加以确认,而鲍德里亚等人的观点是基于社会批判的总结,真应了刘勰所说的“殊声而合响,异翮而同飞”了。至少我们可以说,后物质主义的价值观重新塑造了人们价值追求的版图,这种价值更新的向度符合消费主义的发展趋势。当人们告别生活无着、进入衣食无忧的境遇,面对包围着自己的各种物品和商品,心中的感觉自然不比物资匮乏时代,这些物品对他们的意义自然也有所不同。物本身对人们的吸引力大幅降低,附着在物之上的符号意义获得了更多的青睐;寻常之物已难入世人法眼,但颇具展示价值和炫耀价值的不寻常之物成为被追逐的对象;物的使用价值被想当然地对待,但其象征价值和审美价值却日益凸显出来,成为统率消费市场的法则。

如果说后物质主义通过价值观的更新揭示了人们对物的态度之不同,那么“新物质主义”在这方面就更显其盛,更是引导人们对物进行全新的考量和反思。新物质主义的潮流枝蔓丛生,甚至连名目都难以统一,有着“新物质主义”“物转向”“物质文化”“物论”“物叙事”等不同称谓。在众多中外学者的论述中,若想勾勒出共识性的内涵也并非易事。为行文方便,我们姑且称之为“新物质主义”,事实上比之其他相关术语,这个术语并非最早产生,但近年来大有后来居上、渐渐胜出的苗头;我们暂以这个极具涵盖性的“伞状术语”(umbrella term)来指代这一潮流,至于其提出者是否首开风气之先,是否首先界定了这一学术潮流,就暂且悬置起来存而不论了。在如今如火如荼的讨论中,学界在根本出发点上基本达成了共识,提出了一系列发人深省的观点。这些共识和观点大致界定了新物质主义,也丰富和完善了我们反思人与物关系的理论“工具箱”。

首先需要把握的是其产生的时代背景。新物质主义大致发端于20世纪80年代,在世纪之交时获得深入推进,最近二十多年已初成盛举。纵观此一阶段的西方学界,有一个明显的特点,那就是对学术思想的反思与重构,而反思与重构的对象有两个,其一是“语言学转向”造成的后果,其二是以解构主义为代表的后现代思潮带来的消极影响。不得不承认,索绪尔的“普通语言学教程”引发的结构主义语言学，既给语言学研究带来了颠覆性的变化，又渗透进多个人文社科领域并促发了深刻的变革，使得语言成为建构性的力量，语言之外别无他物，语言构成的文本之外也别无他物，一切都是语言和话语形塑的结果。当你读出“chair”时，你的发音就是能指符号，你脑海中出现的那个对应的理念就是所指，这是索绪尔的表意机制，看上去很完美，但日常生活中的椅子这件物品似乎成了毫无意义的存在物。后来在福柯“词与物”的关联中，语言和话语甚至成为一种“规训与惩罚”的力量，是社会关系体制化的缩影，是权力运行逻辑的载体。至此，语言的权力达到前所未有的地步，俨然构成了新的霸权，无形中压制和放逐了社会现实和日常生活中的物。凯伦•布拉德（Karen Barad, 2003）就曾指出，在此情形中，语言被赋予了太多的权力，语言至关重要，跟语言有关的一切都很重要，只有物本身不再重要。总的说来，“语言学转向”有两重含义，第一是语言学内部的转向，由索绪尔促成，第二则是其引发的多个学科领域中的“语言学转向”。从其起源和发展历程看，“语言学转向”是人文社会科学中的重要转折，其学术价值和现实意义不容抹杀。但凡事有一利必有一害，物极必反也是世间的基本道理。当“语言学转向”构成了一种压制性和垄断性力量时，它本身所蕴含的效能就有可能难以抵消其造成的消极影响。至少，将物从语言的遮蔽中解放出来、凸显出来，重新发现物的意义，成为新物质主义者的良性动机。

同时，后现代主义盛行一时，它摧枯拉朽的解构性，横扫千军的颠覆性，集中体现在反逻各斯中心主义和反本质主义的焦点上，主体性、整体性、本体性、中心性、同一性等概念一一遭到了拆解。一切都成为语言的游戏，一切都成了语言的建构，物本身的实体性也必然受到冷遇和漠视。值此之时，作为物的“客体不可认知（或者根本不存在），客体是语言和文化的建构。这种‘建构’立场虽然在某种意义上打破了本质主义偏见，却也在很大程度上忽略了对实在的客体的关注”。（尹晓霞、唐伟胜，2019：77）不容否认，后现代主义的解构精神有着积极的意义，它质疑权威、倾覆垄断、消除压制的目标值得肯定，这在一定程度上堪称进步的力量，给处于被压制状态的人们提供了希望和抚慰。但当解构带来的欢愉趋于冷静，人们不禁发出理性的追问：解构之后究竟还有何物？后现代生活到底意义何在？难道一切只是“后现代幻象”吗？在这些质询中，后现代主义的解构风渐趋消歇,人们发现意义的世界仍然存在,这里面就包括日常生活中的物。

现在,很多学者将新物质主义与后人类主义、后人文主义并置考察,或者将新物质主义归入后人类的范畴。其实,新物质主义可以与眼下多种要素扯上关系,它之所以能够因应时代而成为一股思潮,原因就在于它成功地映射了21世纪的新面容。“资本流通、人口流动等全球化历史语境、转基因技术、数字技术、生物技术、人工智能等技术的发展,对新物质主义的兴起起到了关键性的作用。”(陈海容,2022:184)还有一种重要力量促发了新物质主义的产生,那就是量子力学和量子物理学的新进展,这种新进展对物的研究达到新的境界,为人们提供了新的认知。如此看来,“语言学转向”渐成往事,“解构主义”风光不再,当下人们生存的语境、亲身的处境、面临的问题都已大相径庭。后人类主义与后人文精神从根本上颠覆了人的中心地位,将其与动物、植物、事物的关系尽数拉平,人不再是主宰,不再是莎士比亚所说的“宇宙的精华、万物之灵长”。这种变化引发的预期结果是多种多样的,其中最重要的一点,就是在“人—物”平等的理念中,物的地位、意义和力量得以昭示和张扬。

简要梳理了新物质主义的缘起之后,我们也大致能够总结新物质主义的精神要义了。首先,新物质主义“把物质作为一个正在进行中的物质化的过程”,处在“一个动态的、变化的、内在地纠缠着的、衍射的和表演性的过程”当中,不再将其视为静态的、固定的和被动的东西,只是有待人们来施加影响的东西。(法兰多,2019:18)其次,新物质主义认为世界由物组成,人类和非人类的自然界都是物,所有的物都具有“能动力”,体现出不断涌现和不断生成的形态。(韩启群,2020)换言之,物本身就有能动力,这种动能会体现于自身,体现于自身所处的系统,体现于与人的“内在互动”,一种新的关于物的观念和理念由此而形成。再次,新物质主义的物转向强调了“物与人类完全平等”,强调了“物的生命及其主体性”,引导人们“重新回到客体自身,去探索人类意识之外的物”,“超越自身限制,对物进行(美学)想象”,“承认物的力量,追寻物的本真”。(唐伟胜,2020:110)简而言之,就是人和物是平等的,物本身自有生命和魅力,需要人们去努力探寻和挖掘。

物本来构成了人们的生活世界,但长久以来物一直位于智性的网格之外,致使物不为人知、不为人识，因为进入不到人们的意识之中，物就很难显豁出其意义来。（孟悦、罗钢，2008：77-92）意义本是人文学科研究的根本所系。我们说物的意义要显豁出来，其实最终还是被人意识到、捕捉到，不然物本身的意义只能是静态地自我持存，达不到人与物的内在互动。这么说似乎仍有人类中心主义之嫌，其实不然，我们可以从赵毅衡（2017：16）的论断中得以确证："物世界中为我们的意识所能及的部分，可以称为'实践意义世界'，它包含了意识对物的认知、经验的积累以及知识对物的加工与使用。而一旦人的理解参与进来，这部分世界就不再是自在的世界，而是人化的世界。其组成单元是符号与物的化合物，即所谓'符号—物'二联体，意义世界的一切都在符号性与物性这两个极端之间滑动。"这就是说，物本身必须进入人的意识之中，进入人的主观意向性之中，它的意义才会得到确认。比如生物符号学研究就是如此，单个生物体本身绝对是有意义的，它与其他生物体构成的系统更是如此，但所有这些生物体的意义，只有为人的意识所及，获得意识的加工和使用，才能够成为人的"实践意义的世界"。这未必就是死守人类中心主义，毕竟无论是文学意义还是文化意义均须人的"生产"与"建构"，只要人不再居高临下地宰制和压迫这些生物体，以平等的姿态对待这些生物体，从平等的协商与交流中引出意义，对于生物体而言，对于人而言，这意义才最有价值。同理，日常生活中的物也是一样。物绝非无生命的客体，相反，它本身蕴含着"能动力"，它本身就是生命体，它与其他物构成的系列化、系统化、结构化联结更是强大生命力的宝藏，这种生命力就是意义的显豁和呈现。中国人心目中的梅兰竹菊、苍松翠柏、长城黄河、玉石文玩都具有典型的象征意义，这些意义说到底都是源自物与人的协商交流，人不可能对意义凭空虚设，物也不可能进行意义的自我生产。"所谓物能携带意义，其实说的是人能从物中读出意义，更明白地说，这种意义是被人赋予甚至是被'设计'出来的。"（傅修延，2021：163-164）正鉴于此，人们现在需要的是，一方面要消除自己的主体性、主动性、中心性、统御性、宰制性先验理念，将自己放置在人与万物平等交流的地位，另一方面则要将物在人们相沿成习的"霸权压制"中解放出来，真正体认物的生命力和能动性，对物抱有好奇心，在"祛魅"已久之后为物"赋魅"。在此我们不用"复魅"一词，因为它暗含着特定文化背景的意涵，有着特定的预期目标；我们在这里要表达的就是经由新物质主义的启示和激发,从人与万物平等的价值理念出发,挖掘物的生命属性,开启物的施动空间,而从人的立场观之,相较于人类中心主义的阶段,这一过程就是为物赋予魅力的过程。这么做无疑具有极大的现实意义,足可改变物仍然处于被动的局面。当代社会诸多现存的物性形式,“未能得到语言恰如其分的描绘”(Christopher Breu,2014:1),由于语言和思维、意识、思想的关系,也就难以进入意义世界,难以在“实践意义的世界”得到确认。如果物的意义得不到确认,物与人的协商交流就会中断,物的真实价值就会遭到遮蔽和漠视,这难免产生极为严重的后果,环境危机和生态灾难便是明证。

即便可以说意义的世界只为人所专有,那物在其中也起到了关键的作用。赵毅衡(2012:27)坚持以“哲学符号学”探知“意义世界的形成”,而事实上,“在数量极其庞大的符号中,非物质的符号可能比较少,大多数的符号的确有‘物源’(物质性源头),不妨说符号是被认为携带着意义的具体物或具体行为”。这就揭示了物在意义世界中的重要性,正是大量的物的存在,正是大量的物的符号化,构筑起人的意义大厦的基座和构架。很难设想,将所有这些携带着意义的具体物撤去之后将会发生什么样的状况,事实上这种想法根本就不可能实现,毕竟人类的意义世界离不开“物源”,也即“物质性源头”。关键在于,这些物必须参与人的意义大厦的构筑,必须以某种形式进入人的意识和行为,进入人的意义表征机制和语言言说系统,唯其如此,物本身的意义才会与人本身的意义相磨相荡形成新的意义。这是赵毅衡极力阐明的道理。

在这方面,新物质主义确实敞开了物性意义的空间,让人们以一种新的立场和视野诊视、发掘、阐释和确认物性意义。诚如上文所言,这就要求物必须进入人的意识,但时值消费社会,人的意识大都受到了消费的改造,消费意识成为人的意识的鲜明时代特征。这样,当今的物与人们的消费意识发生耦合性关联自在情理之中。当然,我们绝不是说人们的消费意识笼罩了世界万物,将其悉数收入囊中,进行了消费化的意义宰制,绝非如此!比如,在三星堆文化遗址新的发掘中,那么多珍贵而瑰丽的宝物就在中华文明多元一体的价值坐标中获得了解释,这就与消费主义毫不相干。换言之,物可纳入不同的价值评判视野,其意义的显豁也有着多重的渠道,有着多重的内容,并不一定在消费之路上标识意义的轨迹。但我们不能否认,很多物品已然被灌注了消费欲望,已经汇入消费意识的河流之中，其意义的确认必须在消费主义的意指规则中去寻求。即如我们刚刚提及的三星堆考古发掘，如果随后进行商业开发，制造出复制品予以销售，无疑也就具备了消费价值，而这些器物的美成了审美价值的源泉，这样的审美价值在整个消费过程中发挥着推波助澜的作用。

消费欲望之光烛照了日常生活的物，也同样投射到日常生活中的各种服务体验上，使其承载起消费意识和消费意义来。这可以从如下几个方面加以说明。其一，物要获得意义的显豁和呈现，就必须以符号的形式进入人的意识，而在消费时代就是人的消费意识，或者更直接地说，必须受到消费意识形态的规约，这就决定了物的符号价值必然具备消费社会的欲望特征。“物在人际间的流通，包括授受、分享以及与这些相伴随的消费，常常是一种以物为话语符号而进行的言说，这可以说是直接意义上的物叙事。不过授受与分享之类从来都不像看上去那么单纯，而是一种与权力、地位、尊严、情感和信用等相关的符号行为。”（傅修延，2021：166）消费社会中的符号行为就是人的“实践意义的世界”，同时也是物的“实践意义的世界”。这么说就赋予了物以生命的状态，物参与消费社会的消费过程也即其实践过程。在这一过程中得以彰显的意义与价值均以消费为价值标准，这是消费时代物的物性意义的张扬，也是各类服务体验物性意义的张扬。这种张扬已不局限在物本体的规定性特征，不拘囿于服务体验的物理性操作，而是向着消费符号化和符号审美化的高空飞翔，使其新的象征意义高悬于消费图景之上，以完成权力、地位、尊严、情感、品位、声名、情趣等的欲望化生产。这对于消费者而言，其意义自不待言；对于消费社会来说，商品的流通，服务的消费，最终都是资本的流动，都是利益的考量和算计，都是消费欲望生产带来的喜悦；而对于物而言，也因其彰显了符号价值而成为消费社会的活跃因素，表现出足够的能动性和生命力。不消说，这一过程有着虚幻和迷失的危险，这是客观事实，但其正面价值也是毋庸置疑的。

其二，消费时代的物品与服务俱已成为商品，商品本身的姿态与系统化呈现强化了其消费意义。这并不令人费解。一个手包自然是有价值的，如果它的形状、风格、花纹、图饰等外在特征能够暗合消费者的审美意识，能够牵动消费者的购买欲念，那么这个手包本身的姿态也就具备了价值，这就是审美价值。审美价值起到了转化器和推动器的作用，能够将消费意识转化为消费行动，能够将符号价值落实于消费实践。这就是各类商品和服务在完成符号化的过程中,总是同时进行审美化筹谋与设计的缘由。不仅如此,这个手包并不以单一的形式出现,它往往有一个系列,比如有适合春夏秋冬四季的款式,有各种颜色的款式,有整体设计略有差别而以简约、尊贵、高雅、奢华等冠名的各种款式,这就构成一种系列性的呈现方式。还有,这个手包往往又与消费者拥有的首饰、服装、鞋子、发型、身材、汽车、房产等结合成为一个综合性的表意系统,为系列性、综合性、可持续性消费进行了精心的安排。这种安排对消费者的诱惑是直接的,同时对物品和服务而言也更明确地传达出消费所标识的综合性象征意义。比之于单件物品,纳入体系化和系统化的成套物品,在意义呈现的强度上更具冲击力和诱惑力,对人们的消费欲望也更有诱惑力,这就是物性意义在消费时代的突出与强化。这正如西莉亚·卢瑞(Celia Lury,2003:125)所说:"商店的设计,各种商品摆放的位置,以及它们的陈列都经过精心设计,成为商品意义的一部分。"

其三,消费伦理既涵盖了物的充盈,又作用于物的匮乏,使之成为消费时代的双重保障。前者不难理解,这是消费时代得以形成并发展的物质基础。如果没有物的丰裕和充盈,物很难全面地满足人的需求,物的使用价值将成为人们的核心关切,哪里还能奢望什么符号价值、象征意义和审美特征呢!但消费时代的物品充盈和丰盛,并不保障所有人的所有需求都能得到满足,这在根本上不符合商品经济的一般规律。事实上,"没有匮乏或曰相对稀缺,就不会有汲汲营营的追求和踊跃的购买,所以有些商家会采取惜售手段来制造匮乏"。正是因为这种"匮乏","物的出场像是一道强光,立即映照出一部分人的拥有和另一部分人的匮乏"。(傅修延,2021:164)由是观之,"匮乏"并不意味着物品的真正缺少,而是消费时代差异性生产的有效手段和必然结果。比如某些商品的"限量版"营销策略,以全球或全国的限量承诺,为极少数人提供消费的满足,他们的满足感缘此油然而生,从而巩固了自己在社会分层和区隔系统中的优势地位,也让其他消费者充满羡慕和幻想的欲望蠢蠢欲动,为新的消费制造了契机。在后现代消费社会,消费的伦理与逻辑深谙此道,常常以人为的物的"匮乏"制造更为旺盛的消费需求,这种需求不仅指涉物和服务,而且指向消费社会的差异性生产。此间,物的"匮乏"其实就是物的阙如,但这种阙如反倒扩容了物的意义空间,这不能不说是消费时代的另类奇观了。

其四,炫耀性消费展示了消费时代物的特殊意义。上文所说"匮乏"被征用为"限量"销售的消费策略,即属炫耀性消费的范畴。消费炫耀的是差异化的符号价值,从而也炫耀了差异化的社会关系和社会地位,炫耀了差异化的品位与声望。这是不争的事实,需要我们给予价值分析和理性判断,需要我们揭示出其背后对社会不公的合理想象和精心维系,揭示出这一炫耀性消费的负面效应。但令人遗憾的是,这在当下仍是事实,仍然每天都在发生,虽波及的人数不众,但造成的影响甚广。稍加扩充,我们完全可以将这种消费扩大到消费社会普遍的消费实践中。消费对象在价格上有高有低,消费者在社会分层上有优有劣,只要这种差异性存在,炫耀性消费就不可能绝迹。从这一意义上说,炫耀性消费就是差异性生产的合理构成部分,这是由消费伦理和消费逻辑背后的资本利益决定的。

最初,艺术品还是重要的炫耀性消费对象,不过现在却发生了变化,艺术品开启了自身的商品化历程。"一旦艺术品成为市场中的商品,它们也就不再专为人或物而存在,随后它们便能被理性化,用意识形态的话来说,也就是成为完全自在的自我炫耀的存在。"(伊格尔顿,2001:"导言"第 9 页)艺术品的商品化使其成为自我炫耀的存在物,这从传统的美学理论中难以得到解释,毕竟当艺术品被纳入消费的通道,它就离开了艺术向来占据的精神"飞地",也就进入了消费价值的评判体系。这样,当艺术品成为炫耀式消费的对象时,消费者意在表明自己的艺术趣味、审美品位和文化品位,炫耀的是一种精神性的拥有与富足。这虽然在经典美学理论中找不到答案,却在消费文化中具备相当的合理性。当然,传统社会中此种情形也不在少数,但随着艺术"光晕"的黯淡,随着审美的日常生活化进程,消费社会中的精神性炫耀消费确实所在多有、不一而足,人们司空见惯的物品和服务都承载着审美意蕴,都在人们审美的感知中被赋予了新的意义。在这一过程中,作为艺术品的物以及在日常生活中被审美改造过的"寻常"之物,意欲显豁的意义也只能在消费社会的价值逻辑中去寻找了。

这让我们再次想起巴塔耶论述的礼物交换和"夸富宴":"礼物是荣誉的象征,物本身具有荣誉的光芒。通过赠予,一个人展示了自己的财富和好运(权力)……因为没有作一些壮观的花费会被认为是极其羞耻的事情,而通过展示神的恩宠,展示神给予他的所有东西,可以为他增加荣耀。"(孟悦、罗钢,2008:3)这自然也是物为人提供的炫耀性价值在起作用。说到底,这种价值和意义并不自在于物,而是人们基于特定的"人一物"关系,特别是基于特定的社会关系,对物在其物质化过程中的一种意义添加,是一种典型的"赋魅"。对于消费者而言,给作为消费对象的物的"赋魅"同样也是对自身的"赋魅",而这正是消费时代的消费者所迷恋的,其间炫耀性消费早已汇入符号化、审美化和资本化的交响了。

第三节　个人日常经验

在鲍德里亚(2008:11)看来,人们的日常生活直接就是"消费地点","它就是日常生活"。这很容易让我们联想起雷蒙德•威廉斯将文化视作日常生活方式的看法。在这一消费地点,审美资本的逻辑使得审美与资本共舞,在消费社会的台面上跃动着审美符号的魅影,使日常生活空间充塞着资本利益的象征。其间,人们的日常生活经验遭遇了格式化,相较于以往发生了明显的变化。法国学者鲁尔•瓦纳格姆(Raoul Vaneigem)就认为发生了日常生活的革命,而人们对这种革命的实际体会和切身经验更为直接。在瓦纳格姆于1991年为自己的著作《日常生活的革命》撰写第二版序言(2008:2)时,对人们经验中日常生活的革命作出了如下描述:"暴力已经改变了意义。反抗者不遗余力地与剥削、厌烦、贫困和死亡作坚决的斗争,并且决心不再以剥削、厌烦、贫困和死亡为武器来进行这场战斗。因为这样一场战斗首先要毁灭投入战斗的人本身,让他蔑视自己的生活。"由于暴力革命和武装斗争彻底失去了意义,人们已不再将其作为抗争方式的选项,这种选项的毁灭性后果与自杀性逻辑毫无二致,体现为消耗现实世界和人类生活的本质,对人自身带来毁灭性的破坏。就这样,在人们的日常经验中,暴力革命不复存在,取而代之的是商品的扩张。"没有任何革命运动,从它的支持者到它的结局,都没有像现在这样受到商品扩展过程的制约。在古老形式的枷锁下,经济在商业自由的感召下用自由砸碎了束缚它的枷锁，在利润法则的内在束缚下形成一种新的专制统治。”（瓦纳格姆，2008:“第二版序言”第4页）暴力斗争和革命运动虽然已成往事，但人们想要生活在自由之中也并非易事；现在来到了商品扩张的时刻，利润法则构成了新的专制统治形式，无论它曾经做出过何等美好的自由许诺，最终兑现为现实的却是日常体验再次受到了专制的胁迫。瓦纳格姆在此充满了批判性，这也是他“日常生活的革命”的来由。但正如很多警匪片教会了恶人做坏事的技巧一样，从他的“革命”中，我们真切地体味到人们日常经验的商品和消费转向所引发的双面效应。

如此看来，“西方模式横扫了所有古老的压迫。它建立了一种超级市场的民主，一种‘自助’的自治体制，一种用钱买快乐的享乐主义观念。西方社会根据政治季节的风向，一代代艰难地吹鼓着意识形态的大气球，但在唯利是图的观念面前，一个个都瘪了气。”（瓦纳格姆，2008:“第二版序言”第4页）他在这里提及的“意识形态的大气球”，明显是指政治意味极强的意识形态，但随着文化政治的出现，这种意识形态基本上隐居幕后，真正站在台前的是消费社会和商品生产的意识形态。这是一种与古老形式的压迫有着明显区别的统治形式，它用市场标识自由，以消费鼓吹自治，拿金钱购买快乐，是典型的微观化和隐蔽化的意识形态，微观和隐蔽到它已经与日常生活交相叠加，与人们的日常经验合而为一了；但这并不意味着它的失敏与失效，相反，它已变身消费意识形态，支配着消费者的思想意识，也支配着消费社会的运行规则。“当你看到温情柔意和心灵利润的市场成为与日俱增的时尚时，你难道不瞠目结舌吗！”（瓦纳格姆，2008:“第二版序言”第4-5页）这就是瓦纳格姆的追问，在此种追问的背后是他意味深长的清醒和警惕，之所以说意味深长，就因为他即便发现每次“骰子已经被做了手脚，人们一如既往地被人玩弄”，（瓦纳格姆，2008:“第二版序言”第5页）其实也于事无补，只能眼睁睁看着商品和消费的逻辑在人们的日常经验中肆意横行。不能不说，商品的利益规则在消费社会的成功，是商品的又一次进步，这种进步同样蕴含着自由的想象，“使人们觉得在这种形式自由中，有一种无法估量的特权，让人们在个性中体现自身，与欲望的运动息息相关”，而“各种欲望在回归到日常琐事后，哪一个也从来没有像今天这样有如此大的威力，它正在打破那些让它颠倒的东西，否认它的东西，使它物化为商品的东西”。(瓦纳格姆,2008:“第二版序言”第5,7-8页)瓦纳格姆的清醒让他充满了无奈,强大的消费意识形态已经将人们裹挟进快速行进的列车,人们只顾欣赏沿途的风光,只顾享有形式的自由,只顾迷醉涌动的欲望,根本就难以阻止列车的滚滚前行,既是无力阻挡,也是根本就不去阻挡。对于人们而言,除了去体验“自我平庸化”之外一无所有,而消除平庸化的唯一方式就是去消费,“购买力是一纸购买权力的许可证,也是在事物范畴内成为客体的许可证”。(瓦纳格姆,2008:61)这就是说,通过消费人们便可拥有权力,便可享有和持用物与服务,“慢慢地,消费资料不再拥有使用价值。它们的本质在于无论如何都可以消费”。(瓦纳格姆,2008:65)于是,消费就成了幸福时光的保证。人们在日常生活中经历和体验着自我的平庸化,又以消费的方式来对抗这种平庸,将其转化为权力感和幸福感;而具体的消费经验则涵盖了太多内容,只要能够享有快乐,一切都无须在意,一切都合情合理,享乐主义流行于世,人们的日常经验就是屈从于消费社会“欲望的魔鬼的符号”,(鲍德里亚,2011:54)屈从于消费的情色诱惑。

消费逻辑即便征用了审美作为资本,但它需要一个至为紧要的前提,那就是人们要想成为合格的消费者,就必须具备足够的财务保障,这就要求他们必须去工作,而到了消费社会,工作体验和工作伦理都有了新的演进与更新。要把这个问题说清楚,我们需要求助于齐格蒙特•鲍曼,是他在消费的框架下对工作伦理的变迁做出了有力的论证。

对于鲍曼(2010:35)而言,在消费者社会,“工作的意义”就是“创制工作伦理”,而“工作伦理是一项戒律”。工作伦理是一种戒律,这一说法分别蕴含着两种前提和两种预设,前者可以直言不讳地说出来,而后者则必须心照不宣地加以隐匿。这两项前提包括:第一,人们若想生存,若想生存得快乐,就必须获得必需的物;而要获得必需物,就必须去工作,去实现自己的价值并获得报酬;第二,人们不能小富即安,获得较少的物但安于现状,认为满足了个人基本需要即可,这是错误的,也是不道德的,“工作本身就是一种价值、一项高贵并且能够令人高贵的活动”。而且,“工作就是好事,而不工作,是种罪恶”。(鲍曼,2010:35)而两种预设是指,首先,绝大多数人是拥有工作能力的,这种工作能力可以出售,从而获得维持生计、满足愿望的保障,这种保障就是对工作的奖赏。一言以蔽之,“工作是所有人类的普遍状态;而不工作则是反常的”。(鲍曼,2010:36)其次,用于出售的劳动能力必须创造价值,也就是说,人的劳动必须得到承认,或以工资薪水的形式,或以价值交换的形式。其实,无论是前提还是预设,都不必隐晦其词,都可以明明白白地宣示出来,毕竟这些前提和预设在传统社会中就存在了相当长的时间,人们特别是劳动者对它们并不陌生。恰恰相反,劳动者如其所是地接受这些前提和预设。在工业化初期,这样的工作伦理“像是嘹亮的号角被政治家、哲学家和布道者使用或者是当成一个理由”(鲍曼,2010:36)来消除现代化的障碍,为工业化扫清发展的路障。这种工作伦理,在不同阶段和体制下虽有调整,但基本上都位居社会主流,是社会主导力量极欲打造的伦理观念。“工作伦理是将现代体制带入的关键工具。对现代工业社会的日常功能和延续来说,资本和劳动这种不可或缺的相互交织,被工作伦理表现为所有成员(更确切地说,所有男性成员)的道德责任、使命和职业。”(鲍曼,2010:58)这就将工作彻底伦理化和道德化了,工作伦理具备了感召力和号召力,让人们心甘情愿成为劳动大众的成员。我们可以由此发现,工作伦理已经沦为一种工具,其目标在于宣扬和鼓励人们对工作体制的顺从,哪怕要付出丧失独立的代价。独立和自由的丧失更需要在伦理层面加以补偿,于是工作可以让人富足,富足就会更加独立、自由和幸福,为此而付出工作的代价当然是值得的,就成了工作伦理的新内涵。

劳动向来就是权力和利益的冲突地,但随着社会的发展和转变,这种权益冲突最终被化约为金钱数额的算计与衡量。“充斥在现代生产者脑海里以及行动中的,不是用‘资本主义精神’,而是用金钱报偿来评估人类的价值与尊严的倾向。这也将人类的动机和对自由的渴望坚定且无法逆转地转向了消费领域。这些结果从很大程度上决定了现代社会之后的历史,从生产者社会,转移到消费者社会。”(鲍曼,2010:61-62)这是从工作伦理的维度对社会转型的判定,也是从社会的转型中确认了伦理与价值的更新。被标高了的“资本主义精神”在此失去了解释效力,一切都落实在消费中,落实在资本利益的测算中。这种测算,不仅标识了劳动的价值量,更成为人们追求自由与尊严、实现梦想与渴望的尺度。“从生产者转向消费者社会的过程,导致了许多意义深远的变化;然而,其中最具决定性的变化是人们为了符合社会身份的要求而接受的训练和改造”,而这种训练和改造的目的就是让人们成为合格的消费者,“具备作为消费者的能力”。(鲍曼,2010:64-65)在审美资本规则的支配下,工作伦理和训练改造都成为消费社会中人们的日常经验,其间最令人惊悚和忧惧的就是成为不具备消费能力的“新穷人”。

消费逻辑中资本与审美的媾和,让消费者在日常生活中多了美感体验,这种体验不仅针对消费对象,更涵盖了审美意味十足的媒介生产。

在消费社会,经由商品符号化和审美资本伦理的主导性影响,人们在日常生活中更加注重感性体验,更加注重自我表达。费瑟斯通曾论及消费社会中人们生活方式的变迁,比如追求个性、自我表达和自我意识,每个人的身体、服饰、谈吐、闲暇时光、饮食偏好、居家环境、交通工具等,都将是他这个消费者个人品位和个体风格的区别性标志。与20世纪50年代的墨守成规恰成对照的是,大众化消费、生产技术变革、市场的分化和消费者对各类产品的需求程度,都为人们提供了越来越多的选择的可能性,其中不仅包括年轻人,也包括中老年人,而且选择方式本身就已具备艺术化的风格。“我们正在走向一个群体地位未能固定的社会,特殊群体稳定的生活方式(这突出地表现在服装选择、闲暇活动、消费商品、身体举止方面)已经被超越了。这个明显的向后现代消费文化的运动,以信息的极大丰富和形象的急速增长为基础。”(费瑟斯通,2000:121-122)费瑟斯通的论证提及了时代的变迁,彼时恰好是西方消费社会初成的关键期。结合消费社会随后几十年的深度拓进,我们不能不说他的观点仍然适用于今天的生活现实。

人们生活方式的变奏,一方面体现在具体内容上,不仅涉及费氏列在清单上的条目,还包括清单之外、生活之中的诸多变化,另一方面则映射在对这种变化的体验方式上,也即费氏所说的“艺术形式”;这种艺术形式其实就是以审美的方式来感知这种变化,易言之,人们的日常生活逐渐展示出感性的、审美的质素。“人的感性生活方式的生成,其实是指以人的自由体验和审美形式呈现为主导的社会感性文化的建立,也是指人的自然感性向整个生命形态的本真性与和谐性的整体提升。”(李西建,2013:45)这是从积极的层面进行的评价,感性生活方式中蕴含的自由、和谐和审美所达成的理想状态,肯定对人的全面发展和整体提升大有助益。但事物往往还有另一面。这种感性的、审美的日常生活方式，也把“快乐原则”置于崇高的地位，使之替换了“现实原则”，这就使得人们在日常生活中难免流于快感围猎和欲望放纵，难免以欢乐原则和享乐主义作为行动的指南，难免沉溺在仿真的美学幻象中难以自拔，其最终的结果，无疑将在泛化审美的极端里彻底抹杀掉审美，在审美幻象中彻底丧失人主体存在的意义。

倘真如此，人们在消费时代的日常生活中还能体验到什么呢？恐怕唯有消费及其背后的资本了。那么，唯有消费，审美何存？只剩资本，文化焉在！这种追问让我们对审美资本的消费逻辑保持必要的警醒，对其在日常生活中的微观呈现予以辩证把握和综合研判，同时也引导我们认真思考和反省消费时代文化“为何”与“何为”的问题。这种反思其实是与雷蒙德•威廉斯文化思想的内在逻辑是一致的，他对文化作为整体生活方式的强调，与我们此处论述的微观生活在精神内涵上是极为投合的。这种反思有利于人们在日常生活中建构良性的生态，既包括自然生态，也包括人文生态、精神生态和文化生态。我们不应忘记，就生态建设而言，改造人们的微观生活其实是最有效果的，对微观生活的形塑和引导也是极为必要的，这是对生态理想的具体落实。因此，“打通生态文明建设的宏观政治目标与其微观生活的阻隔，以通俗易懂的生态话语创造生活情境与行动空间”，（何伟、程铭，2023：53）更应成为我们努力的方向和奋斗的目标。

第六章

人类世的审美救赎

倘若从纯粹的地质学视野判断,“人类世”这一概念是否能够成立尚需讨论,是否有必要提出都面临着质疑。但从18世纪以来人类走过的发展道路来看,特别是考虑到愈益频发的环境危机和生态灾难,人类处身其间的家园早已面目全非,生态的失调和环境的污损成为显见的事实,“人类世”成为标识性的学术话语就有了必要性和合理性,其现实意义和学术价值毋庸置疑地获得了确认。“人类世”“意味着技术工业造成的自然人类文明的断裂以及一个新世界——技术人类生活世界——的形成,意味着自然人类向技术人类的转换。”(孙周兴,2020:102)这是从技术角度出发对“人类世”的界定。事实上,作为工业主义衍生物的技术所施加的影响是广泛的,它加持和凸显了人类的主体性地位和中心主义观念,造成了自然人类文明的断裂和消费主义生产生活方式的蔓延。黄国文和肖家燕(2017:15)就此专门作出了两点判断:一是“人类活动正成为影响和改变地球的主导力量,人类活动对地球的影响至关重要”;二是“研究人类世问题有助于人类正确认识自己的所思所想和所作所为,有助于研究和建立人与自然和谐关系”。其实,这种人类世的“盛世危言”与我们对消费社会的判断多有重叠,当审美作为一种资本,当消费主义伦理无止境、无底线地鼓励和诱导人们消费,我们的地球资源就会被无限度地攫取,我们的生态环境就会失去平衡,我们的人文生态也将难以良性运行。面对人类世的生态征候,我们自然会想起雷蒙德·威廉斯的生态思想以及他进行生态知识生产的独特方式。他在文学研究和审美批评中提出了自己的生态见解,如果要纠正人们的错误观念和思想,如果要救赎人类世的环境危机,审美有时候确实是一种可以倚重的方法和途径。

显而易见的事实是，当今时代就是消费主义的时代，消费伦理固然不无可取之处，但它也存在着致命伤，“它只考虑消费者自身消费效益的最大化”，（李辉，2016：180）而从地球资源的角度看，这与可持续发展理念存在着严重的冲突，与生态意识和生态文明观念严重背离。这种反生态性的理念和主张可能会得逞于一时，但长久看来终将难以为继。更为严重的是，消费伦理操弄了社会阶层的差异性，诱导人们通过消费，也就是通过物质竞逐，来实现社会平等的心理想象，甚至以物质财富作为鉴别自己优越于他人的标尺。毫无疑问，这就“将社会阶层的差异扩大化，加剧了社会各个阶层的紧张关系，使得消费者失去了公平性”。（李辉，2016：180）物质消费的竞争必然加剧物品的升级换代，从而缩短其效用期限，这与很多自然资源的不可再生性形成了尖锐的矛盾。其结果可想而知，一方面是自然资源的枯竭和自然环境的破坏，另一方面则是人文精神的沦丧和道德水平的崩塌，危害性是极为严重的。

面对人类世的种种病状，生态文学从审美的维度促进了社会的反思，而生态批评则指明了消解危机的方向。二者均表现出深厚的环境情怀和生态关怀，都已取得世所公认的成绩。中国学人厚积薄发，在知识生产、批评实践和价值反思方面贡献了中国智慧，并与西方学界展开了深度交流和有效对话。在此，我们结合胡志红《生态文学讲读》一书，来考察人类世中文学对生态的呵护和救赎。这种救赎是经由生态文学达致的，是通过文学审美进行的，可称之为人类世的审美救赎。“生态文学研究不仅仅是一门专业、一个学科分支，不仅仅是学术活动和教学活动，它更是一种救赎行动——救赎地球和自我救赎的行动。”（王诺，2008：“总序”第7页）

第一节　知识生产：生态文学的审美建构

毋庸讳言，生态文学正沿着学科化的方向精思力行，这就预示着基于学科化的知识生产必须跟进。这是生态文学在经历了长久自然生长状态之后的学科自觉，是对生态文学书写经验的理论化，是对生态批评实践的学术凝练。一门学问在学科建制上的合法性,取决于它有没有系统的、专门的知识生产,有没有切中肯綮的理论反思,有没有自成一体的认识论、价值观和研究范式。只有满足了这些标准,这门学问才会臻于完善,才会符合学科规范的要求。促进生态文学的知识生产,使其在学科建制中获得认同和接受,从而为这门学科的健康发展提供保障,是当今学界亟待完成的紧迫任务和重要命题。可喜的是,在生态文学学科建构的图谱中,胡志红孜孜矻矻的耕耘和笃行不怠的探索结出了累累硕果,《生态文学讲读》就凝聚着他生态文学知识建构的新思考。

说到学科知识生产,最为重要的便是"生态文学"的概念界定问题,这是这门学科得以确立的理论原点,但遗憾的是,学界至今尚无一个界定能够获得普遍的认同。难能可贵的是,《生态文学讲读》在回顾既往学界言说的基础上提出了自己的见解:"生态文学是通过描写人类与非人类自然之间的复杂纠葛而揭示生态危机产生的深层思想根源,以探寻走出生态困局的文化和现实路径的文学。其宗旨是实现具有普遍公平正义的人文世界与非人类世界之间的永续和谐共生,非人类中心主义取向的生态伦理的建构、对主流科学预设和物质主义文明的批判、生态乌托邦的构建及生态灾难的启示录书写是其显著特征。"(胡志红,2021:17)这一定义虽略显烦冗,却体现了作者对生态文学的认识,其背后是他的文学观以及基于这一文学观的学术担当精神和批评价值取向。稍加审辨,我们不难看出这一定义的概念标识:首先是文学的属性定位,也即生态文学就是文学之一种,无论从书写角度衡量还是从研究视域评判,它归根结底就是一种文学书写;其次,生态文学着意于书写生态危机,着意于探寻生态危机的深层根源,从某种意义上说就是生态征候的文学表达,就是生态病状的文学反思;再次,生态文学并不满足于现象诊断和情状描述,而是以文学的敏锐性寻绎生态危机的救赎之道,提出文学文化的疏解方案,以审美价值的塑造促进社会现实的变革。尤为重要的是,该著对生态文学之宗旨和目的的定位是十分明晰的,那便是要实现人类世界与非人类世界的永续和谐共生,这是公平正义的生态伦理的理想目标——非人类中心主义的确立。为达此目的,就需要对长久以来的工业化发展路径进行反思,对技术统治泛化和科学知识工具理性化加以警惕,对物质主义和消费主义的极端化展开批判,让生态的乌托邦焕发诱人的生机,让启示录般的恶托邦唤醒世人,从而实现人类世的生态救赎,打造众生平等的良善生活，构建万物和谐的美好世界。

可以说，这个对生态文学的定义既有本质化的追求，也有反本质主义的开放性和建构性。其本质主义追求体现为浓重的现实情怀和问题导向，这是生态文学与生俱来的宿命。同时，这一定义也提示我们：生态文学仍然是在不断敞开的空间，仍然面临着无限的可能性，还不能用既定的范畴去拘囿它，不能以确定的界限去束缚它，而是要保持其文学书写的开放性，延续其学术探讨的建构性，使其逐步澄明自己作为一门学科的品格和属性。在对生态文学的界定中，一位学人的社会责任感和学术担当跃然纸上，清晰地呈现在我们面前，令人印象深刻。该著认为："生态文学早已不再是少数专家们待在书斋里玄谈的纯文本，或者散兵游勇式的生态读者们的休闲谈资，而是带有强烈生态政治属性并蕴含巨大社会变革潜能的文学著作，真正体现了'文章合为时而著，诗歌合为事而作'之精神。"（胡志红，2021："前言"第1页）此处对生态文学"强烈生态政治属性"的凸显，对生态文学促发"社会变革"巨大潜能的强调，标识出生态文学的价值定位，标识出生态文学独特的研究倾向和学科使命。由于这种定位和倾向，生态文学被寄予厚望，事实上它也有足够的资本来承载人们的如此厚望，因为生态文学"蕴含丰富的生态文化内涵，蕴藏不竭的生态能量，在世界各个系统之间循环流动，以矫正失范的世界生态。由此可见，生态文学成了重拾、协调和保护社会人文生态、非人类自然生态、人之精神生态及它们之间永续和谐关系的重要文化力量"。（胡志红，2021：13）

明确了生态文学的定义后，该著在社会功能和价值目标上为生态文学确定了基本内涵。我们由此可以总结出生态文学创作的三条指导思想，即"生态学原则""具身性原则""环境公正原则"。（胡志红，2021）这就让我们拥有了辨识生态文学发展脉络的框架，拥有了认知生态文学学科属性的尺度，拥有了开展生态文学研究的视域和方法，同时也为生态文学走向完备的学科建制提供了学理依据。毕竟，定义是学科知识生产的起点和原点，只有在定义确定之后，对象、视域、方法、目标、价值等才会渐次清晰，系统化和专门化的学科知识才会水到渠成，学科的合法性才会有坚实的保障。

从学科建制层面分析生态文学的知识生产是必不可少的，但更重要的是，生态文学本身就是某种知识生产，既体现在精神层面，也落实在物质层面，前者是由其文学属性决定的,后者则源自其充满责任感的社会关切,以及在现实中引发的巨大变革。这可能就是生态文学区别于其他人文学科的要义所在。“知识是人们对客观世界的探索和反映,它应该满足人们各种物质与精神的需要。对于知识来说,它首先能满足的就是人们对世界的认知。从知识生产的角度讲,它要不断地去寻找与发现,发现客观世界的存在,发现精神世界的秘密。所以,知识的创造首先是对世界的陈述,是对世界的重新组织,将其符号化、话语化。”(汪政、晓华,2020:32)文学本质上是对世界的陈述,生态文学也不例外,也是对这个世界甚至天地宇宙的重新组织,说到底就是对这个世界和宇宙的符号化表达,其结果便是特定的话语化呈现,是一种符合文学符号意义指称规范的特殊呈现。所以,生态文学作为对世界和宇宙的一种陈述和描绘,其本身就具备知识建构的特质,就是某种形式的知识生产。该著深明此意,于有意无意之间为我们绘制出这个学科的知识图景,既是透过文学之镜映显的知识图景,也是生态眼光凝视下的知识图景。

生态文学的知识图景,从生态意蕴的角度引导我们对这个世界的认知,揭示出自然环境与人类发展之间的复杂纠葛,为我们提供了反思自身的契机。对此,该著多有论证,让我们对这个世界的把握更为准确,对生态危机和文化症候更为敏感,寻觅救赎之途的心情也更为迫切,从而高度认可了生态文学的价值,高度认同了生态批评的意义,并主动投身到调整和完善这个世界的实践之中。一言以蔽之,“生态文学是一种‘入世’程度很高的文学,具有非常强烈的干预意识,充溢着坚定的批判精神”。(冯小军,2021:78)这种干预意识和批判精神,得益于生态文学学科的知识化建构,同时也受益于生态文学对我们认知世界的启迪。显而易见,这段论述体现了雷蒙德·威廉斯一贯的思想风格和学术操守,这种契合很能说明问题。

《生态文学讲读》对生态文学产生的严峻语境进行了溯源,对生态危机之于人的消极影响作出了揭示:“启蒙理性和新兴工业技术革命不仅开始破坏生机盎然的非人类自然世界的美丽、稳定和完整,而且有可能导致严重的生态危机,危及人类自身的生存,并且禁锢人的灵魂,戕害丰满的人性,囚禁人之肉身,让人‘成了工具的工具’……”(胡志红,2021:451)这当然是“理性暴力”和“技术傲慢”的恐怖迹象,其实原因还有很多,其中就包含消费对我们日常生活的“殖民”。这种“殖民”颠覆了工作伦理和休闲娱乐的关系，激发起欲望的生产与虚幻的满足，扭曲了身份认同的规约机理，以符号消费和象征消费的方式恶化了人文生态，成为生态危机的重要根源。同时，资本的压制也是工业化以来现实世界不言自明的弊端。由于资本与生俱来的逐利本性，它对获益的趋奉达到了难以复加的程度，对自然环境的掠夺无所不用其极，对人们的压榨几乎令人发指，其结果便是将自然环境及其诸要素资源化、利益化、资本化，生态灾难便是这种资本逻辑的自然后果。这种判断与威廉斯的说法几乎如出一辙、一脉相承。

《生态文学讲读》让我们读出了关于世界的真相。这种认知既有着积极的社会学意义，也有着巨大的文学研究价值。这是知识生产的积极效果，不仅为我们提供了认知工具，更可能促发社会变革，成为人们改弦更张的共识、思想、观点、视域和路径。因此，生态文学可以“始终作为一种对立或矫正甚至反向的文化力量而存在”。（胡志红，2021：451）

生态文学归根结底是文学之一种，既然是文学，它必然有着特殊的审美诉求。作为一种特殊的审美意识形态，生态文学研究汇集成了生态批评的学术范式，这是审美知识生产在生态文学批评方面的具体落实。生态文学的兴起提示我们对既往文学观念进行重审。比如关于“文学是人学”的观点，一直是被几代学人反复论证和极力维护的信条，但未必就是统治文学界的永恒真理。在生态文学的启发下，文学是人学，但它同时也是物学，其观照对象早已将动物、植物以及诸多日常事物包括其中，生态文学意义上的物叙事也正在成为新的学术成长点。“所谓文学批评中的‘物转向’，就是将聚光灯对准原先处于陪衬地位的物，使其和人一道成为文学研究的主要对象。”（傅修延，2021：162）文学观念应时而变，这正是生态文学对文学认知的重要喻示。

第二节　研究范式：生态文学的审美批评

雷蒙德·威廉斯从文学文本中提出了自己的生态思想，而作为入选新一批国家规划教材的学术成果，《生态文学讲读》最为精彩的部分，便是提供了生态批评的范式和范例,为我们解读生态名篇佳作提供了学术理路和方法依据。

生态文学研究旨在揭示人与自然关系失衡及由此引发的诸多危机和灾难,这是一种综合性的文学研究,其精髓“集中体现在生态批评之中,甚至可以说,生态批评成了阐发生态文学之内容和形式的最有效的方法。从学术的观点来看,生态文学催生了生态批评,生态批评深化、丰富和拓展了生态文学的研究,并助推它在世界范围内的传播、发展和繁荣”。(胡志红,2021:24)如果说最初的生态书写受到环境危机和生态灾难的激发,是作家敏于人类主体性地位异常凸显之后果的文学矫正,那么我们很难讲这样的文学书写就有着明确的学科自觉,更遑论生态批评了。生态批评的勃兴是较为晚近的事,它一经形成就显示出卓有成效的学术描述力、概括力和阐释力,其鲜明的价值立场,将文学的审美批评与社会现实有机地勾连起来,既奠定了文学批评的范式,又指示了社会变革的方向。随着生态批评实践的拓展,文学史上的经典必然接受重估的挑战,寂寂无闻之作获得了经典化的契机,当下的文学新作更多了一种解读和阐释的视角,多了一种升级版的审美批评的检视。之所以说是升级版的审美批评,是因为它已告别专注于文学形式的本体研究路数,将触角伸进了情感的世界和价值的向度,在社会与人生的层面提出了新的吁求,为文学的审美批评留下了更多可能性的空间。换言之,生态批评也即生态文学的审美批评,一方面将我们的注意力导向文本的符号性,另一方面吸引我们去关注文本背后的复杂纠葛,其中既包含作者的思想倾向及其来由,又指涉文学之外的规约要素及其价值流动。显而易见,这体现了威廉斯那种结合与融通文本内外的研究路向。

生态批评是“文学研究的‘绿色转向’,是文艺批评界第一次涌现的对现实生态危机最广泛、最全面、最深刻、最激进的回应……不仅具有明确的生态哲学基础、较为宽广的学术视野和丰富的学术实践,而且还建构了一套相对完整、开放的批评理论体系,并提出了一些明确的批评方法”。(胡志红,2021:25)正是援用这些批评方法,《生态文学讲读》以“传记体生态文学经典”“生态诗歌”“生态散文”“生态小说”为题,分门别类地对28位来自不同文化背景的著名生态文学家及其作品进行了梳理和评析,有的虽然仅仅是片段,但足以彰显生态文学的魅力以及生态批评的效力。客观地讲,对如此之多的作家和作品展开生态批评,不仅需要宽阔的学术视野,更需要创新性的学术见解。创新性的学术见解，为这些作家和作品确定了文学参照的价值坐标，也为我们精准辨识其审美价值和学术影响力提供了便利。

生态批评这一学术范式有着稳定的现实关切，常常将人类主体性作为生态困境的渊源，将科技理性、消费伦理、资本扩张等作为猛烈批驳的对象，由此确定了文学文本的意义指称，使文本意义解读流于单一化、程式化和简单化，消解了文学的新意与创意。就此而论，当下的生态文学书写难逃主题先行的指责，当前的生态批评也因陷入俗套的模式而受到诟病。有人曾明言，但凡用生态批评的方法来解读作品，作品的生态主题和意义一定是确定无疑的。这种主题先行，在生态文学创作甚至生态批评研究中是较为普遍的。如果要从事生态文学创作，就会在内容、情节、细节、人物、语言、环境等方面的描写中表现出敬畏自然和保护自然的倾向，就会传达人与自然和谐相处的理念，甚至着意打造生态共同体的理想。在生态批评研究中，如果援用了生态批评的方法，就本能地预设了研究对象中的生态主题，就本能地形成了人类破坏自然、环境警示人类、人与环境需要重构关系的论断。如此确定无疑的阐释，反而使得文学的特性弱化和简化了，判定的生态主题宰制了文学的意义生成，逐步陷入模式化解读的泥淖之中而难以自拔。与此种诟病密切相关的，是学界对生态文学审美性缺失的诘问。真正的生态文学不能简单化约为生态学，而将文学作悬置或极简化的处理。我们需要的“真正的生态文学，它所有有关生态的思维理念都被充分地情感化、形象化了，因而它的生态叙事既是生态的，更是审美的，具备文学作为人学应有的情感和美感、温暖和魅力”。（吴秀明、陈力君，2008：46）由此看来，生态批评的学术范式，不仅要把文本追索的目标限定在生态思想上，还应聚焦于跳跃在文本符号之间的情感律动、美感体验和艺术魅力。只有将两者加以有机融通，才是真正意义上的审美的生态批评。这种审美的生态批评，在《生态文学讲读》中得到了很好的贯彻。该著在分析生态文学的经典文本《寂静的春天》时指出，原作者雷切尔·卡逊“把满腔的同情倾注给饱受工业技术摧残的生物界、自然界，从根本上改变了人与自然对立的态度，促进了现代生态学的发展与完善，并以她生动的笔触将哲学思考、伦理批判、审美体验与生态学视野融合起来，使得现代生态学成为沟通人文世界和自然世界的纽带、联系自然科学和人文科学的桥梁，还进一步推动了现代生态世界观的诞生和生态哲学的发展与成熟”。(胡志红,2021:122)在此,作者强调了审美体验的重要性,也提及卡逊生动的笔触,对于这部既非小说也非诗歌的作品来说洵属可贵。我们不妨再看看《生态文学讲读》对英国自然诗人约翰·克莱尔(John Clare)的分析:“克莱尔最为敏锐地体会到了这两种分离造成的自然和精神伤痛,进而引发一种新的情感结构开始形成:古老乡村的消失意味着诗歌的消失,自然情感的培育也因土地的人工改良而失去根基,财富不仅冷酷无情,而且也索然无味。”(胡志红,2021:194)作者此处援引雷蒙·威廉斯的观点进行了精到的评论,其中提及新的“情感结构”,即从文学作品中梳理出情感的发展脉络,并在此基础上予以情感认同,进而使其展现结构化的特点,这正是审美的生态批评的指归。生态文学的审美批评,其根本目标在于达成一种情感认同,这种情感认同经由文学符号审美意蕴的激发而形成,它将文本的“内”与“外”结合起来,将文学意义和社会共识结合起来,从而在构筑审美共同体和生命共同体的双重维度上展示出美好的愿景和光明的前景。

之所以作如是观,是因为在生态文学的审美批评实践中,生态文学有可能调整文学的样态和谱系,拓宽文学反思时代的向度,确保人类自我省察的深度,重塑人类的自然观、物质观、消费观、科技观、发展观和进步理念,形成符合生态意蕴的文学观念,引导作家的生态转向,促进文学的生态叙事,从生态之维彰显文学之美,以文学之美通达生态批评所追慕的理想境界。这并非我们的主观臆测,而是从《生态文学讲读》的阅读体验中得出的基本判断。

生态文学的繁盛和生态批评的发展,促进了文学研究范式的交叉融合,既刷新了学界沿袭已久的研究模式,又形成了独具自身特色的学术范式。生态批评向其他文艺理论流派的渗透,或者说其他文艺理论流派对生态批评的吸收与借鉴,正在催生新的文学阐释模式和学术研究方法。生态批评与女性主义相结合形成了生态女性主义,生态批评与后殖民主义相结合形成了后殖民生态批评,生态批评与动物研究相结合形成了动物生态批评,生态批评与植物研究相结合形成了植物生态批评,生态批评与符号学相结合形成了生态符号学,生态批评与语言学相结合形成了生态语言学,生态批评与翻译研究相结合形成生态翻译学,如此等等,不一而足,显示出生态批评的跨学科融合力和生产力。“这些新理论不仅进一步深化和丰富了生态批评内涵、拓展了其研究空间,而且还为阐释生态文学，尤其英美主流以外的异质生态文学提供了更多、更有效的批评方法”。（胡志红，2021：34）这些概念“装置”丰富了文学研究的“工具箱”，让我们在抵近生态文学时游刃有余、驾轻就熟，由此更深刻地体会到“环境经验的无限丰富性”，也更精准地领略到自然美的文学表达和生态危机的文学呈现。

《生态文学讲读》花费大量笔墨，对经典的生态文学文本进行了导读，并在其后设置了专门的“作品阅读导航”，从中我们可以看到作者对于生态批评的娴熟运用，有的文本分析在国内学界尚属首次。比如在该著第六章的第七节中，作者首先介绍了印度作家阿米塔夫·高希（Amitav Ghosh）的生平阅历和文学贡献，接下来钩稽和总结了西方学人对高希进行的研究，然后从生态批评的视角对其代表作《饿浪潮》进行了解读，最终指出：“《饿浪潮》所描写的事物和场景是地球上很多地方的诉求和见证，这是一曲由生活在地球上的许多不同民族演唱的哀歌，只愿这歌声不要被发展或环境保护主义的浪潮淹没。”（胡志红，2021：424-424）目前国内学界对高希关注不多，更鲜见对其作品进行生态批评，该著的引介与评价无疑将促进国内学界对高希的研究。再如作者在第六章第十节指出，阿来“尤其偏爱立足生态整体的立场探究自然生态与社会生态之间的复杂纠葛，洞悉导致和加剧自然生态异化的深层社会人文根源”。（胡志红，2021：439）此处对“诗意歌者”阿来生态情怀的学术定位，也为今后的阿来研究提供了新的机缘与可能。生态批评不单是对世界生态困境的症候式描摹，更着意于症候背后的追根溯源，更着意于“文化诊断”与“文化治疗”，（胡志红，2021：452）更着意于救赎方案的探寻。这一方案毫无疑问是综合性的，其中自然少不了审美批评，而这正是生态文学研究的职责所系。

第三节　学术伦理：生态文学的审美担当

生态文学的知识生产和生态批评的审美共识，都离不开对当下社会的价值反思，而这正是生态批评学者担负的学术伦理。

根据王诺（2011：27）的判断，“生态文学是以生态整体主义为思想基础、以生态系统整体利益为最高价值的，考察和表现自然与人之关系和探寻生态危机之社会根源，并从事和表现独特的生态审美的文学。生态责任、文化批判、生态理想、生态预警和生态审美是其突出特点”。这里强调的“生态整体主义”和“生态系统整体利益”，与既往千百年来的人类中心主义判然有别，是对人类中心主义偏执化和极端化的矫正，是世界观和认识论的根本调整。在人的主体性地位遭遇压制和禁锢的历史时段，人文主义解放了人，具有积极的意义，但“万物的灵长”慢慢演变为万物的统御者和剥削者，这就滑入了歧途，终于招致环境危机和生态灾难的降临，人类自身也在付出沉重的代价。“只有把生态系统整体利益视为根本前提和最高价值，人类才能真正有效解决生态危机，最终也一定有利于人类的长远生存和根本利益。”（王光东、丁琪，2020：135）生态文学告别人类中心主义，转向生态整体主义，是价值立场的调整——既是文学研究价值立场的调整，又是社会核心价值立场的调整。《生态文学讲读》中提到了“生态中心主义”的概念，这似有矫枉过正之嫌。在某种程度上说，任何的中心都蕴含着霸权的意味，压制、剥削与掠夺总是其不言自明的题中之义。其实，这种略显激化的学术表达，背后透露出作者急迫的责任意识，是要通过激进化的“放弃的美学”，引导人们“放弃对物质的占有，放弃人的中心性和唯我独尊的主体性”，并“赋予自然存在物主体性”，使其“与成熟的生态学原则或生态中心主义哲学原则相契合”。（胡志红，2021：19-20）“生态中心主义”作为对人类中心主义的反拨，无疑是有进步意义的，只不过与“生态整体主义”的概念相比，我们更倾向于后者。毕竟，“真正的生态文学不夸大任何物种和个人的作用，它要探究‘生态结构’所蕴含的奥秘和智慧，警示人类在自然面前既要进取，更应懂得顺应，同时还不能放弃维护、优化生态圈的主体性使命”。（王光东、丁琪，2020：136）这段引文表明，生态整体主义在摒弃人类中心主义的积弊之后，并未以另一个中心取而代之，而是从整体的价值视域出发，既注重发挥生态诸物种与各要素的积极作用，又强调人类对于保护环境的能动性，旨在使两者融合成为一个生态结构和有机整体。这里，我们不难看出我们在论述威廉斯的弱人类中心主义时的判断。也就是说，所谓“生态中心主义”内含着一种对人的放逐，这种放逐需要一个合理的限度，毕竟“人类世”的诸多病症还需要人自身来加以疗治，而且到目前为止，文学仅仅是人的专属，自然要素和生态物种也还在人类文学的关怀视野之内。即便有所谓“后人类”的理论规划，但“‘后人类主义’这一术语中的‘后’(post)恰恰因为‘人’一词而别具深意”，而“‘对人适当的研究’将表明人之为人究竟意味着什么”。(Snyder，1990：68)我们取消了人类的中心主义地位和特权，但并不易之以另一个中心，比如生态中心，而是努力建构整体意义上的生态结构和系统，让人在其中警醒自我，同时也积极地发挥建设性的作用。

生态文学对生态整体主义和生态系统整体利益的凸显，为我们列明了人类中心主义的负面清单。《生态文学讲读》曾阐述美国著名农民诗人、散文家、小说家、社会批评家温德尔•贝里(Wendell Berry)“对主流社会盛行的消费主义、物质主义和掠夺式的工业技术文明的严厉批判”，(胡志红，2021：284)其中消费主义、物质主义和掠夺式工业技术文明皆在负面清单之列。该著就此指出，“对物质消费的无度追逐已成了当下社会的流行趋势和社会大众的人生目标，然而，过度的消费并未让人完善自己，反而导致人的全面异化，即人自身的异化、人与人之间及人与自然世界之间关系的异化，从而导致整个人文精神生态的失衡，自然生态的退化”。(胡志红，2021：225)消费对人的异化如此，极端物质主义和工业技术理性的消极影响也有过之而无不及。这些要素不再是美好生活的加持，反而成了人全面自由发展的障碍，而且形成了形塑整个社会的庞大力量，若不加以警觉和阻遏，人类就将深深陷入牢笼之中，受到物质和精神的双重压迫，生态危机更是难有补救的可能。

有必要指出，我们对生态文学的吁求和对生态批评的呼唤，是基于21世纪的现实语境的，并非要重返前工业文明的“蛮荒”和“自然”状态，更不是返回“逆托邦”(Retrotopia)来寻求慰藉，“美好的过往”可以为我们提供学术思考的资源，但绝对不是我们应该遵循的价值标准。从这个意义上说，那种认为生态文学古已有之的看法值得商榷，那种认定现代病症需要过去的良方调治的观点令人生疑。生态文学的语境已然是现代化的现场，或者说它已经处身“流动的现代性”(Bauman，2000)之中了。如果我们要对人类中心主义展开文学的反思，那么，这种反思就必须基于当下的现实。生态文学和生态批评是反思现代化思潮的有机组成部分，对人与自然关系的审视揭示了工业化的价值局限与消费主义的偏颇,于是“对日益滋长的欲望动力、科技崇拜、经济理性、消费主义作出深刻反省和批判,但是生态文学并不是反科学、反理性、反发展,而是深入社会发展内部,洞察理性、工具、技术的本质和奥秘,探寻人类可永续发展的动力和源泉”。(王光东、丁琪,2020:137)比如,土著文化天然地蕴含着生态思想,并非在于其理念之先进,而在于其前工业化之落后。当今文明不能重回“荒蛮”,但可以对其自然化生存的意义加以借鉴,而这种借鉴是难与当下的现实情怀相隔绝的。

生态批评本身是文学研究之一种,它在塑造和引领审美价值方面的作用必须受到重视。环境沉疴频现和生态危机常发的现实给人类太多的震撼,在各种各样的拯救设想中,政治、社会、经济、科技等诸多领域分别贡献了各自的方案,那么文学的方案又何在呢?其实,文学当然在促使上述诸多方案形成的过程中发挥了应有的作用,这不仅表现在其对危机症候的描绘上,还表现在它警醒了人的意识、端正了人的思想,并催逼着人类采取及时有效的行动。更为关键的是,文学研究的特殊价值在于审美,审美不仅吸引我们去关注文学符号背后的隽永意境,去体味众生平等、万物和谐的优美景观,还将促发我们达致审美的情感认同和道德共识,促发我们努力构建审美共同体和生命共同体,最终实现“人文世界与非人类世界之间的永续和谐共生”。(胡志红,2021:17)

当然,生态文学作为审美的特殊样态,向来关注个体生命,这是文学的天然禀性。问题是,我们需要以生态文学为桥梁和纽带,勾连起生态文学的审美共识,以生态文学的价值理念为感召,推动形成生态文学的情感认同。这是时代对文学的期许。雷切尔·卡逊指出:“在现今过度组织化、过度机械化的时代,个人的动力与勇气仍然能发生效用;变化是可以制造的,不是借助战争或暴力革命,而是改变我们对世界的看法。”(胡志红,2021:“前言”第2页)这就彰显了文学审美的价值,彰显了个人生命的意义。无独有偶,著名生态批评家默菲的观点也在《生态文学讲读》中得到了援引:“小说人物是现实生态世界的积极参与者,而不是消极无为的旁观者,所以他们不仅要用语言谴责破坏,更要用行动阻止破坏,甚至修复生态。”(胡志红,2021:357)这就是行动的力量,是审美价值促成的行动的力量。与社会诸多领域相比,这种力量源自审美的情感认同,会触及人们的心理和心灵,会影响人们的精神和道德,终将汇成巨大的变革力量。就如劳伦斯•布伊尔所言:“就人类如何错误地强制环境而言,与梭罗相比,我们所知甚多,但我们并未以自己的所知而采取多少行动。倘若每个人都像梭罗那样生活,能够拥有他所达到的环境敏感度,那环境问题或将不复存在。”(Buell,1995:139)与其说这是要现代人重返素朴生活的请求,毋宁说这是对现代人以实际行动履行生态文明建设责任的建议,而且是通过生态文学和生态批评的途径提出的建议。

诚然,生态文学与生态批评还在路上,还有诸多问题需要厘清,还需众多学者付出扎实的努力。譬如,生态文学家的生活方式与写作模式还需要总结,生态文学的价值理念还需要提炼,生态文学的精神内涵还需要甄别,生态文学对当下生活的价值提示还需要辨识,生态文学视野中现代化以及人的位置还需要反思,生态文学背后的文学观念和研究范式还需要检视,等等。在问题的透视镜里,我们看到了学术研究的潜在方向。《生态文学讲读》对这些问题作出了探索,并以专门的知识生产促进了生态文学学科规范的制定,以精到的审美批评锤炼了生态批评的研究范式,以强烈的担当精神推动了社会价值理念的调整。知识生产凝聚学科共识,学术范式增强审美认同,价值反思则激扬行动的力量,这是生态文学激发和动员的结果,更是“人类世”审美救赎的可能。

第七章

生态危机中的审美批评

在《关键词：文化与社会的词汇》中，雷蒙德·威廉斯(2005:3)对“Aesthetic”进行了历史语义学梳理，认为“Aesthetic与culture包含一个特别意涵(超脱社会评价之外的意涵)，指的是一个被主流社会所排除的人类空间……‘美学的考量’这个词，虽然普遍流行，但用法有其盲点；无可避免地这个词已被错置及边缘化”了。可以说，威廉斯此处对Aesthetic这个关键词的认识综合了学术史上诸多美学家和文学家的看法，如果将其含义设定为超脱于社会评价之外和被主流社会所排斥的空间的话，那么这个词确实是被错置与边缘化了，这样就很难指望审美发挥什么作用。但是，如果我们恢复“审美”作为感性学的本来面目，在当下的语境中，它有可能在重构自身的过程中获得更大的空间。“如果任何事物都被决定了，或者大体被决定了，生活将失去其乐趣。审美不确定性是存在的意义。它是人类与其在时空中的在场性的统一，是存在与存在感的统一。这样一种不确定性是一种生存论意义上的确定性，它意味着更充分地去存在。”(杨震，2023:176)这是从本体论意义上对“审美”价值的确认，审美带来的不确定性俨然就是人类生存论意义上确定性价值的别名。

随着消费社会的新进展，审美在资本的裹挟下对日常生活展开渗透，对社会文化进行“入侵”和“殖民”，其引发的审美乱象需要审美治理加以纠正。当今时代，文化与经济融合，消费与艺术交会，媒介与传播扩张，而审美在其中居于关键地位，我们的文化样态展现出明显的审美向度。审美不断突破自身的藩篱，将触角延伸到更为宽广的领域，不光影响着人们的精神世界，还浸染于社会生活之中，逐渐成为促进世界变革的重要力量。于是，中外学人极为关注审美问题，围绕审美的范式变迁、审美的伦理责任、美学学科的前景等问题进行了深入的探讨，取得了有目共睹的成绩。

晚近的事实表明，美学迎来了新的境遇，审美面临着新的压力，美学弥散于日常生活，审美倚重于生存现实，传统的学术范式发生了显著变化，为当代美学突破传统视野、开拓多元路径创造了机遇。人们发现，美学意义上的“感性存在”愈发显豁，这有助于恢复美学面对现实的生机，有助于增进美学规划人们未来生活的活力。两者的联姻，刷新了人们对艺术的界定，拓宽了人们对审美的理解，令人更真切地认识到，作为人类生存必不可少的组成部分，审美和艺术蕴含着人的情感，塑造着人的想象，呼应着人的诉求，构成了人的社会参与模式。两者的融会，促进了当代美学多元格局的形成，相沿成习的美学理念渐次被突破，西方中心主义的主张逐渐被扭转，“美学重构”成为时代命题。

后工业消费社会的持续推进，使得文化经济的理念广受认同，审美也一改往日对资本的批判姿态，转而融入资本逻辑之中，变为特殊形态的资本，审美的资本化正在变为现实。对此，法国、德国和澳大利亚的学者做过深入阐述，虽远非尽善尽美，但审美和艺术的普泛化运作，可以推动经济增长，可以促进社会发展，这一点已渐成共识。审美这一特殊的资本，将从基础性层面对社会生活的变革发挥重要作用。（向丽，2021）在杂糅共生、多元叠合的时代语境中，社会的消费化，消费的符号化，符号的审美化，审美的资本化，俨然形成了一个动力机制，对社会发展既有积极助益，又不免对文化生态产生消极影响。这样，如何让审美发挥积极的正向作用，从而打破美学的既定边界，祛除审美与生活的隔膜，打开美学的广阔胸襟，确立审美的学术范式，拓展美学的当代之维，这一命题就突出地摆在我们面前。在新的社会实践中，我们的活动和行为需要审美注解，我们的经验与感受需要审美阐释，我们的生活需要审美文化。

正像伊格尔顿指出的那样，威廉斯在文学研究中综合了文本研究和社会文化研究的优长，从而对文学审美研究多有启发。那么，如果我们关注日常生活中的审美经验，面对消费与资本的魔影，面对自然资源被掠夺、生态环境被破坏的事实，又当如何呢？在此，我们不妨探究探寻一下审美批评的价值，看一看审美能否摆脱威廉斯所谓“错置及边缘化”的状态，在文学研究和社会批判中发挥积极的作用。

第一节 审美批评的拓展

2011年,美国文学理论家乔纳森•D. 卡勒(Jonathan D. Culler)来华,并在北京大学、清华大学、南京大学等高校发表演讲,就文学研究的趋势给出种种预测,其中之一就是“审美的回归”。(卡勒,2012:60)我们要迎接“审美的回归”,却又阻力重重,且不说来自文化研究的诋毁,最吊诡的是“审美”“审美批评”“审美主义”等家族类似概念也突兀地挡住了去路,因为在很多人看来,这些概念大都狭隘偏颇,令人疑窦丛生、不明就里。不过,在当下的现实语境中,新的概念工具不断涌现,传统的分析范式花样翻新,但结合当今时代最为活跃的构成要素且能够有效体贴“人情”和准确畅达“物理”者,审美即便不能独占鳌头,肯定也极为重要,因而我们在此要旗帜鲜明地提倡“审美主义批评”,并对其进行新的界定,使其在当下的文学书写和文学研究中发挥积极的作用。

由此,何为“审美”就成了第一个难以回避的问题。对这个概念进行谱系学清理,无疑是一项卷帙浩繁的工作。这里我们不避失之简化的嫌疑,遴选出几个定义来稍加分析,以期在比照中把握这一概念的内涵。雷蒙德•威廉斯(2005:1)经考证提出:“在希腊文中,aesthetic 的主要意涵是指可以经由感官察觉的实质东西,而非那些只能经由学习而得到的非物质、抽象之事物。”这就凸显了审美的感性直觉,将审美视为一种感性经验,与鲍姆加通等人的基本立意是相通的,即审美就是感性知识的完善,而在康德、席勒、黑格尔等人那里,审美获得了更多的独立性和自主性,并逐渐成为一种自由活动,体现出精神解放的味道。伯纳德•鲍桑葵(Bernard Bosanquet,1983:2)则认为,“审美经验是一种快感,或者是一种对愉快事物的感觉”。也就是说,审美经验中的快感融合了身与心,从而实现了生命体的感性满足,这种审美体验逐步与日常生活经验相融相通,与身体和肉体也相融相通。在很多学者看来,审美经验就是一种生命意识,它可以给人带来享受和满足。这是“一种在人的生命中交织的各种关系、人的生命所具有的各种机能不可分割的整体意识,它保存了生命活动的有机联系和系统功能，并从而保证审美活动的丰富、鲜活和饱满”。（姚文放，2011：7）可以说此种认识反映了审美的内在属性，突出了审美作为经验和体验的本质。如果说这样的概括仍然显得有些抽象，那么孙绍振（2013：2）言简意赅的总结就更为清晰了：“aesthetics”这个词原本含义很丰富，“概括地说，就是与理性相对的以情感为核心的学问。从表层来说，是感知；从中层来说，是情感；从深层来说，是智性。从性质来说，包括正面的美，也包括与之相对的丑。这才是人类感性的全部”。作为文学理论家和文学批评家，孙绍振的“审美”观是对自身审美体验和审美批评的总结，从感知的表层、情感的中层和智性的深层对“审美”进行综合判断，为我们提供了一个可以依靠的认知框架。需要特别说明的是，感知的层面很好理解，就是人们面对审美对象的体验和经验，可以经由各种感官达到；情感的层面其实是审美的核心，一个人的情感往往是结构性的、系统性的，既有一时冲动的感性表现，又有稳定恒常的长期特征；既是回应外界刺激的心理反应和生理过程，又是一种表达自身感受的积极态度；既与审美主体的心情心境有关，又与审美主体的脾气秉性有关。而要谈到外界刺激，情感的问题则又与诸多社会文化因素纠缠在一起。这样看来，那种企图将审美情感与外在世界割裂开来的想法是靠不住的。这在审美的智性层面同样得到了支持，智性固然可以是对文本的认知和判断，但也可以是对文本与文本的关联、文本与世界的关联、文本与文学生产和消费的关联所具有的精深见识。“审美”的三层次说事实上为审美进行了扩容，或者更准确地说，它本来就是涵盖面很广的概念，只是后来被人为地缩小了指称的范围，常常成为专事文学文本内部研究的别名。事实上，“审美”的概念在消费时代的审美化浪潮中早已突破了长久以来的辖域限制，它一方面覆盖了文学艺术，另一方面则渗入日常生活，融会于社会文化现实。可以说，这是一种相对泛化的“审美”观。我们不妨再次回顾姚文放（2011：19）的判断：“所谓‘审美’，就是人类基于完整、圆满的经验而表现出的一种身心洽适、灵肉协调、情理交融、知行合一的自由和谐的心理活动、行为方式和生存状态。”在此，我们明确赞同和选用这种包容性极强的“审美”概念，因为它极为贴近消费时代的社会现实，也极为贴近文学消费化的走向。正因如此，我们鼓励和提倡一种审美主义意味的批评倾向，它的批评对象可以是文学艺术，也可以是社会文化。为了论述的方便，我们可以将前者称为“审美批评”,将后者称为“审美治理”。其实两者的区别并不十分严格,审美批评也可以面对社会文化现象发声,审美治理亦能够针对文艺乱象而有所作为,雷蒙德•威廉斯就是两者兼顾的典范,尽管他并未使用这两个概念。

按照朱光潜(1979:4)的论断,“美学必然主要地成为文艺理论或‘艺术哲学’。艺术美是美的最高度集中的表现,从方法论的角度看,文艺也应该是美学的主要对象”。因此,我们把审美批评限制在文学艺术的范畴,特别是集中探讨其在文学中的表现。这是不是跟我们上文对“审美”的概念的认知发生了矛盾呢?表面上看是这样,其实不然。我们援用“审美批评”的概念,虽然将其对象范围限定在了文学艺术中,但并非只是从文本主义和形式主义的角度展开研究,而是以整体的视野结合文本内外的诸多因素,采取更为开放和包容的立场来进行的,这就符合了我们对“审美”概念的界定。

那么,所谓“审美批评”究竟有何内涵,究竟有何指向,究竟如何在文学艺术中得以呈现呢?要回答这些问题,须先甄别学界现有的主张。然而,学界现有的主张并不统一,甚至在基本概念的层面都难有定见。其中,高玉是立场最坚定、态度最明确的,他对当代文学中审美批评的重建进行了论证,认为审美批评就是当前文学批评的“基础设施”,是“建立在审美基础之上的基本的、基础的、第一层次的批评”。然而,这一“基础设施”目前依然十分薄弱、相当落后,亟需学界的重视和强化。但他对“审美批评”的定位还是基于文本中心的形式主义的倾向,在较为宽泛的意义上将“审美批评”视作“重视文学性、艺术性和美感的文学批评”,“更重视文学的内部构成和形式,比如写作技巧、写作手法、叙事方式、结构、虚构、想象、联想、语言、风格、意象、形象、修辞、文体等”要素的剖析,判定这些要素承载着作品的意义和美。(高玉,2012:170)这种“审美批评”的形式意味颇为浓厚,虽然文学文本意义的摄取和艺术美的揭示,也须重视作品中的非文本要素,但这种观点聚焦文本之文学性和艺术性的倾向还是极为明显的;其所谓“审美批评”,其实更多的还是对文本内部构成要素的形式主义探析。但凡了解高玉发表此论的学术环境,只要考虑彼时文学研究的整体面貌,我们就会明白他的初衷。他重提“审美批评”,并将其视为文学研究头等重要的“基础设施”,其实正是对文学研究理论化、文化化倾向的有力反拨,那时“权力”“霸权”“规训”“文化工业”“族裔”“殖民”“性属”“身份”“认同”

“意识形态”“文学制度”等话语充溢文学研究界，总体上呈现出一种文化政治学的取向，标示着一种从文本内部向外转的潮流。这种取向和潮流突显了文学的社会政治维度，淡化和稀释了文学的艺术之美。而且，若无高玉意义上的“基础设施”打底，很多文化政治学似的文学研究明显失之粗糙和武断，最终损害的仍是文学和文学研究。邢建昌认为，以审美为价值取向的审美文论，“张扬文艺的人学特质和审美维度，肯定文艺的独立价值和自律特点，以此来对抗新中国成立以来逐步形成的政治功利化、庸俗社会学以及建立在认识论框架上的文学艺术解释模式”。（邢建昌，2011：241）这其实是相对久远的事了，用审美文论和审美批评对冲文学研究文化政治化造成的消极后果，才是紧迫的时代命题，高玉等学者的立场和见解应该赢得我们的敬重。

姚文放曾对晚近文学理论“向外转”的深层机理作过揭示，而要讲清楚“向外转”的机理，首先便是要搞明白“向内转”的取向。历史地看，两者往往是互补的关系，“向内转”走到了极致就将“向外转”，“向外转”达到了极端就会“向内转”，这几乎是文学批评史的缩影了。姚文放（2017：382）指出，20世纪八九十年代国内文学理论研究在心理学、形式论和人类学三个取向上发生了“向内转”的现象，“心理学取向、形式论取向和人类学取向一是向人的内在心理‘转’，一是向文本的内在形式‘转’，一是向人的深层集体无意识‘转’。然而这三者都可以归于审美理想的旗下”。由是观之，审美理想的实现绝不单靠形式论，还离不开心理学和人类学。一旦把心理学和人类学所涉及的因素吸纳进来，纯粹的文本主义形式论就必将遭遇冲击，审美批评也由此向文本形式以外的多重要素敞开，不再仅仅围绕文本效果展开，从而一新审美批评的面貌。其实，单纯的文本中心论和形式主义即便在其高峰期，也时时面对质疑和挑战，强调文本对于读者的直接效果，但读者的差异如何理论化始终就是一个难题。任何读者都不是生活在真空状态，他从小接受的文学教育和文化熏陶明显影响着他对文本效果的判断，他生命历程中的特殊事件更对文学阅读产生着重要影响，“美不自美，因人而彰”即此之谓也。主张总结文学艺术的内部规律，事实上很难办到，文学艺术最终价值和意义的呈现——这是人文学科的要义，文学就是意义之学——离不开跟人有关的诸多要素的综合作用。我们经常夸奖韦勒克和沃伦（2005）的《文学理论》是美国新批评的代表作，将其视为文学内部研究的典范之作,但明显的事实是,该著将文学研究分为“定义和区分”“初步工作”“文学的外部研究”“文学的内部研究”等四个部分,不知道为什么很多人偏对第三部分视若无睹。作为新批评代表人物的韦勒克,之所以如此安排,应该与其远见卓识有关,他即使意欲凸显内部研究的重要性,也绝不会省略掉外部研究,这是由文学的基本规律决定的。

文学历来离不开历史、现实和哲学的滋养,历史、现实和哲学观念构成了文学得以繁茂生长的基本保障。因此,“审美批评”作为一种方法,“必须在这种哲学意识的观照下,显示出它独特的价值和不可替代性。其中,既有批评家的价值观,也有倾向性和激情,而历史感和现实感正是哲学意识在批评中的觉醒”。(伍新明,1986:16)显而易见,批评家的价值观、倾向性和激情,都不可能拘囿于文本之内,都是社会和人生“大文本”的产物,而文本内外的历史感和现实感就更是如此。虽然在实际批评中可以重视作品的美学价值,但美学价值有着多元的决定因素,单靠文本内部机制是很难完全解释清楚的。因此,审美批评固然要坚实地搞好“基础设施”建设,批评家要练就精深的文本内功,这是任何时候都必不可少的,但这并不表明审美批评就不能涉及文本之外的社会现实,就不能将触角伸到哲学、历史、心理学、人类学、社会学等其他学科领域。事实上,文学研究的内生动力在很大程度上都源自文学之外,只要坚持以文学为出发点、以文学为落脚点的原则,借鉴和化用其他资源已成为文学研究繁荣发展必不可少的途径。总而言之,“所谓审美批评,应该是从审美出发的批评,它向社会伦理、政治的引申,不但不意味着这种批评缺乏美的纯粹性,反而说明美的视角具有强大的介入现实问题的功能”,审美“走向了政治、风俗、道德,但并不足以减损它作为审美批评的属性”。(刘成纪,2015:48,54)刘成纪的这段论述不仅从文学研究的本质属性上肯定了审美批评内涵的深厚与博大,还从文学本身的价值功能上对其进行了验证。试想,如果文学研究仅仅在文本内部探索形式要因,它对社会还有何意义?它对现实还有何功能?审美批评维护了文本的美学价值,又通过经验、情感、智性等渠道打通了其与文本外广阔世界的关联。这种关联不是将审美批评无限放大,最终将其化为乌有,而是有着明确的聚焦和方向,那就是紧密围绕着“审美”,只要批评和研究始终围绕着“审美”诸要素展开,我们就不会迷失自我,就不会轻慢审美批评的特殊价值,而这正是当下消费时代的文学研究所缺失的。

从根本上说，“审美批评不是单纯的形式批评，文学作品的审美性不是只能由作品的艺术形式派生”。（吴家荣、陈建设，2008：159）同时我们也要明确，审美批评并不等同于文化政治学式的外部批评取向，那种批评模式大都置文学性和审美性于不顾，一味地将文学文本作为文化政治的表征。如果单单热衷于在文学文本中寻找性别压迫、身份认同、生态正义、族裔斗争等主题，就强化了非文学、非艺术、非审美、非情感的维度，审美批评必须与其保持适当的距离，使自身粲然可观、清晰可辨，在指导理念、操作规范和价值导向上形成鲜明的特色，以便充实消费时代文学研究的“工具箱”。容易引起混淆的是，我们在这里所秉持的态度很容易令人误解，以为我们主张以“审美批评”来消解和取代文化政治学式样的文学研究。其实不然，文学研究中的文化政治学，将文学置于更宏阔的产生语境和接受环境之中，丰富了文学书写和表征的对象内容，有利于文学多维度地观照社会的变革与趋势、多层次地反思人类的生存和命运，其积极价值是值得肯定的。我们只是设想，在文学研究普遍“向外转”的情形下，如果所有的文学研究都被引入“文化政治学”甚至“政治批评”的范式，并以此排斥其他研究模式，就难免构成一种新的“垄断”，就将取消文学研究的丰富多样性，这对文学和文学研究必然有害无益。毋宁说，“审美批评”缺席的文学研究肯定不是完整意义上的文学研究，“文化政治学”的合理性最好能与“审美批评”相结合、相融合，让“审美批评”发挥“基础设施”的功能，为“文化政治学”提供充足的养分，从而使其更为充实和丰满；反过来说，如果“审美批评”能够在追索文本“审美”价值时获得“文化政治学”的启迪，也就有机会跃升到更高的境界。有学者指出：“文学的审美批评不论是出于哪种维度，都必然是在文本细读的基础上所做出的美学价值判断。文艺美学强调文本自身的文学属性，讲求愉悦感和崇高感，这本是无可非议的，然而，政治美学所倡导的人性美和社会秩序美也是不容忽视的另一个重要方面。”（胡铁生、宁乐，2019：75）只有将这两种批评倾向有机地融合起来，我们对文学文本的审美评价才会更加合理和全面。这样一来，好像我们要走折中主义的路线，其实不然，因为“审美批评”这一“基础设施”还很不完善，还很欠缺，甚至在当下的文学研究版图中还处于较为边缘的位置，还不具备去和别家批评主张相结合的基本能力。这种能力无论在古代中国还是在英美新批评中都曾经备受推崇,但如今它被冷落了,冷落到文学研究可以将语言编织的文本肌理弃置一旁,只通过捡拾几个大概念来进行理论演绎,并在文本情节中找几个实例验证而已。显然,这不是我们所期待的文学研究局面。我们所祈望的审美批评,是在搞好“基础建设”的同时,经由经验、感觉、情感、智性等维度通达广阔的社会文化空间。这样文学文本的审美特性就将向外辐射,这有利于形成更为和谐的精神生态、人文生态和文化生态,为最终解决生态和环境的诸多问题提供文学和审美的助力。

第二节　审美价值的重估

作为一个术语,“审美”从未缺席,甚至还是最活跃的文学话语之一;作为一种批评模式,“审美”曾经风行一时,现在却遭到冷遇,而且其内涵被人为地窄化了;作为一种价值倾向,“审美”在消费文化语境中尤须张扬,它不仅能够帮助我们辨识文学文本的审美价值,还将使我们的社会和人生充溢审美的光彩,毕竟审美价值始终是以人为根本导向的。在消费社会审美淡化、弱化和异化的际遇中,对环境的功利化思维无所不在,对生态的破坏性动机难以消失,那源自文学文本的审美价值弥足珍贵,应该成为消费时代人们审美体验的核心;由此核心向外扩展,然后再返回核心,经历了这一循环,消费时代的人们才可以重拾审美自由和真实自我,而不是在消费行为中不断地放纵自己、迷失自己,不仅有损自身,还破坏了环境和生态。

在消费文化环境中,大众文化和文化政治左右着文学研究,挤压了审美批评的空间,其实这与审美批评的自我窄化有着密切的因果关联。及至审美批评几乎完全丧失了发声机会,“文学艺术的研究不再是审美价值和艺术分析,转而成为一个文化政治的战场,一个表明自己政治立场和意识形态倾向的辩论场所。至此,可以说文化政治已经一边倒地压制了审美论,并由此改变了文学理论、艺术理论甚至美学理论的地形地貌”。(周宪,2016:10)进入20世纪以来,“审美”与“政治”可谓风水轮转、各领风骚,而当下确须“审美”走上前台,又到了审美回归的时候了,“审美论的回归就是重新回到理论的前台和中心”。（周宪，2016：5）这种审美主义诉求反映了新时期和新时代文学界的多元探索，“在对过去认识论或意识形态论的文学观念的批判反思中，致力于将文学观念扭转到审美的方面上来，着重从审美的视角来理解和阐释文学的审美本质特性与价值功能”。（赖大仁，2015：156）这是中国学者的判断和吁求，西方学者对此也同样有着深刻的认同。约翰•若津（John Joughin）和西蒙•马尔帕斯（Simon Malpas）出版了《新审美主义》（2003：3）一书，为“新审美主义”进行了确证：“我们展开论辩的最基本观念在于审美的基础性，审美的这种基础性固然与政治、历史和意识形态密切相连，却不应该从属于这些领域，不应该回归到这些领域。应该在文学作品具体特征的研究方面开辟一个批评空间，从而极大地改善审美批评在当代文化中的地位，并发掘出它的潜力。”这与我们的看法不谋而合，我们不能囿于“对民主政治、民族认同、民族利益、文化和政治多样性的含义来看待”（哈比布，2017：709-710）文学研究，我们不仅要关注文学的形式特征，还要打通与社会历史的联系渠道，从而在“审美”与“政治”之间建立合理的平衡。鉴于两者在当下文学研究中的实际状况，我们张扬和维护新审美主义的姿态实属无奈之举。有学者判断，基于现代的审美认知，新审美主义注重整理和阐释文学作品，给读者提供审美感受经验，但同时也不忽略现代美学突出强调的人文价值反思。它一方面倚重“对于文学内在形式的分析，认为审美感受主要来自艺术的形式”，另一方面则“认为审美感受不是孤立地、超越时空地被个人所经历，而是在社会、政治、文化和历史等多方位坐标中得到修正和完善”。（马涛，2014：173）这样新审美主义就和王尔德他们主张的“唯美主义”有所区别了。同时，中外学者对“文学性”再度进行深刻反思，这为我们促请新审美主义的回归提供了理据。乔纳森•卡勒（1997：35-36）提出：“文学的品格既不能被化约为一种客观的属性，又远非语言架构方式的结果……文学的‘文学性’有可能存在于语言材料与读者对何为文学的程式化期待之间交互影响的张力中。”这种张力本身就说明，文学性不可能仅以语言文字的形式呈现出来，还须考虑读者的因素，更须考虑人们对何为文学的共识性期待，这无疑就把文学性引向了更为宽广的天地；而且，这宽广的天地并非凝固静止的，而是在变动不居中潜藏着文学变革的活力与动能。“激活文学周边的种种关系，考察文学在各个历史时期承担了什么。这是注重考察一种活的文学。”（南帆，2018：

10)考察活的文学,考虑文学性的动态调整,而不是抱定所谓客观性和科学性不放,不就是我们审美批评的要旨吗?对此朱立元等人论述道:“新审美主义之重提文学性,是试图在文化研究者们铲除学科藩篱的基础上,找到一种开放、多元、不断自我更新的‘文学性’理念,尝试将文学性提升到有巨大包容性且占据了跨学科理论研究的中心位置。”(朱立元、张蕴贤,2018:119)由此可以看出,学界对“文学性”问题的反思极有现实意义,它显示出了极大的开放性和包容性,将文学向非文学领域敞开,同时又对非文学的扩张保持警惕。(姚文放,2006)这无疑有利于文学审美价值的彰显,也有利于文学审美价值对社会文化的濡染。近来,很多人都在讨论文学实乃述行事件,事件生生不息,意义源源不断,是主体的参与决定了文学的意义,事件构筑的意义空间由此充满了流动性。(Derek Attridge,2004:59)伊格尔顿(2017:212)在特别指出:“文本的意义并不是一个对象客体,而是一种实践。意义产生于作品和读者之间持续不断的交通(traffic)。”把文学作事件观,也就将文学的静态性改造为动态性,将其静止性调整为生成性,这样做“既维护、发展了文学的审美特性,又没有回到形式主义的旧路上去。新审美主义的追求在此露出了端倪”。(朱立元、张蕴贤,2018:121)卡勒曾经把“新形式主义”与“新美学主义”并置在一起讨论,认为这两个概念“表明了在理论发展的语境下人们对文学形式和艺术形式的一种刷新了的关注;那些理论的发展似乎已经扼杀了传统上对文学形式的美学研究途径,或者使得后者沦为一种反动的方法”。(卡勒,2012:60)将其作为“反动的方法”有其历史合理性,但时过境迁,在当今文学研究文化政治化的新局面下,原本被视作“反动的方法”可能就具备了极大的合理性,因此才特意突出了这两个概念的“新”,突出了两个概念既涉及文本的内在属性,又通达文本形式之外的社会历史属性。任何语言都不能抽空内容,任何意义都不可能孤立产生,都必须在文学符号的意指规约下进行。这种规约本然地蕴含着社会文化因素,离不开人们多年来相沿成习的惯例和秩序。所以说,“对真正的形式的关注,也是对真正的历史的关注;对真正的文学的关注,也必然是对政治的关注”。(陈太胜,2013:23)正是从这一意义上说,新审美主义精神统摄下的审美批评将在后现代消费社会大有可为,在重新恢复文学的力量方面发挥应有的作用。文学的力量有着多方面的来源,“描写的真实,语言的绚烂,结构的巧妙,想象的丰富,修辞的优美，都是形成一部作品的感染力的因素”，这是传统意义上的审美批评精耕细作的领域；同时，“一部作品最深刻的力量，却是决定于它的伦理精神——决定于它的热情和理想，决定于它对真理和正义的态度”。（李建军，2011：7）易言之，伟大的作品不光让人感觉到美，还能够给人以温暖，给人以勇气，给人以力量，给人绘就理想化的精神图景，否则它提供的所谓美就是苍白无力、肤浅脆弱的，只能满足一时之快，难以提供精神的关怀。而要达成这种积极的效果，就离不开我们所呼吁的审美批评——一种立足于文学文本、面向着现实生活、影射着文化实践的整体批评。这一批评模式将进一步促进审美价值的凝聚和重估，而这是消费时代最为欠缺的。若以此种视野评测今天的文学研究，我们就会发现，对文学消费化之后审美价值变迁的揭示，探寻与新时代相适应的文学话语和批评体系，立足当下语境对文学经典的重估，都须提上我们的议事日程。

下面我们仅以文学经典重估为例，结合蒋承勇《经典重估与西方文学研究方法创新》一书，来看一看审美批评是如何促进审美价值反思的。

审美重估作为方法，可以促进文学经典的再发明。“发明”一词往往意指新事物或新方法的创造，这是惯常的用法，却不是唯一的用法，“创造性地阐发”“说明”“发挥”等都在其语义范围之内。事实上，所有这些释义并非彼此排斥，而是互有重叠，着意于“新”乃是最大的通约项。在此意义上，我们对文学经典的“再发明”，就是要对经典进行创新性的阐发，对经典的历史价值和当下旨趣作出新的说明，从而帮助人们正确把握经典，让经典在活生生的社会文化实践中焕发生机。这样的阐发是立足现实的，与经典创构的时间拉开了距离，经典的接受环境有了明显变化，生成经典的制约因素也已判然有别，这就决定了对经典进行再阐发和新评估的必要性，也是经典“再发明”的学理之所在。

“文学经典不是一成不变的，而是随着时代的变迁、文化的变更、审美趣味的变化而不断调整、流动的，所以，每个时代都有重估经典的必要，每个时代都有自己的经典系统，这几乎是一个常识。”（蒋承勇，2021：1）对此学界是有共识的，毕竟关于经典的讨论由来已久，相关言说不胜枚举。但细究起来，“经典”究竟何所指，又有哪些评判依据和标准，仍然言人人殊，很难定于一尊。无论是本质主义轨道里的评析，还是功能主义视域下的研判，抑或融合两者而提出的主张，都为界说“经典”奠定了“叠加的传统”（Wilfred Cantwell Smith，1991：

156),也让关于“经典”的知识生产蔚为大观。好在学术共同体对经典的大致范围并无太大争议,也正因如此,我们无须延续对“经典”概念的稽考和论辩,而是将“重估”置于前台,切入经典化的运作机制之中,探赜索隐、钩深致远,力图揭示出新的学术景观。

如今,彰显审美批评的一个重要维度就是指向经典作品,就是要以重估作为方法,对传统经典进行新的评判。追本溯源,“作为方法”晚近渐成学术热点,日本学者竹内好和沟口雄三先后倡导“亚洲作为方法”和“中国作为方法”,我国学者继之以“80年代作为方法”“民国作为方法”,加之“西方作为方法”“把自己作为方法”等等,俨然掀起了一股“作为方法”的潮流。这种“作为方法”的“方法”并不提供工艺流程般细致的研究步骤,并非学者借以捷径通幽的操作指南。它明显带有认识论的色彩,重在理念、原则、范畴、方向的调整和厘定,或将一新学术研究的面貌打开新的学术视野,形成新的研究范式。

在蒋承勇看来,“‘重估’意味着对既有的经典体系进行重新评价,进而对这个体系做出当下的调整”,而体系性调整的标准“就是在既往对经典进行评判的人文、审美等价值标准基础上又融入了新的价值内涵的理论系统,其中包含了‘新’与‘旧’两部分内容”。(蒋承勇,2021:5)“新”与“旧”的取舍,一旦被系统化和理论化,便不再单纯简单,常常呈现出复杂纠葛的样态,这也是“经典”论说聚讼纷纭之来由。由是观之,“重估”必然是综合性的系统工程,而对经典化的探究自是其内在逻辑的要求。“文学经典化问题研究,既是一种理论研究,亦具有方法论意义……‘经典化’研究作为一种方法论,可以去伪存真、披沙拣金,是正视经典文本的意义与价值、实现审美发现和超越的重要理论工具。”(王占军,2019:35)聚焦文学作品的经典化,也即探求文学作品成为经典的过程及其中关涉的诸多要素,就是要“重读西方文学经典,尤其需要开掘其间的人性意蕴。文学的教育,就是在这种‘人性体悟’与‘诗性解读’中让学生更多地接受审美与人文的熏陶。其实,这也是西方文学研究者所需要深度思考的方法论问题”。(蒋承勇,2021:71)

这里的“重估”是审美重估,不拟因循尼采“重估一切价值”的消解姿态,那样的姿态固然有摧枯拉朽的震撼感,但毕竟时过境迁,我们需要立足于当下的社会现实,结合我们的文化境遇,满足我们的审美需要,着力打造美好生活的人文维度。因此，审美重估固然有重新考量和评价的意蕴，有些备受追捧的所谓经典难免会有所沦落，有些乏人问津的作品也许会呈现独特的价值，人们熟稔于心的观念可能遭遇颠覆，某些久负盛名的作家或将暴露另一面真实。但在这一过程中，新的人文意蕴获得揭示，新的审美价值得到挖掘，新的文化观念得以形成，经典将处于动态调整的良性机制中，它的变动不居会充分发挥汰选的功能，其间新的经典形态、新的知识生产、新的价值观念将不断涌现，最终引致传统化的经典焕发当下性的魅力，绝对化的经典具备相对性的特征，经典的审美性与社会性相互融合，经典的恒常性与变异性互为交织，经典的普适特征与民族品格交相辉映。这样就盘活了经典，拓宽了经典研究的视域，也将促使经典以及经典化过程敞开更大的意义空间。

文学经典的意义和意味始终是迁延变化的。文学经典的知识生产，离不开接受环境，外部条件有了新变化，重估便是必要的对位调整，特别是面对人们相沿成习却习焉不察的经典"常识"，重新加以审辨尤为必要。对经典的"重估"，"必然是一种对经典的再发明或对经典客观意义的再生产。这种再发明或再生产，一方面既基于经典文本的内在结构规则，另一方面又必然是基于我们当代生活的一种再发现"。（朱国华，2007：68）文学经典的生成是进行时，而不是完成时；文学经典是可溶解消散的，绝非一成不变的凝固体。中外文学史上不乏鲜活的例证，诗人在世时寂寂无闻，甚或困顿不堪，而其作在后世却声誉日隆，吸引追慕者众；小说家在本国遭到厌弃，却在他乡享有盛名，反过来又促进了他在本国的接受；即便是精于文本感悟和审美鉴赏的诗评大家，对特定诗人诗作的判断，也常常有比较大的出入，曾被归入中下品类的作品，随后便享有上品的殊荣；更有风行一时、举世传颂的所谓杰作，大有"洛阳纸贵"的势头，但转眼间却受到遗弃，甚至到了不值一文的地步；屡遭退稿之作，经由媒体传播而深获认同，在热烈的阅读反应中获得文学大奖，出版社也一再刊行，终于确立了经典的地位；更有文学自身发展规律的规约，在历时演进的纵向维度中，文学作品前后呼应、互为彰显，其间自有沉浮，正如刘勰在《文心雕龙·通变》中所言："文律运周，日新其业。变则其久，通则不乏。趋时必果，乘机无怯。"文学的"变"与"通"，很自然地表明文学经典不可能一劳永逸、一成不变，特别是"在当今，'网络化－全球化'的新时代，'回归经典'和'重估经典'，不应该仅仅是一种呼唤和号召，而应该是一种实际行动”。（蒋承勇，2021：287）蒋承勇吁求的这种实际行动的关键在于，将经典纳入当下活生生的“行动者网络”，纳入审美重估的认识论视野，真正地以“重估作为方法”，焕发经典的魅力，重现经典的生机，使世人获得更多的审美观照和价值关怀。

以审美重估作为方法的研究范式，不唯指向人们耳熟能详的经典文学作品，还将指向具备典范意义的文学思潮，更将指向业已经典化的文学批评理论。这种种指向的背后，是社会文化的流动，是人文语境的变迁，这就于无形中拓展了研究的视界。蒋承勇（2021：7）就此指出：“我们倡导‘经典重估’，不应该仅仅理解为对经典文学作品的重估，同时应该包括对重大文学史现象和文学理论经典的重估，因为理论和创作是文学实践的两个方面并构成了文学史上重大的文学史现象。”人们素来理解的经典重估，往往拘囿于被奉为经典的文学作品，蒋承勇却将审美重估的范围扩大，让其涵盖了文学史现象和文学理论。在重写文学史的学术讨论中，我们知道，一部文学作品能否入选其中，能否被文学史家垂青，能否在文学史上占有一席之地，甚至被赋予独特的价值，是由多元因素决定的。这些元素往往与文学理论有关，因为文学理论提供了特定时代的文学观，提出了特定时代的文学主张，甚或评判文学作品优劣的尺度；而重大的文学史现象，特别是颇具影响的文学思潮，将在拣选优秀文学作品方面发挥极为重要的作用。不消说，文学作品的经典地位是需要文学史确认的，是要符合文学批评理论规约的，文学经典不可能自发呈现在世人面前，它的确认与命名有着复杂的机制化运作，而文学史和文学理论就是这一机制的合理内核。试问，一部文学作品，倘若与文学批评理论相抵牾，与文学史的书写规范背道而驰，与经典化的规则南辕北辙，它还有机会进入经典的行列吗？足见，重新反思文学史现象，重新评估文学理论主张，本来就是经典重估内在的用意和命意。“时运交移，质文代变。”一时代有一时代之风习，一时代有一时代之文学，特定时代的评判标准和审美趣味自然会甄别当世之作，更将重新点评前辈作品，昔日的盛世华章或将随之沉落而风光不再，曾经的平庸作品有可能重现生机，进而跻身经典而赢取盛名。无论前者，还是后者，重估经典不可能仅局限于作品，还须考量文学思潮和文学理论，经典重估毕竟是一个综合性的系统工程。

陈众议（2021）认为，“文学史和文学原理学”可以“作为界定经典、度量谱系的重要方法”。正鉴于此，蒋承勇在自己的“经典重估”中分别对作家作品、文学思潮、理论研究进行重估，并着意于研究方法的创新，而这种创新的动力源即审美重估，即将审美重估的范围加以延展的学术追求。无独有偶，学界不乏有识之士秉持相似的研究立场。洪子诚（2003：34）指出，经典的判定需要“建立具有权威性质的文学理论体系，其作用是为经典审定确立标准”，也离不开“批评和阐释上的干预”等“制度保证”。杨剑龙（2018：150-151）提出，“文学史写作是文学经典化的重要途径，通过文学史家的遴选与评论，对于文学史发展历程中的文学作品进行经典化，具有重要的意义”，而“文学理论与文学批评是文学经典化的工具与方式，只有掌握了切合文学对象的理论，只有进行正确的文学批评，才能真正掌握经典化的真谛”。在王乾坤（2014：74）看来，“经典化不只是对艺术作品而言，理所当然地包括文学理论或文学批评的经典化。没有后者，对作品经典化研究的有效展开是可疑的”。唯有将文学作品、文学思潮、文学批评理论悉数纳入审美重估的范畴，以文学史现象和文学理论作为参照，才能使重估获得深意和新意，才能将重估进行到底，才能赢得一方富有成果的学术天地。这样的重估，不单是对经典作品的衡量，更是关于文学史、文学批评、文学理论的综合判断，不仅会促进文学经典形成的生态，更将触及文学经典构成的形态。

当下人文学界在反思西方学术时流露出“清算西方”的倾向，抱着狭隘民族主义的偏见，对源自西方的知识生产一概排斥与拒弃，这未必可取；但是，为了深入推进“三大体系”建设，为了中国哲学社会科学的繁荣发展，我们在学术研究中采取价值反思的立场，理所当然、顺理成章。“对 20 世纪以前西方传统文学的重大文学史现象以及理论经典的‘重估’，是我们所说的‘经典重估’题中应有之义，在此基础上吸纳其合理成分，对全面理解西方文论、重构并创新我们自己的文学理论，形成具有‘中国气派’的文学理论学科体系来说是不可或缺的，也是意义深远的。”（蒋承勇，2021：13）由此可见，审美重估旨在确立“中国气派”的理论体系、学科体系和话语体系，使其稳固的中国价值立场尽显无遗，这是我们中国学人开展外国文学研究的根基。同时，我们重估西方文学研究具有深刻的现实意义。在着力复兴民族文化的当下，“我们有必要也应该以本真的眼光对已经在本土传播的域外文化资源作现代学理意义上的深入梳理、研究、阐释进而使其再传播,以增进中外人文交流的深度。其实,这本身就是民族文化繁荣与复兴的一种标志”。(蒋承勇,2021:406)不容辩驳的事实是,一批以西方文学研究著称的学者,没有趋奉西方的价值观念,没有陷入西方研究模式的彀中,而是基于当下,立足中国,着力促进中国特色哲社研究,着力促进民族文化的繁荣与复兴。正是出于这样的目的和宗旨,“重估”才更有意义,“重估”才更能增进中外人文交流的深度和效度。

处于学科建制中的西方文学研究,多年来积累了丰硕的成果,也形成了良好的学风,但亦有“作为学科的成熟而表现出的自我封闭倾向,以及由此带来的合法性危机”。(贺桂梅,2010:28)这种危机集中表现在沿袭西方文学潮流,以西方学术理念切割我们自身的文学经验,以西方批评范式裁制中外文学文本,致使我们的知识生产缺乏良性的内生动力,我们的研究资源未能受到足够的重视,我们的价值立场难以得到合理的伸张,这明显不利于形成良性的西方文学研究生态。

在此背景下,开展经典的审美重估,客观上将有助于构建西方文学研究的新的理论框架,其学术意义体现在提醒我们要响应走向世界的时代号召,更要持守我们自身的主体性和价值立场;要吸收和借鉴既有研究成果,更要对其加以审辨和质疑,而不是人云亦云地接受现成的学术论断;要尊重传统经典的权威性,更要将其放在新的秩序中去加以衡量,从而确认经典的开放性、流动性和生成性特质;要把握经典的本质属性,更要申明经典的功能性和修辞性特征;要肯定经典的审美价值,同时更要突出其文化价值和社会价值。这就需要引入文化比较和文明互鉴的视野,毕竟在“全球化—网络化”的时代,“所有的高深知识都是通过比较才获得的,并且是以比较为基础的”。歌德在谈及比较语言学时就说过:“只懂一门语言的人,其实什么语言也不懂。”(缪勒,2010:8-9)这是英国学者麦克斯·缪勒(M. Müller)就如何研究宗教的问题提出的观点,但他对比较方法的强调无疑具有普遍意义。站在中国的立场上研究西方文学,跨文化比较具备天然的合理性,科学地进行跨文化比较也是审美重估的操作装置之一。

当今时代,生态危机促使生态批评活跃,人工智能和数字人文日益勃兴,消费文化与资本逻辑正在蔓延,后人类的理论想象充斥学界,社会发展的加速主义模式落地生根，民族主义和民粹主义紧密交织，全球化的趋势与逆全球化的走势互为表里，诸如此类，不一而足，均构成了文学研究必须直接面对的现实语境，也为我国西方文学研究提出了新的课题。要想完成这一课题，我们就“必须以马克思主义为指导”，“要与现代中国社会发展实践相结合”，区分“原初的外国文学”与“再造的外国文学”，“坚持有组织、有系统、有目的的译介和研究”，从而重塑我国外国文学的面貌。（刘建军，2019）毫无疑问，这将进一步彰显经典审美重估的潜在价值。

“经典的发明，实际上是经典的品质和现代人的知识能力的创造性遇合。”（杨义，2007：2）而重新发明西方文学经典的关键在于，破除经典的单向决定论，确立经典的多元影响说，剔除经典的固化、僵化和神秘化倾向，激发经典重构的创新力量，让经典成为当下文化图谱和价值结构中合理而活跃的要素，让经典参与我们的知识生产，推动构建审美共同体，体认人类共同价值，促进人的全面发展，为正在来临的人类命运共同体开拓精神空间。鉴于经典实乃传统的累世叠加，所有这一切也就离不开作为方法的审美重估，因为审美重估发掘了新的审美价值向度。如此看来，审美批评的作用空间，并不限于对消费化文学文本的批评，还可以将传统的研究对象悉数纳入“重访”和“重估”的范围，审美批评的内涵和外延由此将得到极大的拓展。不妨设想，如果经典的审美价值永存世间，它一定会成为一种核心的建构力量，将对人文世界产生决定性的影响，也会促使自然生态的好转。

第三节　批评理论的持守

审美研究是一块学术的高地，它对文学文本展开分析，对文化现象作出评断，但其价值并不止于此，更为重要的是它还将对批评本身进行元理论的研究、反思和持守。在此我们结合王守仁等所著《英美文学批评史》，分析该著批评理论研究的特点，对相关问题加以说明。该著对英美文学批评经验进行了理论化提炼，对英美文学批评理论作出了历时性叙述，并将文学理论研究的当下性和未来性纳入学术史钩沉的视野，隐而不宣地回应了文学研究的时代命题。

首先是“理论之后”的理论坚守。

《英美文学批评史》是承上启下、返本开新之作,是对学术传统的继承和执守,也是对学术前景的垦拓与属望,而对于西方文论和文学批评的当下境遇,该书提出了清醒的认识和判断:“进入21世纪,‘理论热’开始消退,在‘理论之后’时代,文学批评‘回归文本’的呼声逐渐响亮起来。”(王守仁等,2021:“前言”第2页)其实,即便在最为繁盛的20世纪,中西学界反省、质疑和抵制西方文论者也不乏其人,虽出发点各异,但足以形成一条完整的学术线索,及至21世纪,这一线索逐渐延展,已然演进成新的学术景观,致使文学研究基本取向出现调整,学术研究的面貌发生改观,其间理论虽未缺席,但学界对待理论的态度却悄然发生变革,追捧逢迎逐渐式微,质疑反思愈益风行。

在西方,先有哈罗德·布鲁姆(Harold Bloom)将若干流行的批评理论称为“憎恨学派”(School of Resentment),后有特里·伊格尔顿标举“理论之后”(After Theory)的大旗,而茨维坦·托多洛夫(Tzvetan Todorov,2007)直陈自己曾投入其中的研究路数属于文学的“危殆”之一。这几位大家的论述各有具体所指,但都认定曾在20世纪风靡一时的批评理论给文学带来的伤害大矣哉,这对文学批评理论界的冲击是显而易见的。

无独有偶,在国内学界,曹顺庆(1996,2006,2007)的文论“失语症”引发广泛讨论,至今余绪不断,这一学术判断带有警示性,意在改变文论话语西强我弱的局面;盛宁(2007)做出“理论热”消退的判断,并就此后文学理论研究的出路加以探析;李欧梵(2000:275)认为西方各派理论各擅其胜,驳杂纷纭,彼此纠缠,但在很多情况下却于文本解读无计可施,闹得个“文本城堡竟然屹立无恙,理论破而城堡在”的下场;而近年来,张江(2014,2021)提出“强制阐释”论,更以标识性概念的学术穿透力,为学界系统性检视西方批评理论提供了契机。这些论断,要么批判西方文论不敏于文本解读,要么对文本进行“强制阐释”,要么揭示西方文学批评理论内在发展的悖论,常常表现为理论成长中的代际差异甚至颠覆性搏杀,要么感喟民族文化的沦丧,痛感传统资源的悬搁,而汲汲于中国立场的表达和中国话语的塑造,凡此种种,皆能言之成理,一时间在学界蔚为风潮。

在“复归文本”的吁求中,在创构中国文论话语的期盼里,西方文学批评理论近年来确实呈现颓势，与 20 世纪的风生水起相比简直判若云泥，不可同日而语。然而，情形果真就该如此吗？西方文学批评理论果真疏离于文学研究之外，不能对文学研究产生积极作用吗？在“复归文本”的过程中，西方文论果真失去用武之地了吗？在创建中国学术话语的实践中，西方文学批评理论果真没有借鉴意义吗？对于这些问题，《英美文学批评史》作出了切中肯綮的回应。“批评的主要任务是分析、阐释、评价具体作品，涉及认知判断、辨析鉴赏、是非观念、审美意识、艺术情趣等。在这一过程中，运用一些理论来指导无可非议，而批评这一概念的内涵也因此不断丰富。”（王守仁等，2021：“前言”第 2 页）也就是说，文学解读，或者说文学批评的实践过程，离不开理论视野的启迪，离不开理论范式的指导，文学批评理论将为我们提供抵近文本的路径和进入文本的途径，帮助我们窥探文本的奥秘和魅力；反过来说，经由与文本的“亲密接触”，批评实践也将斩获更多的经验事实，将这些事实加以提炼和升华，无疑将促进文学批评的新进展，从而让文学解读和批评实践不断获得新的理论关怀。一言以蔽之，批评理论的“帝国化”虽非坦途正道，但理论的价值绝不能在种种“后理论”的话语狂欢中招致放逐。该著就秉持了这样的立场，而其背后则是发自现实语境的鲜明的问题意识。

作为文学批评实践的理论化，文学批评史的书写很容易从理论到理论，从范畴到范畴，用既定的学术架构来框定批评理念的流变，从而沦为不接地气的高头讲章，沉浸在理论空转的自鸣得意之中。可贵的是，《英美文学批评史》毫无此等玄虚浮夸之感，它将文学批评理论的及物性贯彻始终，将贴近作家、贴近作品奉为文学批评史撰写的圭臬，这种平实的学术作风，在当今学界堪称典范。说到英美文学，一个显著的特点是，对文学批评贡献甚巨的是作家，是作家结合创作经验而提出的具体感受，逐步汇集成了文学批评的理论华章。豪威尔斯、福斯特、詹姆斯这样的小说家，提出了杰出的小说批评理论；卓尔不群的诗人贡献了令人耳目一新的诗学主张，浪漫主义诗人就是实例，而 T. S. 艾略特更是典范。这就为英美文学批评史的撰写提供了先天的优势，这种优势也明显地体现在该著中，让我们在理论言说的字里行间享有接近作家的便利，在批评史的钩沉中得到作品富有趣味的激发，而靠近作家、靠近文本，也使得该著生动活泼，别有风趣，在隽永的意味中包孕着批评理论的熏陶和启迪。这种深度结合作家创作感悟的文学批评风格,实乃文学批评理论应有的题中之义,也与我国传统文论多有契合之处。中西诗学的精神与理路确需深入探讨,而坚守西方文学批评理论研究的价值将在比较与借鉴中进一步彰显。

其次是着意创新的理论反思。

如果说该著是延续学术传统、应对当下情势的坚守之作,那么这种学术坚守所表现出的反思精神就更加珍贵。

根据M.H.艾布拉姆斯(M. H. Abrams,2004:49-50)的界定,"批评,或者更具体地说,文学批评,乃一总体性术语,用于指称涉及界定、分类、分析、阐释和评价文学作品的研究"。而克里斯·鲍狄克(Chris Baldick,2000:48)为批评给出的定义则更为详尽:"批评是对文学作品进行理性讨论的行为,这种行为在不同程度上涵盖了如下程序:为文学作出针对道德家或审查员的辩护,根据文类对作品进行分类,阐释作品的意义,分析作品的结构和文体特征,在比较中判断作品的价值,评估作品对读者的可能性影响,以及确立起总体原则,使单个的、某一类别的和作为整体的文学作品能够得到评价和理解"。由此可见,文学批评是紧密围绕作品而展开的学术实践,这种实践一方面指向文本解读,另一方面又将文本解读经验理论化,进而构筑起批评史的理论架构,为文学研究的元理论问题提供反思和调整的质料。概言之,文学批评实践将充实和丰富文学批评理论的内涵,将完善和调整文学批评理论的范式,经由文学批评的津梁,文学文本与文学理论方可良性互动、彼此生发,进而形成互为促进的良性机制。

该著以反思的姿态,对学界广为接受的理论范畴作出新研判、提出新见解的例证俯拾皆是。比如在谈及英国文艺复兴时期的文学批评与现代文学批评的区别时,该著认为前者是规范性的,而后者则是描述性的。现代文学批评注重对文学性、文学文本意义、文学发展变化等问题的研究,而"文艺复兴时期自始至终,鲜有人试图从作品的内部特征入手来准确评价作家的价值,解读作家能力或才华所在,解释作家想象力之下隐蔽的思想观念、思维方式"。(王守仁等,2021:21)在论述维多利亚时期的文学批评时,作者判断维多利亚时代是一个自相矛盾的时代,人们在对经济发展和科学进步满怀信心的同时,也充满了悲观主义和焦躁不安。因此,这一阶段的文学关注道德,关注时代变革对人们生活的冲击,此时的文学批评家具有强烈的社会责任感。(王守仁等,2021:

102)在探讨文学批评自觉意识的形成时，该著认为，利维斯的文学批评更具传统人文主义的特色，更强调文学批评在社会变革中的道德和伦理，而瑞恰兹和燕卜荪则更加注意文学语言，更为推崇文学研究中“科学”的分析方法。（王守仁等，2021：196）在重审美国的现实主义时，该著认为“美国的现实主义没有形成独特的理论主张”，（王守仁等，2021：266）美国现实主义的缺陷表现在，豪威尔斯的小说缺乏力度，詹姆斯笔下的欧洲上层社会和普通民众的生活有一定的距离，马克•吐温只是幽默天才而不是严肃的小说家。（王守仁等，2021：275）这样的论断在书中不胜枚举，令人颇有手握“灵蛇之珠”、怀抱“荆山之玉”的惊喜，刷新了我们久已接受却未能确证的定论，开阔了学术创新的思路，为推动英美文学研究的健康发展奠定了基础。这同时也启示我们，学术研究不能陈陈相因、人云亦云，而要立足新现实，挖掘新材料，引入新视野，形成新判断，迈向新境界，也就是要在着意创新的理论反思中，探索文学批评史书写的新的可能性。

最后是面向未来的理论精进。

该著给人最为突出的感受是，我们的文学批评理论不是要“消歇”，而是要精进，这是由我们处身其间的现实语境决定的，更是文学研究在促进人的全面发展、构筑新时代美好生活的伟大实践中发挥重要作用的客观需要。20世纪作为理论的世纪，或许走过发展上的歧路，却为我们留下了足以启人心智的理论主张和可资援用的批评范式，我们不能因噎废食，因为它存在部分谬误或歧见就全盘加以否定。理论的发展有章可循，其纵向变迁并非凭空而至，其横向变异更是多重要素共同作用使然。英美文学批评在不同时代的赓续与变迁，还需更为学术化的归纳；英、美两国之间的承传与歧异，尚待偏僻入里的理论界说；对英美文论在西方甚至全球学术格局中的影响进行精准的学理判断，依旧十分必要，依旧是我们研究日程上的重要课题。足见，当下的我们离不开理论，未来的我们同样也离不开理论。西方文学批评理论是一笔宝贵的财富，我们应该珍视这种理论积淀，并在批判反思的基础上，从中采撷精华，萃取成果，将其作为我们思辨的“装置”，帮助我们找到“人类世”诸多时代谜题的答案。

该著在叙述生态批评理论时，不仅梳理了美国生态批评的几波浪潮，更将生态批评的“物质转向”纳入学术视域，对生态批评展开生态现象学与环境诠释学的哲学思考。（王守仁等，2021：429-448）这种学术理路，瞬间让我们在文学批评理论与当下的生存现实之间建立起有机联系，文学批评理论不仅专注于文学文本和文化事实，更是紧扣时代脉搏，关怀着彷徨于无地的当代人。显而易见，文学文本还会不断涌现，文化事实更将持续调整，“只要‘文学’领域还有新的书籍或新的作品出现，文学批评这一批评活动就可能会继续下去。在21世纪，‘数字’与‘物质’文化之间的相互关系，以及这种关系对阅读实践造成的影响也日益成为文学评论家关心的重要问题”。（霍兰，2020：166）有鉴于此，我们可以审慎地断言，文学批评理论仍有广阔的天地，仍有光明的前景。

突兀摆在我们面前的现实语境是，消费社会如期而至，生态危机日益加深，后人类主义悄然来临，“伦理转向”已经发生，物文化进入新视域，数字人文漫漶成长，人工智能日益逼近，算法社会与距离阅读引发关注，事件化思想渐成热点，身份操演愈演愈烈，生命政治如火如荼，创伤理论面临重构，新审美主义或有回潮，多元文化主义面临挑战，如此等等，不胜枚举。我们身处最为便捷的时代，也面临着时代带给我们的种种困惑，这些困惑已在文学书写中有所呈现，敏于时变的文学家正在寻找“救赎”之道，批评家和理论家自然也责无旁贷，毕竟活生生的当下亟须理论运思来厘清迷雾，亟待批评洞见来勾勒人文愿景。《英美文学批评史》的作者们，为我们搭建了沟通过往与当下的桥梁，让我们拥有了建构面向未来的文论形态的坚实基础，这不啻一幅通往未来的导航图，“希望这一幅文学批评史的地图能够超越智识层面，为读者提供更多的思索的空间，走向对于文学作品更为丰富的意义阐释”。（王守仁等，2021：451）无论是观照文学书写，抑或直面人类面临的问题，我们都需要文学批评理论来发挥建设性的作用。理论固然是灰色的，但其生命之树长青！

质言之，文学批评理论研究其实就是审美批评的元理论思考。面对自然生态危机，面对人文生态恶化，我们要不遗余力地搞好自然生态和文化生态建设，从而匡正过失，返归正途，对人们的审美感受和文化认知施加正面的影响，让文学的审美价值向社会生活辐射，让功利的世俗之见趋于消歇，让工业主义得到平衡，让消费主义受到冲销，让审美之光普照大地，让审美的力量穿透人们的心灵。为此，我们必须加强对文学批评理论和审美批评理论的研究，必须拓宽审美批评的空间，这不仅会让学界收获更多成果，还将为自然生态、人文生态和文化生态的良性运行提供保证。

第八章

生态批评的延伸与拓展

雷蒙德·威廉斯(1961:35)的"文化唯物主义"是很具影响力的思想，他以整体主义的研究理念和开阔的学术视野，将文化视作整体性的生活方式，认为"文化就是对一种整体生活方式的描述"。这样一来，威廉斯就确认了"文化即生活"的观念，同时文化就成为物质的生产形式，成为物质、知识、精神共同构成的整体生活方式。可以说，"雷蒙德·威廉斯把马克思的唯物主义观点不折不扣地扩展到文化实践当中去，即文化生产的物质方式、协作的社会规约制度等，从而拉近了与马克思主义的联系"。(乔瑞金、薛稷，2007:154)因此，威廉斯的文化观贯彻的是马克思主义的唯物主义的观点，而且贯彻得很彻底。他心目中的文化不是一种精英的形式，而是生活本身，而是物质生产方式，在这里文化的物质性得到了确认和强调，以此"全面审视物质媒介和意义之间的复杂关系"，"对文化的理解必须是在物质生产和物质条件的背景中，通过日常生活的表征和实践来进行的；文化是鲜活的经验，作为文化研究对象的文本，是一切人的生活实践以及意义。"(乔瑞金、薛稷，2007:155)概括地说，在威廉斯的思想深处，文化就是物质实践，就是关于意义生产的实践，就是关于知识的生产实践，从文化中我们可以窥知生活的真相，窥知政治和社会状况，窥知各种各样的人际关系和社会关系。

很明显，威廉斯的文化唯物主义思想蕴含着对物质、文化与社会经济之间关系的深刻见解，这些见解在当时已经很有冲击性了，成为英国文化研究中颇具影响力的思想资源。如果沿着威廉斯的思想往前推进到21世纪，我们就会发现很多新的理论主张诞生了，它们对"物"的思考跃升到了新的阶段，以其强烈的论辩性和论战性产生了积极的影响。下面我们对“新物质主义”“物质生态批评”“动物研究”等学术话题作出分析，借以审视这些关于“物”的知识生产相对于威廉斯有了哪些不同。

第一节 新物质主义与生态批评

如果说威廉斯聚焦于文化的种种言说，涉及物质的问题，是一种对物质的间接的思考的话，那么“新物质主义”则是对“物”的一种“直接处理”和“正面冲锋”，其结果就是使物呈现出了完全不同于既往的面目，呈现出了一种全新的意义。

按照孙周兴(2020：164)的总结，在西方历史上有三个物的概念，即古典、近代和当代视野中三种对物的认知。古典的物的概念指的就是“自在之物”，也即“物的存在就是它自己，更准确地说，物的存在就在于它自身。物自己就有一个自在的结构，这个结构在古希腊哲学传统里面被表达为实体 + 属性”。孙周兴举例说，“特朗普是一个老年男人”，这个主谓结构的陈述句其实就是“实体 + 属性”的表达，这个描述性的陈述句常常被转嫁到描述对象上，从而也就产生了我们对描述对象的理解。这种关于物的认知和言说，体现的是一种普遍主义的知识理想，这或许因为古希腊人“就是相信或假设物是恒定的、稳定的，自然是强大的，自然比人更强大”。(孙周兴，2020：165)西方的近代，是一个“自我”时代的启幕，喊出“知识就是力量”这一口号的培根和宣称“我思故我在”的笛卡尔就是明显的时代标志。与之相适应，“近代的物，用康德的话来说就是‘为我之物’(Ding für mich)”。(孙周兴，2020：169)那么，我们该如何理解“为我之物”的“物”呢？其实，这里的物的存在，关键就在于它的被表象性，就在于它的对象性，这就是康德所完成的近代哲学的基本观念：“把事物的存在与被表象性、对象性等同起来，因此就建立了一个主客模式。古典哲学关于物概念的规定到这时候就不成立了，因为康德完成了物之存在 = 对象性，不光是一个认识论上的主客模式，同时也是一个存在学/本体论意义上的对象性规定。”(孙周兴，2020：170-171)也就是说，在古典时期的西方，物就是它本身，物的意义就在于它本身，物的存在就在于它自己；到了近代，物的意义就在于它成为我这个主体的表象，成为我这主体的对象，一旦它成为我的表象和对象，它就获得了自身的存在性，可见这是一种知识论的存在方式。随后的情形又有了新的变化，孙周兴（2020：175）就此指出："从近代到当代，大概是从19世纪后期以来，物的经验又变了，我把这第三个物的概念叫作'关联之物'，意思就是，物的存在在于它如何与人发生关联。"在胡塞尔现象学的意向性理论中，每个事物的意义实际上取决于它自身的呈现方式，取决于它自身是以怎样的方式被给予我们的，事物被给予我们的方式决定了它的意义如何，而事物本身原本没有固定的意义，一切皆仰赖于它以怎么样的方式被给予我们。海德格尔则进一步认为现象由三个意义方向构成，其一为"内容意义"，即它是什么，其二为"关联意义"，即它与我有什么关系，其三为"实行意义"，即这个关系是怎么完成的。无论胡塞尔还是海德格尔，他们都认为："事物的意义在于关联性，也就是事物如何呈现给我们，如何被给予我们，如何与我们关联，同时也引出了关于我们的生活世界的讨论，引出了视域—境域—世界论……事物的意义既不在于它本身也不在于我，而在于它与我的关联。"（孙周兴，2020：181）由此，孙周兴完成了他的物的"三段论"，并提出对应于三种物的"经验"，艺术也经历了"模仿艺术""再现艺术""艺术概念之拓展"的对应调整。在此，我们认可这种对物的经验的概念化，因为这种概念化提供了一个清晰的认知脉络，借由这一脉络，我们可以对关于物的最新的知识生产有一个认识的依据。

特别是最近20年间，一种被概括为"物转向"的哲学思潮席卷了西方学界。仔细考究起来，造成物转向的原因大致有三：其一是自然科学的进展，特别是新的物理学和生物学使得对物的把握更加艰难，这就迫切需要革新关于物的认识；其二是"当今环境和气候问题、全球人口和资本流动问题、转基因工程问题、数字和虚拟生活问题等无不让我们重新思考现代性及其确定的人类价值，以及人类在物质世界中的位置"；（唐伟胜，2023：3）其三是建构论在新的语境中渐趋枯竭，再也不具备主流地位，失去了新语境中对"物质、物质性和政治"的解释力。在此情形下，物转向"试图让我们重新回到客体自身，去探索人类之外的'物'"。（唐伟胜，2023：3-4）于是，各色理论话语层出不穷，比如法国学者布鲁诺·拉图尔（Bruno Latour）以"行动者网络"来凸显物的主体性和能动性,美国哲学家格拉汉姆•哈曼(Graham Harman)建构了"物导向的本体论",并与法国哲学家甘丹•梅亚苏(Quentin Meillassoux)一起对"思辨实在论"加以界说,美国女性主义学者伊丽莎白•格罗兹(Elizabeth Grosz)论证了身体的物质性,美国文学批评家比尔•布朗(Bill Brown)则对物的无意识性和能动力作出说明。这份名单还可以罗列下去,充分说明人们对物的思考已经迈入新的阶段,虽然各家各派尚难达成完全的一致,但其共同汇聚而成的物转向潮流却获得了学界的普遍认可,"新物质主义"在某种程度上可以称为对这一思潮之内涵的概括性总结。当然,这个术语狭义上仅指比尔•布朗的文学批评主张,但我们在这里取用它的广义,用它来指称物转向背景下多种家族相似概念共同的精神指归。这就是说,作为这些理论的代表,新物质主义更具"涵盖性",它统摄了众多与物相关的理论倾向,为物的研究提供了共识性基础,为物的新视域提供了理论运思的根基,诚如韩启群(2023:112)所言:"21世纪以来,新物质主义(New Materialism)以其横贯自然科学和人文社科领域的非凡气魄和激进姿态成为当前塑造哲学、文学、地理学、生物伦理学、社会学、生态学、政治学等多学科理论前沿的思想大潮。作为一个高度异质化的理论空间,新物质主义常被学界视为'涵盖性术语'(umbrella term),统称人文社科领域所有重新思考人与物质世界关系的新话语,具体包括'物论'(thing theory)、'新活力论'(neovitalism)、'动能实在论'(agential realism)、'思辨实在论'(speculative realism)、'行动元网络理论'(actant network theory)等。"

当代西方对"物"的研究经历了多次转变。20世纪80年代,行动者网络理论突出了非人类主体的作用,认为人类社会和技术系统是由行动者网络构成的。进入21世纪以来,新物质主义强调物的活力和能动性,颠覆了物的被动性观念;物导向本体论声称现实系由独立对象组成,其互动关系就是现实本身;思辨实在论反对关系主义和人类中心主义,肯定了物的独立存在性;动能实在论和新活力论也丰富了物的理论内涵。这些主张虽各有侧重,但其共同点是力图突出物的地位,摆脱康德主体中心主义的束缚。(汪民安,2015)

作为一种批评范式,新物质主义审美话语为解析日常生活的审美化提供了新的视角,为剖析文本中的物及其与精神、情感、身份、社会、文化、环境的微妙互动提供了分析工具,这契合了"重构审美"的美学诉求,有利于更新文学艺术的传统观念。中外学界关注文学中的物，探讨文化研究中物的回归，揭示物治理的深层含义，对各种物的叙事与书写表现出极大的热情。傅修延(2021)甚至提出文学既是人学又是物学，张进(2020)努力建构本体论意义上的“物性诗学”，唐伟胜(2023)则从四个方面建构了“物性叙事”的批评模式。这些研究有助于新物质主义审美话语和批评范式的知识建构。

新物质主义审美话语倡导整体性、关系性的世界观和物质观，对主客二元对立的思维模式进行了批判，提供了认知和理解世界的新视角。(韩启群，2023)它鼓励人们超越人类中心主义的桎梏，呼吁重新评估物质、身体、技术以及自然环境在社会和文化中的核心地位和重要价值，谋求人类与自然环境的和谐共生。它对语言建构论和话语权力说提出了质疑，纠正了过于忽视物的实在性的观念，对反本质主义思潮进行了反拨。新物质主义审美话语凸显了物的内在意义及其参与主体建构的物质力和能动性，这种伦理关怀促进了社会文化的发展，调整了人们的世界观和行为模式，在物与人、物与科技、物与文化、物与审美之间树立起新的价值尺度，标示出新的学术研究倾向。(任海，2021)

学界对新物质主义及其审美话语的研究颇有进展，在文本解读、元理论辨析、价值导向判断等方面积累了一些成果，但其在学术史脉络中尚未获得精准的理论定位，仍然聚讼纷纭、莫衷一是，经常陷入“喧议竞起，准的无依”的境地。其实，新物质主义在知识谱系上还较为散乱，其批评范式也有待整合，跨文化互鉴尤须加强，以至于在学界简单挪用比比皆是，浅层比附弊病丛生。此外，它在价值导向上似显驳杂混乱，还缺乏明晰的判断，这给话语建构、理论建树和文本鉴赏造成了困扰，所有这一切都预示着新物质主义研究还有很大的学术空间。

从本质上说，新物质主义本身就具备跨学科性，它是源自多个学科的知识综合，是一种将物的主体性和能动性突显出来的理论建构。新物质主义认为，物绝非被动的客体，任由作为主体的人摆布和压制，其意义任由作为主体的人阐释和界说，相反，物本身就具有生命性和能动性，它本身潜存着影响力、物质力和施动力。由此，新物质主义关注的是物的内在特性，这种特性可以被称作物性；同时它还格外强调物与物之间、物与人之间的互动性，强调物在社会文化之中的积极作用。这样，新物质主义就以对物的强调和凸出，重新思考和调整了人与物的关系,并因此重新审视了人类与自然世界的关系。可想而知,这样的思路与生态批评同向同行,有利于深入推进生态批评达致新的境界。不仅如此,新物质主义对物性意义的彰显,对于意义世界的建构产生了积极的影响,进而形成了一种新的物质文化空间,为人类的意义世界敞开了新的认知和阐释向度。

概括而言,新物质主义的核心观点可总结为如下几个方面。

首先,如前所述,新物质主义凸显了物的主体性和能动性。(吴美群,2023)也就是说,在新物质主义的视野中,物再也不是传统观念中那种被动型和无生命性的存在,恰恰相反,物本身有自己的呼吸和生命,有其内在动力,可以在物的网络中相互交流,具有改变周围世界的能力,也可以自我生发,以其自身的施动能力对人和周围世界产生影响。这就为物赋予了一种别样的主动性和创造性,使其在社会文化中成为积极的行动元和参与者,再也不是人类活动的背景抑或任由驱使的工具对象。

其次,新物质主义格外认同"物质无意识"的观点。"物质无意识"是比尔·布朗提出的概念,意在反思人们对日常生活中物的"过度指涉",引导人们反思"物的暴政",认为物质细节极具象征意味和意义建构能力,能够影响和塑造人的行为、情感和意识,能够揭示出日常生活中的意义结构与物质变化。(Brown,1996:4-5)在此,布朗指出了日常之物甚至是琐细之物的重要性,它们往往具有隐蔽的力量,这其实就是意义建构的隐蔽力量。如果说传统视野中这些力量被忽视了,那么在新物质主义的倡明下,它们直接通向了社会、文化和文学意义的建构。也正因如此,物质无意识成为布朗"物论"的核心概念,产生了广泛的影响。

再次,新物质主义坚持认为物具有生成性。(韩启群,2023)也就是说,物再也不是静止不动的,时时处于被动和受动的状态;相反,物始终处于变化的过程之中,永远都在不断地生成和变化,物的此时不同于彼时,物的此态也有别于彼态。沿着这一思路延展,物的生成性体现着物的动态变化,体现了物本身所具有的内在动力和动能,物本身具有自我组织能力和调适能力,物本身不是被规定的,不是一成不变的,而总是处于变化之中,具有一定的不可预测性。这样的判断,不是要我们接受物的不可知论,而是要我们明确物的生成性特征。这一特征让物在不确定和偶然性中更加彰显出自身的价值，这样的物不仅在物理层面体现出自身的价值，更在社会文化的维度打开了自身意义的空间，因为物本身就是意义世界中积极的建构和形塑力量。

最后，新物质主义认为丰富多样的物本身构成了整体性的物的世界。人类栖身其间的物质世界不是单一和孤立的实体，而是由多种多样的物相互作用的混合性和整体性的存在。作为个体的物，表面上看是单一和孤立的，但事实上它是物质世界网络和系统中的有机成分，这种网络和系统本身就是混合性的整体存在。由此观之，物的多样性和丰富性构成了一个连续性的物质世界，无限丰富多样的物彼此交织、相互作用，体现出某种动能和活力，构成了人类生活的大千世界，这是一个连续性的整体。这样，“新物质主义开辟了一种重新看待人类和物质世界之间关系的新视角”。（韩启群，2023：118）那种将自然与文化、物质与精神截然对立起来的观点显然是站不住脚的，种种二元对立的思维模式也是面目可疑的。这就形成了基于混合性和连续性的物的伦理，也即人与自然关系的重新定位：在充分尊重物的多样性、复杂性和连续性的基础上，善待我们安身立命的自然世界，在合理的范畴内取用物质资源。

作为极具概括性的“物转向”理论范式，新物质主义强调物与文化交织、与精神交流、与意识交融，自身具有主体性、实在性和能动性，对情感体验、认知模式、意义指称施加生成性和建构性影响，引发审美的适物性转向，使适物性审美话语在生活世界和文学艺术领域持续增长、迅速蔓延，亟待理论说明和学术判断，同时也造成了一种趋势，让人们开始思考物的新的维度和意蕴，开始打量物的主体性、能动性和创造性，挑战根深蒂固的人类中心主义思想观念，倡导一种更为平等和互动的世界观，并且从物的视角重新审视人类与自然的关系，直至反思人类自身的霸权思维，后人类和后人文成为学界讨论的热点，这是有进步意义的。

必须指出，新物质主义实属一种较为复杂的理论综合体，这种跨学科的学术建构包含了人文思想，又涵盖了科技理念，诸多学者聚讼纷纭，很难达成一致，很难用简洁的语句做出清晰的界定和说明。新物质主义注定是一种复数的存在，这也符合我们在探讨雷蒙德•威廉斯生态思想时多次援用的知识生产模式的最新动向。毋宁说，这是一个学术共同体的交流平台，各种学科背景的学者都可以各擅其胜,都可以提出自己的主张,都可以推进学界对物的新思考和新认知。这种思考和认知具有多方面的价值,对当今的生态批评尤为重要,“作为受21世纪以来各种危机推动而生发的新理论思潮,新物质主义凭借‘动能’‘内在互动’等核心概念构建了一种类似‘万物并行而不相悖’的新型平等观和民主观,为人类应对21世纪因环境危机、伦理危机而导致的各种挑战提供了理论方案,也为当前我国生态文明建设,乃至地球生命共同体建设提供了学术智慧和思想借鉴”。(韩启群,2023:12)

第二节 物质生态批评何为

在生态批评的学术史中,学界认为生态批评现已经历了四波发展浪潮。2005年,美国生态学家劳伦斯·布伊尔(2005:112)在出版的著作中总结了前两波生态批评浪潮:第一波浪潮的代表人物是艾默生、梭罗、约翰·缪尔等人,他们以非虚构的书写形式对荒野进行了描绘;第二波浪潮则突出了环境公正和社会正义的主题,作家关注的视野也从偏远的荒野或秀丽的田园风光转向了喧嚣的城市生活。随后,乔尼·亚当逊(Joni Adamson)与斯科特·斯洛维克(Scott Slovic)两位学者在2009年提出生态批评的第三波浪潮,其标识性特征在于,生态批评一改白人占据主流的局面,让亚非拉各种身份背景的学者发出生态保护的声音,力图多角度拓展生态批评的疆域,凸显民族国家实际处境的差异,也着力超越民族国家的界限,将多侧面多维度的人类经验纳入环境视域加以考量。继而,斯科特·斯洛维克(Scott Slovic,2015:“Foreword”:vii-viii)于2012年将西方学界“物转向”之后的生态批评命名为生态批评的第四波浪潮,三年之后又发展了自己的观点,认为将新物质主义话语用于环境美学的批评与建构是极为重要的。如果说这还只是在促进生态批评的物质转向的话,那么明确对“物质生态批评”(Material Ecocriticism)加以学术命名并作出界定的则是意大利学者塞仁那拉·伊奥凡诺(Serenella Iovino)和土耳其学者瑟普尔·奥珀曼(Serpil Oppermann),两位学者不仅发表多篇相关论文,还合作出版了以《物质生态批评》命名的论文集,该书序言(2014:7)提出:“物质生态批评是研究包括身体、事物、元素、有毒物、化学物、有机物和无机物、景观和生物体在内的各种形式的物之间以及物与人类之间内在活动方式的学科，在这一活动过程中被称作'故事'的意义和话语构型得以产生。”由此，生态批评的物质转向获得了“物质生态批评”的命名，物质生态批评成为生态批评的新形态，也即生态批评的第四波浪潮。及至2023年斯科特·斯洛维克受邀为中国高校作学术报告时，“物质生态批评”已赫然出现在他报告的题目中了。

如此看来，物质生态批评在学科属性上可归入生态批评，实际上就是生态批评的一个分支，是生态批评最新演进的学术形态。在学术渊源上，物质生态批评受益于新物质主义和生态后现代主义，此两者为其提供了理论滋养，也启发其形成了新的理论观念和批评主张。物质生态批评的理论倾向主要表现在三个方面，即“物质及其施事能力、物质与意义、物质与叙事”。（唐建南，2016：116）自新物质主义诞生以来，非人类自然物质的能动性得到了确认：“物质并非惰性的、无行动能力的存在物，也并非仅仅作为可供人类利用的对象，相反，物质世界是一个有着自己的需要、主张和行动的有血有肉的生物世界。”（Alaimo，2010：2）在这样的关于物的新认知里，文学作品中的动物、植物、身体等具象形态，均被视为具有故事性、叙事性、文本性、事件性、展演性等能动特征的存在，其表征与叙事成为生态批评“物质转向”理论的有力例证，也成为物质生态批评的着力点。

其实，物质生态批评也如当下很多学术话语和理论建构一样，仍然处于“未完待续”的状态，而且其中的基本观点和主张很难说达成了高度的一致，成了一个自洽的学术体系。作为理论渊源，新物质主义本身就是一个驳杂的学术集合，生态批评的后现代状态更是汇聚了多种学术话语，这就决定了物质生态批评在基本理论主张上的漫散与游移。当然，这样的知识形态并非一无是处，正如知识生产的模式Ⅱ所显示的那样，雷蒙德·威廉斯的生态思想未尽系统化，但其价值不容小觑，物质生态批评这种理论形态同样可以更加契合实践应用，但凡一二观点能派上用场，生态批评的实际收获就是有目共睹的。不过，为了把握这一理论形态，我们拟从三个方面大致勾勒一下物质生态批评的核心要义。

首先，作为一种新兴的批评理论范式，物质生态批评对物的能动性和施事性有着前所未有的重视,这里所说的物既包括人类物,同时也包括非人类的自然物。恰如前文所说,物不再是被动的工具化存在,不再是那种既无生命活力又无精神感受的客体对象,任由人的驱使和征用,甚至被剥削和压榨。受新物质主义启发的物质生态批评视野中的物,有了自己的生机与活力,有了自己的感受和精神,有了自己的主体性和能动性,有了自己的物质力和施动力,可以主动地参与意义世界的建构,已经被接纳为意义世界积极而活跃的建构者。在文学批评中,物质生态批评将文学看作"人类能动性和非人类能动性交互的产物,将文学中的拟人现象阐释为去人类中心主义的策略,提供了一种'更加非人类中心主义的文学观'"。(王虹日,2022:15)关于人类的能动性,人们并不陌生,它是历来都被强调的维度,有时候甚至被强调到极端过分的地步,如今却遭到了质疑和批驳。物的能动性就是一种有效的平衡力量,可以用来消弭过于张扬的人类能动性。所谓物的能动性,可以包括所有非人类自然物的能动性,大到生产资料和资源,小到日常用度,既包括动物、植物、山川河流、自然环境,又包括分子、原子、夸克等微小的颗粒,它们都是具有能动性和主体性的,都在建构意义的过程中发挥着自己的积极作用。值得注意的是,所有这些物都是生态过程的参与者,甚至可以说是生态过程的塑造者,从而构成了生态系统的一部分,构成了生态系统本身。不能说,生态系统的破坏是由于这些物的参与造成的,这些物的能动性和施事性遭到了人类的破坏才是根本所在。"人类作为施事者的一部分,应该以平等的态度看待其他物种,不能在人类中心主义认识论的错误引导中践踏其他物种的生存权,所以,物质施事能力的普适性应该激发人类呵护万物的责任心和伦理观。"(唐建南,2016:116)物质生态批评家援引新物质主义的见解,认为物并非一成不变,而总是在发展变化,用巴拉德(Barad,2008)的话说,就是始终处于"内在互动"的过程中。这样的物必然参与生态系统和自然环境的运行,并在其中成为活跃的分子,因此要想建设生态文明,要想让生态危机和环境灾难有所转机,就必须重视各种物在环境和生态中的作用机制和影响效果。

其次,物质生态批评对物与意义的关系进行了新的思考和设定。自"语言学转向"以来,人文社科领域的语言意义指称机制得到了极大的重视,后来以福柯为代表的思想家对"话语"的重要性强调到无以复加的地步,一切皆是语言的表征，一切都是话语的建构，其中既有习俗惯例的决定性影响，更有权力机制或明或暗地在发挥作用。新物质主义挑战了种种语言/话语建构论，“按照新物质主义的观点，物质（事物/实在）与话语（词语/意义）并不必然是截然分开的，两者之间并不存在分明的界线”。（张黎，2023：20）换言之，语言与现实，话语与事物，并非对立的关系，语言和话语的建构性力量不能一味放大，不然现实世界中的事物就有被悬置起来的危险。应该说，物质世界本身就是一个意义世界，物质及其与环境之间的关系本身就是最大的意义参照系。物质参与了社会文化意义的生产与塑造，“社会话语与物质现实的结合是弥合自然与文化差距的最优解”。（叶玮玮，2023：39）人是符号的动物，而符号是有意义的，所以人也可以说是为意义而存在的。生态危机的种种征候，其实就是生态危机的符号表征，只不过这种征候或表征指称的意义对人类并不友好而已。反思长久以来人类的所作所为，特别是工业革命以降的人类作为，资本主义的工业生产和消费伦理，殖民主义的扩张和帝国主义的压榨，都让物处于失声失语的境地，其本然的意义表达机制受到了宰割和扭曲，这应该是生态危机的另一种表述。如今，随着物质生态批评对物的意义的揭示，我们更应该留意和倾听物的诉求，更应该去把握生态危机中物的意义，这是拯救环境和生态的必由之路。一言以蔽之，“物质生态批评将物质与意义的交融关系纳入其主要观点之中，有利于颠覆西方传统意识形态中语言与现实、文化与自然之间的二元对立关系：物质不断推动着认识过程、社会建构、科技研究和伦理意识的进程；同时，文化不再是人类独一无二的创造物，包括人类与非人类自然的所有物质都在通过内在互动生成意义，从而文化与自然不再是界限分明的存在，而成为互为交融的‘混合体’”。（唐建南，2016：118）这就是物质生态批评对物与意义的新认识。

最后，物质生态批评格外强调物的叙事动能。叙事学是一个非常活跃的学术领域，经典叙事学的理论范畴至今依然有效，后经典叙事学也已经在文学批评界取得了长足的进展。两者交相辉映、相得益彰，共同构成了叙事学研究的学术版图。按照约定俗成的看法，我们一般把叙事能力赋予人类或者拟人化的存在，而拟人化存在其实就是人格化的延伸，说到底还是人在叙事。如今，物质生态批评借鉴新物质主义的创新性思路，将叙事能力赋予非人类的自然物，不仅让物讲述故事，而且物本身就是故事。“物质生态批评认为人类与非人类自然不仅是文本的描述对象，而且本身就是文本，就是叙事，而这种叙事能力（narrative agency）就是一种生成故事的能力。”（唐建南，2016：118）我们不得不说，物质生态批评对物叙事能力的强调是极具创新性意义的，这种观点突破了传统叙事学对叙事主体的界定，认为非人类自然物具备同样的叙事能力，它们可以通过自身的存在与变化和自然环境发生互动，其自身的存在与变化就是在“讲述”故事，其与自然环境的互动也是在“讲述”生态的故事。在这样的情形中，一只狗可能会“讲述”与主人相处的故事，从而传达出陪伴的意蕴；一盆花或许会“讲述”成长的故事，同时揭示出生命的意涵；受到戕害的一棵树可能会在树干或枝丫上呈现瘢痕，这就是要表明曾经受伤的经历。不同学科对此已经展开了研究，如生态语言学和生态符号学，其意义正在获得学界的普遍认同。在反思话语建构论和权力观的过程中，物质生态批评将重新思考物与话语的关系，两者之间并不是施动和受动的关系，而是一种彼此生发和互动的关系，话语固然可以影响物，但物同样也可以影响话语。两者之间相互纠缠、彼此构成，呈现出复杂多样的关系形态。因为话语在叙事中必不可少，所以物在叙事中也不可或缺。以前，我们在文学的认知和研究中，往往把物当作背景，物构成了某种故事发生的场景，或者隐喻着人物的情绪和性情，《红楼梦》中秦可卿的房屋陈设早就引人关注，《纯真博物馆》里的物象更是与故事相得益彰。如今，在物质生态批评家看来，物不仅是背景，物不仅担负着某种隐喻功能，它本身就是在“讲述”自己的主体性故事，它在物的网络和人的系统中更是“讲述”出了自己的故事。

这就要求我们“重新回到客体自然，去探索人类理性之外的物的本质……讲述物性故事本身就意味着这是一个审美活动，要求我们摆脱以往各种人类中心主义的叙事方式，重新想象物、人类以及人类与物的关系”。（唐伟胜，2023：“自序” vii）人类倘能反思和弱化自身过于突出的主体性地位，倘能认真反思和祛除人类中心主义的想法，以更具开放性和包容性的心态去理解和接受非人类自然物所“讲述”的故事，认真解读和领会这些故事的真正的信息和意义，那么人类与物的关系必然达致和谐，生态危机和环境灾难就将迎来转机。物质生态批评毕竟属于一种文学批评的范式，在文学研究的场域中，物的叙事能力可以总括为三个方面：“一是作为符号的物（thing as signs），探讨叙事中的物如何作用于叙事的文化意义；二是作为行动者的物（thing as actors），探讨叙事中的物如何作为主动参与者（而不仅仅作为人物活动的背景）作用于人物的活动，并推动叙事进程；三是作为本体的物（thing as ontology），探讨叙事中的物如何超越语言和文化表征，显示其本体物性。”（唐伟胜，2023：16）如果以叙事学的标准衡量，这种认识拓展了叙事主体的范畴，对物叙事动能的概括具有很大的包容性和涵盖性。这样，物质生态批评认为，“叙事能力不再为人类独享，而是包括非人类自然在内的所有物质的基本属性，从而反驳了人类优越于非人类自然的论断。通过肯定物质生成意义和故事的叙事能力，认同微观和宏观世界中所有物质的表达能力，物质生态批评也从一定意义上促进了生态后现代主义所宣扬的自然‘复魅’（re-enchantment）进程”。（唐建南，2016：119）客观地看，物质生态批评对物的叙事动能的确认，是对传统叙事学的一次扩展和超越。它通过对物的叙事动能的宣扬，一方面拓宽了叙事学的学术视野，一方面将生态批评提升到了新的阶段和境界，创新了生态批评的研究模式。更为重要的是，它通过强调物的叙事动能，通过对物的价值和意义的确认，促进了人类对非人类自然的理解，为我们更为精准地把握人类与非人类自然世界之间的复杂关系提供了思路。

概言之，物质生态批评将物的能动性、意义性和叙事动能摆放到突出的位置，试图形成一种新的物的本体论和认识论，并在此基础上催生生态批评的新的理论话语和批评范式。（邱小轻，2023）物质生态批评有利于将人类中心主义桎梏下的物性资源和生态要素解放出来，对人类唯我独尊的“优越感”进行降维打击，在将其彻底销蚀之后抬升了物的地位，促成了一种以平等共生为导向的价值立场和美好愿景。相较于生态批评的前三波浪潮，物质生态批评无疑是对生态批评的深化和拓展，它对人类和非人类平等互动的强调，挑战了传统的人类中心主义思想，有利于释放和崇仰物的意义，有利于发挥物的主体性和能动性作用，从而建设更加平衡的生态环境和更加先进的生态文明。我们相信，随着人们认识的深化，物质生态批评必将发挥更为积极的作用，从而逐步实现人类与自然之间和谐共处、彼此成全和共同发展的美好憧憬，有效推动可持续发展和环境公正的实现。物质生态批评启示我们要尊重非人类的自然物，以负责的方式对待非人类的自然物，切实担负起我们自身的生态伦理和环境责任。

有必要指出的是，在过去人类中心主义的观念中，物肯定存在被放逐和漠视的现象，现在随着新物质主义和物质生态批评的登场，物的重要性得以凸显，这当然是合情合理的。不过，凡事都不能走极端，人类的生存样态毕竟是极其复杂的。近年来在学界颇为走俏的韩裔德国哲学家韩炳哲（2023：3）就指出："物构成了大地的秩序、地球的秩序；这些物具有绵延的形式，为居住构建出安定的环境……它们支撑着人类的生活。"这是对物的重要性的强调，但是他（2023：3）同时也指出当下世界正在经历由"物"向"非物"的转折，"数字化秩序让世界变得信息化，由此它祛除了世界的物化"。这堪称物转向大潮中的清醒判断，提示我们要注意新物质主义的合理限度，要注意物质生态批评的合理限度。

第三节　动物转向与动物批评

由于时代的限制，雷蒙德·威廉斯并未对动物研究和动物批评展开过系统的论述。不过，他关于生态保护的思想同样适用于动物研究和动物批评，其精神追求是一致的，都是为了自然环境的修复，都是为了生态系统的改善。

谈及动物的话题，我们需要搞清楚三个有关的概念："动物转向""动物研究""动物批评"。其中，"动物转向"（Animal Turn）很难有一个严格意义上的起始时间，只是约略指20世纪80年代开始活跃起来的一种学术潮流。彼时雷蒙德·威廉斯虽然还在从事学术研究，但毕竟已届暮年，未能就这一新的学术动向发表高深的见解。我们曾提及，威廉斯有着"弱人类中心主义"和"生态共同体"的生态思想，这倒是与"动物转向"的精神指归深有契合，也就是要适当弱化人类中心主义的思想霸权，建立更加公正公平、更具包容性的生态共同体，这是环境和生态保护的内在要求。动物转向就是在这种精神追求的引导下，在西方人文社会科学领域产生的一种学术趋势。综合地看，动物转向与人们对气候变化、环境危机、生态灾难、人口问题、生化科技、全球化、新媒体等多种议题的关注有关，在对所有这些议题的讨论中人们逐步形成了后人文主义或后人类主义的新理念，动物转向构成了其中重要的一环。从学术发生学的意义上讲，动物转向得益于动物史研究的新进展，尤其是西方左翼学者在史学研究中对向来被人类压迫和被人类代言的动物表现出了极大的关注，相应地形成了一些批判性的理论观点，其重要特征就是对现实的关怀，而关怀的对象涵盖了非人类的动物。特别是进入 21 世纪以来，动物史研究取得了新的进展，大量论著在世界各地涌现，人们开始关注既往研究中动物的“失语”和“失声”状态，对动物被弱化、放逐、欺凌和压迫的命运开始进行反思，逐渐认识到人类发展进程中动物的重要作用。（陈怀宇，2019）逐渐地，动物转向突破了动物史研究的学科领域，开始向周边学科蔓延，开始成为整个人文社会科学中继“语言学转向”和“文化转向”之后又一次学术演变的潮流。动物转向是在后人类主义的大背景中发生的，与之相伴，“植物转向”逐步获得学界的关注，两者有着相通的精神追求。客观地说，动物转向积极的社会意义和学术价值，体现在它推动了人们对动物的理解，推动了人们对人类自身与动物之间关系的重视，推动了生态批评中学术议题的多元化，为生态批评和环境保护注入了新的学术动能。这就纠正了人们对动物的传统看法，动物不再仅仅是生物学意义上的研究对象，它也是文化、文学、伦理、政治、经济等多个学科探讨的主题。正因如此，动物研究在最近 20 年间成了新的学术热点，尤其在文学研究中更是大量出现了“动物研究”和“动物批评”的现象。

文学研究中的动物研究，并非自然学科意义上的动物研究，与高校学科建制中的“生物学”“动物学”“生命科学”等并无太大的关联，也不倚重解剖、实验、观察、分析、分类等具体方法，而是聚焦于人类与动物之间关系并对这一关系的历史变迁、文化意蕴、文学意义加以反思的学术动向。在进入 21 世纪以来的学术情境中，这一研究具有范式革新的意义，它将“马克思主义、女性主义、族裔研究、性别研究等先锋理论所做的消解边界、关注弱势的努力推向极致——它不再局限于人类社会内部的事务，而是要打破种际界限，把非人类的动物纳入伦理关怀的视野。也就是说，继阶级、性别、种族之后，种际关系（特指人与其他动物之间的关系）成为人文学者关注的新课题”。（李素杰，2014：56）此处所说的“消解边界”和“关注弱势”的努力，就是要消解人类和动物的种际边界，对长期处于弱势地位的动物予以必要的重视和关怀，打破传统的对待动物的伦理，确立基于平等的新的动物伦理。这将拓宽文学研究的范围，为文学研究提供新的方法论，从而一新文学研究的面貌。正如傅修延（2021）指出的那样,文学是“人学”也是“物学”,这里的“物”,不仅包括器用层面的物,也应包括动物和植物,甚至更广泛意义上的物。倘若将动物的文学书写当作一个研究的视域,在无限丰富的作家作品中,我们便拥有了一座“富矿”,毕竟文学文本中充斥着多样而鲜活的动物书写。动物研究,一方面聚焦动物与人的关系,对这种关系予以反思和批判,另一方面揭示动物本身的价值和意义,这种价值和意义是以动物自身为参照系的,是以整个生态系统中的生命体为参照系的。如此,在动物解放和动物权利的观照下,动物必将彻底脱离被虐待、被压制、被剥削的境遇,动物的地位必然得以显著提升。这样,动物就进入了伦理关怀的范畴,人们开始“检视人在自然界中的地位及其与其他物种的关系,揭露人们习焉不察的残忍行为、虚妄态度和不公正的价值观念,对西方伦理传统表现出惊人的颠覆性。同时,动物伦理也为文学及文化领域的动物批判奠定了重要的理论基石”。(李素杰,2014:60)既然动物具有独立的生命,我们就该以平等的伦理诉求去对待动物,而不是沿着物种歧视链的传统做法认定动物就低人一等,就应该处于被宰制和剥削的地位。物种差异虽然是客观存在的,但这种差异不能构成人类对动物施暴和欺凌的道德基础。随着学术的进展和社会的进步,种族歧视、性别歧视、阶级歧视等弊端已经得到较为彻底的批判,这些歧视性做法逐渐失去了话语立场,那么以同样逻辑盛行于世的物种歧视难道就不该清算吗?答案不言而喻。事实上,恰如有学者指出的那样,以物种身份为基础的道德界分之中潜藏着邪恶的成分,这种界分令人担心地沿袭了关于身份差异的论调,把所有对其他群体的歧视、施暴和屠杀加以合法化。(Lynn,1998:288)动物是具有自身合法性的生命体,与人类,与所有其他生命体一样,都应该得到尊重,只有这样,真正和谐的社会才会到来,真正的生态平衡才会实现。概括地说,“动物研究主要探讨人与动物的关系、人对动物和动物性的理解,以及人如何运用动物来界定和建构人类自身及其他非人类物种”。(段燕,2019)当然,这是一个极具涵盖性的伞形概念,涉及的范围较为广泛,关联的学科极其多样,我们此处主要强调的是其作为文学研究的重要性。

“动物批评”在文学批评实践中将动物转向的理念落到了实处。格拉海姆·休根(Graham Huggan)和海伦·迪芬(Helen Tiffin)认为(2010:133),动物批评这一术语表达的是对文学文本中的动物所进行的文化研究,也就是通过运用不同学科的理论知识以及不同文学批评的学术主张，将文学文本中的动物意象、动物情境、动物与人的权力关系等放置于特定的社会文化背景中，来探究其中蕴含的深层意义。作为文学和文化研究的一种批评方法，动物批评以文学文本或文化产品中对动物的描绘和表现为研究对象，将伦理关怀的范围延及动物，分析和揭示人与动物的关系，从而凸显动物的独立性和主体性，在反思人类中心主义的视域下确认动物的价值。动物批评首先要做的就是对文学如何再现动物进行深刻的反思。有学者指出文学中动物的再现共分三大类，其一是将动物作为象征符号，其二是拟人化的动物，其三是变形叙事。(Simons，2002：85)需要注意的是，在动物再现的过程中，人类常常将自己的特点和诉求投射到动物身上，使其作为象征符号，承载起自己的意义需求。这种意义需求有时候恰恰就是人类攫取自然资源的目的，无形中将动物视作猎取和压榨的对象了。这正是动物批评需要发力的地方，由此出发，很多文学经典会被重新解读，也面临价值的重估，甚至有可能丧失经典的地位。同时，“拟人化”(Anthropomorphism)作为一种文学手法，常常将情感、情绪、思想、感受、行为等人类独有的特征赋予动物，以此突出情节的感染力和共情力，增强叙事效果和情感共鸣。当然，这种拟人化存在着人类中心主义的现象，但可贵的是，这类拟人化的文学书写在增强叙事效果的同时，将反思人类自身的问题，批判人类行为的价值迷失，直至对人与动物之间的伦理关系提出新的思考。再者，动物批评常常关注文学文本中的变形叙事。其实，这是要爬梳和反观文学叙事中对动物的处理，从新的视域研究叙事视角和动物角色，丰富了作品的认知向度和情感维度。“无论是将动物描述成具有人的特征(anthropomorphism)，还是把人比喻成动物(theriomorphism)，或者二者之间发生变形，实际上都暗示着同样的人类经验，那就是人性与动物性之间存在共性和流动性。”(李素杰，2014：62)我们需要辩证地看待这种共性和流动性，既不能忽视动物向人的变形，也不能忽视人向动物的变形，说到底这都是生命体的共性体验。变形叙事之中或许还有人类中心的嫌疑，这是毋庸置疑的，但其中也必然存在对人类中心地位的辩驳和超越。将这一点阐释清楚，正是动物批评的价值所在。

动物叙事是作为文学研究的动物批评中最为活跃的领域。根据姜礼福的界定，动物叙事有狭义和广义之分，狭义的动物叙事是指完全从动物的视角出发的叙事，广义的动物叙事包括的范围较广，“只要动物在故事进程中发挥较为重要的作用，或一以贯之地推动故事发展，或反复出现辅助于人物塑造，或有利于主题呈现，这样的叙事模式也可称之为动物叙事”。（姜礼福，2019：83）以此看来，动物叙事在文学研究中必然有着广阔的前景，毕竟很多作家都曾经书写过动物，只是程度不同而已，所有这样的文本都将是动物叙事和动物批评的研究对象。其实，文学的动物叙事研究是一个涉及面很宽的研究领域，虽然它可以是文学的，但也具备文学之外多学科的意蕴。在跨学科的视野中，动物叙事在经济功能、文化内涵、政治寓意、镜像特征、伦理诉求、生态意义、教育启蒙、科学启迪等方面承载的意义是丰富而深刻的，因为“生态批评着重动物的生态环境意义，动物批评则超越生态，覆盖动物的政治、经济、文化、科学、哲学、教育、伦理等意义”。（刘彬，2018：22）正因如此，动物叙事研究逐渐成为学术热点，中外文学文本中大量存在的动物书写为此提供了便利，这构成了动物叙事和动物批评取之不竭的资源，其中既有可以进行批判的内容，又有值得弘扬的主题，其判断依据就是动物转向和动物研究的价值立场。这种立场，“实现了‘去人类中心’”的效果，从本质上消弭了人类中心主义思想，蕴含着人类与动物命运共同体的深刻内涵”。（宋杰，2021：147-148）

在动物转向的背景下，动物研究和动物批评将我们的目光投向文学中的动物书写，特别是揭示出动物书写背后人类对中心地位的迷恋。“在文学作品中，动物被铭刻上各种政治文化诉求，成为权力符码，与性别、种族、殖民乃至阶级等政治问题日益融合，衍生了后殖民动物、女性主义动物等研究亮点。”（刘彬，2018：28）好在那些殖民、种族、性别、阶级意义上的霸权观念现已受到质疑，附着其上的种际歧视也面临着消解，其中就包括人类对动物的欺凌和霸蛮。这启示我们要永远铭记：“人类应该与动物为邻和为友，与它们和谐相处；动物也应该与人类处于平等的地位，受到人类的保护和关爱……动物是我们人类生活中的一分子，它们伴随着人类生长，与人类共存，因而与人类有着难以割舍的关系。正是人类和地球上的其他物种共同组成了这个大千世界，我们作为大千世界的一分子，理应更加关爱其他物种，就像关爱我们自己的同胞一样。”（王宁，2020：40）从这个意义上说，“动物转向”恰逢其时，开展动物研究和动物批评的意义不容小觑。

本章对新物质主义、物质生态批评、动物研究和动物批评的简单勾勒，旨在说明生态批评并不是封闭自足的知识体，它仍然处于知识生产的过程中，仍然向各种新问题、新方法、新维度、新视野敞开，仍然会形成新的理论话语和批评主张。这些理论话语或许不在雷蒙德·威廉斯的经典论述之内，但它们之间却保持着相通的精神追求，都在努力争取我们生活于其中的这个世界变得更美好。当然，这里的梳理是粗浅的，也难免挂一漏万。仔细想来，生态马克思主义、生态女性主义、生态后殖民主义、生态语言学、生态符号学、生态现象学、赛博格批评、环境伦理学等等，都应该是值得关注的理论话题。这些话题延续了雷蒙德·威廉斯对生态问题的思考，与威廉斯构成了跨时空的对话关系，正是在这样的对话和交流中，生态批评的知识生产和批评实践取得了新的进展。

第九章

生态知识生产与自主知识创新

雷蒙德•威廉斯的生态思想是一个独具特色的理论存在，他的生态知识生产更与其他专事生态批评的理论家有着明显的分野。这引发学界对威廉斯的生态知识生产产生了浓厚的兴趣，也就是说，他的生态思想当然重要，但他的生态思想是如何产生和形成的更值得关注。说到底，对知识生产本身的关注有利于我们反思学术研究的现状，有利于我们提升学术创新的自觉性。更为重要的是，这将启迪和激励我们促进自主知识体系的构建，毕竟，无论是生态批评，还是外国文学研究，形成自主知识体系是时代赋予我们的使命和任务。

第一节　生态批评的知识生产

诚如前文所说，雷蒙德•威廉斯的生态知识生产具备鲜明的自身特色。首先，从知识形态上说，威廉斯的生态思想可以分为两种情况。其一是他以专著的形式，系统地提出了自己的观点和主张，此种情况以《乡村与城市》为突出的代表；其二是他以较为零散和分散的形式，表达了对生态和环境的密切关注，也形成了一些认识和见解。在第一种情况中，威廉斯也是体大而虑周，围绕某一生态话题展开深入而系统的研究。在《乡村与城市》这部深刻揭示乡村、城市、城乡关系内涵的经典之作中，他结合英国各个时期的文学作品，对乡村与城市的真实意蕴展开了细致的分析，特别是对城市与乡村的文学认知和文化想象作出了有针对性的校正。他雄辩地指出，常常被理想化，被想象为自然、纯洁、安静、传统的田园牧歌或阿卡迪亚式的乡村其实是虚幻而虚假的，而城市也不必然意味着进步与文明，它也有腐败衰朽的征象。于是，乡村与城市二元对立的关系就此消解了，人们关于乡村的认知和关于城市的想象都太过简单，都需要解构和重构。这已经是发人深省的见解了，但威廉斯却还并不满足，并未就此止步，他进一步揭示了人们对乡村与城市的传统认知所反映的社会结构和权力关系，重点分析了这种社会结构和权力关系的历时变迁及其文化意义。具体而言，在不同的历史阶段，乡村或许具备特定的含义，可能是田园牧歌，但也可能是田园哀歌，未必一定符合人们理想化的期待；同样地，在历史进程中，城市自有特定的价值和命义，有时候是文明进步的象征，有时候则意味着拥堵逼仄的生存空间，简单地给城市贴一个标签是解决不了问题的。威廉斯通过大量文学文本的解析和阐释表明，“城市和乡村一样，都不是纯粹的、单一的、静止不变的地理空间，它本身内部充满了各种异质力量，并且在社会变迁中，这些异质力性因素逐步从遮蔽走向敞亮，从神秘不可知逐步走向可知”。（刘进，2007：288）我们知道，乡村与城市都在生态批评理论研究中占有重要的地位。威廉斯在精细的分析中亮明了自己的生态观点，刷新和重构了人们关于乡村、城市以及它们之间关系的固有看法，而且自威廉斯之后，这种新的认知以其长久的和革命性的影响力，促进了新的生态思想的形成，其学术价值不容低估。

与第一种情况相对的是，威廉斯还有大量的生态观念并不是通过系统的研究，并不是以专著的形式，而是以较为零散和分散的方式提出的。要么是书面的文章，要么是进行的访谈，要么是发表的演讲，要么是简要的评论，威廉斯通过丰富多样、活泼新颖的方式，表达了关于生态问题的思考和洞见。分散之中有灵活，分散之中更与事物发展过程的动态性密切结合，这或许就是威廉斯形成自己学术思想的一个特征。“通过将历史唯物主义要素从空间架构转换到时间视域中，威廉斯将这些要素的静止排列状态释放为分散的、动态的过程。”（李昕桐，2022：44）这是他对历史唯物主义的处理，当他论及其他问题时也常常如此。可以说，威廉斯是一位相当多产的学术大家，他在多个领域都留下了自己的足迹，他的文章、访谈、演讲、讲话和评论不论是在学术圈还是在社会上都产生了影响，这使得他的学术思想给人以丰富性与分散性交织的印象。众所周知，威廉斯是左翼思想家，他热衷于参与政治辩论和公共事务的讨论，他仅在《新左派评论》杂志就曾发表18篇文章，集中探讨他关注的社会发展问题，引发了热烈的反响。(布莱克本，2021)由于此类学术活动的分散性，我们很难指望威廉斯能够提出系统性的学术思想，甚至他有些生态观点和主张也趋于分散，未能系统化和学术化，致使一些标识性的理论论断还需要后人的概括和命名。

其次，雷蒙德·威廉斯的生态知识生产体现出他既是理论家又是行动派的突出特色。作为思想家和理论家的威廉斯自不待言，他几十部专著和几百篇文章的学术成果在数量上几乎无人能及，在品质上也为人称道，这是他作为思想家和理论家的学术贡献，学界对此并无异议。关键在于，威廉斯并非枯坐书斋的学者，而是积极投身和介入社会的行动派和实践者。他热心参与成人教育事业，在大约十几年的时间里不计个人得失与辛苦，向工会会员、工人、家庭主妇等普通群众普及文化知识，着力提升普通民众的教育水平和文化素养。他热心成人教育事业，是有着宏伟目标和远大理想的，他是想为英国社会造就更高素质的公民，进而促进英国社会的整体变革。(邹威华、伏珊，2017)作为左派运动的热心参与者和组织者，威廉斯深度介入了英国新左派运动，并以文章和宣言的形式积极促发英国社会的政治变革。早年间，威廉斯曾在二战后加入装甲师，20世纪60年代与新左派知识分子共同撰写《五一宣言》，他还热衷于文化和传播事业，热衷于公共事务的讨论和共同文化的建设，并显示了他站在国际主义立场的“对第三世界人民反军事独裁、反地主统治、反帝国主义运动的同情态度”。(盛阳，2017：63)威廉斯有着强烈的政治参与热情，注重将马克思主义理论与英国的社会实际相结合，以文化研究的方式，一直活跃在政治和社会运动中。威廉斯特定的文化观，很自然地蕴含着行动的基因，蕴含着变革社会的冲动。“他批评将文化脱离开社会的理解模式，批评将高级文化与作为总体的生活方式的文化相分离的理论后果，从而提出了‘文化与社会’的研究模式。他的‘作为总体的生活方式’的文化概念也可以说是对经济基础与上层建筑的二分模式的一种重要的修正。”(汪晖，1995：114)特别是在生态和环境方面，威廉斯不仅“从人类生态学的视角对追逐现代性的资本主义以及社会主义‘生产主义’的变形展开彻底批判”，对“本土民族资本主义的掠夺过程以及帝国主义海外殖民的奴役过程”（盛阳，2017：64-65）展开激烈批评，还亲身参加生态运动，以实际行动鼓与呼，揭露资本主义生产制度对自然资源的掠夺，批判资产阶级生活方式对生态环境的破坏，极力倡导一种可持续的生产和生活方式。正因如此，他在被冠以“马克思主义理论家”和“英国文学研究者”的同时，还被誉为“文化行动主义者”。

迈克尔·吉本斯等人在其著作《知识生产的新模式：当代社会科学与研究的动力学》中，对于实践面向和应用导向的知识生产肯定有加。这种情况与威廉斯的学术生涯保持了高度的契合性。威廉斯极其重视学术与社会实践的持续互动，始终坚持把解决具体问题作为自己研究的出发点，并以亲身实践着力寻找现实问题的答案。这种风格和特色在从事学术研究的学者中并不多见。作为行动派和实践者的威廉斯，为自己的学术研究确定了解决现实问题的导向，也为自己的理论建构提供了动能支撑。这是与威廉斯的马克思主义立场分不开的。马克思（2012：136）在《关于费尔巴哈的提纲》中有一句被广为传诵的名言说：“哲学家们只是在用不同的方式解释世界，而问题的关键在于改造世界。”诚哉斯言！雷蒙德·威廉斯作为理论家和行动派的双重身份就是这句名言的有力证明，他用自己的理论眼光观察和解读世界，同时更以实际行动参与对世界的改造，从而完美地统一了理论建树与实践行动这两方面的优长，足以为后世学人追慕和效仿。

最后，雷蒙德·威廉斯的生态知识生产是一种跨学科或多学科或超学科的理论话语建构。吉本斯是研究知识模式变更的著名学者，他的知识生产三模式说促进了研究范式的变革。根据他的看法，自 19 世纪以来，学界相继出现了知识生产的三种模式，这是一个从封闭到开放、从自由探索到有组织科研的发展转变过程。19 世纪初的洪堡大学代表了知识生产模式Ⅰ，这种模式主要以学术卓越为追求目标，习惯于在“象牙塔”中形成封闭的学术圈子，学者往往控制着知识生产的内容和进程，学术形态整体上表现出封闭的特征；及至 20 世纪中后期，以斯坦福大学为代表，形成了以创业为标志的知识生产模式Ⅱ，它的主要特征是着力推进应用研究，具有鲜明的应用导向和特征，大学、产业界和政府部门也结为稳定的知识生产共同体；到了 21 世纪初，以跨学科和超学科组织的诞生为主要标志，学界出现了知识生产模式Ⅲ，这种模式有利于协同解决国家和地区、国际和人类共同面对的极为复杂的问题,从而形成了大学、产业界、政府部门和公众深度聚合的无边界学术组织,表现出极大的协同性和融合性特征。(彭术连、肖国芳,2024)如果以此来反观和衡量威廉斯的生态知识生产,我们可以辨识出他的生态思想鲜明地表现出知识生产模式Ⅱ和知识生产模式Ⅲ的特征,也即表现出应用导向和跨学科、多学科、超学科理论话语建构的本质特征。

威廉斯的很多论著极富学术启示性,其中也有大量的密切结合社会实际的内容,这从他《希望的源泉:文化、民主、社会主义》中"我为什么参加示威""核裁军政治""咬文嚼字:煤矿工人大罢工的几个关键词"(威廉斯,2014)等部分可见一斑。同时,他很多零散化的学术见解是在实践应用中形成的,无论他的媒介研究还是成教主张,抑或他的文化研究和生态建树,都概莫能外,都具有鲜明的应用性和实用性品格。这种品格是跟他的具身实践分不开的,他曾参与生态运动,曾参加政治抗议,曾关注工党联盟,曾维护社会主义事业,所有这一切都成为他学术思想的实践检验,也是他学术研究的内生动力。我们曾在前文说过,威廉斯有着多副面相,他不是那种可以简单归于某个学科的学者,他的研究就是超越了学科藩篱的学术探索,就是跨学科、多学科、超学科的综合性理论建构。这种综合性让威廉斯具备了宽阔的国际视野,让他热心支持全球范围的社会主义事业和反殖民运动,在核裁军问题上勇于发声,在反战活动中发挥积极作用。简而言之,跨学科和重实践,清晰地界定和标识了威廉斯理论建构的特点,而他的生态思想在这方面表现得就更为突出,因为生态批评就是学术议题和现实问题的综合。

从雷蒙德·威廉斯的生态知识生产延伸开去,来整体地观照一下整个生态批评的知识生产和批评实践,我们就很容易发现,零散化的生态知识与体系化的生态知识同等重要,生态批评正在经历知识生产模式的演进与变迁,正在借鉴多学科的学术资源以促进自身的发展,并越来越鲜明地体现出实践性和行动性的新动向。

第二节　自主学术话语的建构

雷蒙德•威廉斯的生态知识生产乃至整个生态批评的知识生产，给我们提供了有益的借鉴，让我们思考很多问题。客观地讲，生态危机是人文危机和精神危机的直接反映，也严重影响了我们的文化生态。有鉴于此，审美批评和文学研究必须反躬自省，必须审慎地叩问攸关自身健康发展的问题，比如，我们要屈从审美资本的逻辑吗？我们该俯就消费伦理吗？我们甘心委身西方的批评话语和价值立场吗？我们的文学研究该树立何等模样的知识生产样态呢？毫无疑问，这些问题都亟待我们给出有效的回应。对此，申丹在叙事学领域的学术垦拓为我们树立了一个可资借鉴和值得学习的榜样。对于当下的文学研究和审美批评而言，她的垦拓为我们指明了方向：坚定文化自信，坚持学术自立，勇于提出具有中国标识的学术概念，打造具备鲜明中国特色的学术话语，进而促进自主知识体系建设。

进入 21 世纪以来的文学批评理论界，“终结”论不绝于耳，“危机”说时有所闻，“后理论”话语渐成风潮，“理论之后”界定了学术研究的新方位。然而，这并不意味着文学批评的过时，也不是说理论话语已成明日黄花；恰恰相反，在系统检视和整体反思西方知识生产的同时，我们的文学批评和文学理论研究并未偃旗息鼓，也没有走到穷途末路，而是质疑西方权威、提出批评主张、聚焦特定概念、建构标识话语，从而焕发出新的生机与活力。在叙事学当下的学科图谱中，申丹一直是最为亮丽的风景，她没有空泛地追赶热点风潮，没有一味地因袭权威论断，更没有照搬西方话语，而是直抵叙事学的学术前沿，探赜索隐、钩深致远，推陈出新、独树一帜，展示了规略学科传统、创构研究范式、擘画学术版图的努力和实力。她孜孜矻矻的探索精神、锐意进取的创新姿态和精思力行的治学态度，在其提出“双重叙事进程”批评话语的过程中尽显无遗，这也使得这一标识性学术概念的知识生产具备了范本和模板的意义。

其一，审美批评话语的新标识。

作为叙事学特别是小说叙事学的领军人物,申丹先以“隐性进程”论著称于世,借以窥探小说的机枢,提供小说研究的方法依据,现又提出“双重叙事进程”这一学术话语,在小说表层情节背后,揭示出“隐性进程”的奥义,指明“隐性进程”与情节发展互相交织、共同推动小说叙事的事实。这样,在小说的架构中,既有表面的情节演进,又有作为隐性进程的叙事暗流,两者交相辉映,或互相补充,或彼此抵牾,共同决定了小说文本的秘密和魅力。“双重叙事进程”这一批评话语,不仅是申丹的戛戛独造,更是中国的学术标识,现已获得中外学界的持续关注和广泛认同。

颇负盛名的叙事学家约翰·皮尔(John Pier,2015)高度评价“双重叙事进程”的理念,认为它超越了亚里士多德的诗学传统,是对既往研究理路的重要突破。无独有偶,在著名叙事学者波特·阿博特(Porter Abbott,2021)看来,亚里士多德以降的叙事研究多聚焦于情节发展,而双重叙事进程则打破了这一传统的束缚,为叙事学研究开辟了新的视野。这样的评价道出了申丹一贯的学术追求,她就是要“打破亚里士多德以来聚焦于情节发展的传统束缚”,(申丹,2021:28)就是要“开拓新的理论空间,提出新的概念、新的模式、新的框架”。(申丹,2021:6)作为中国学人的典型代表,申丹开拓进取的学术精神由此可见一斑,而她挑战权威的学术勇气就更是洵属可贵。

那么,“双重叙事进程”究竟有何含义呢?按照申丹(2021:3)的界定,在虚构叙事作品之中,表层情节的背后还有一股叙事暗流,这一叙事暗流既不是情节的分支,也不是情节的暗层,它自成一体,构成了另外一种隐性的叙事进程,往往与表层情节并置而行,甚至沿着相反的方向发展,“在主题意义、人物塑造和审美价值上均形成对照补充或对立颠覆的关系”,此即“双重叙事进程”。若从认识论层面进行价值评判,这一发现修正和刷新了我们对小说的认知,将我们的注意力引向小说情节背后的隐性叙事,引向两者之间的互动关系,引向这一互动关系激发的阅读反应,从而突破了传统意义上对小说程式的定见。值得注意的是,申丹没有因小说中的隐性进程而舍弃表面情节的意义,而是论证了两者之间相互对照、相互补充、相互颠覆的张力关系。正是在张力结构中,那种流于表面的单一解读模式面临着质疑和挑战,作家的巧妙文思得以确认,作品的深度审美价值得以显现。

必须指出的是，申丹的这一标识性话语，绝非凭空产生，她挑战权威、规略学统的努力更是基于坚实的学术积淀。我们知道，多年来申丹在新潮话语面前从容淡定，不为时髦概念所动，那种赶时尚、追热点的学术风气里绝无她的身影，她只是在叙事学和文体学领域精耕细作，始终与文本为伴，将文本解读视作自己的学术血脉，让文本解读成为理论创新的支撑。略加梳理，我们便会明了如下事实："双重叙事进程"这一标识性话语，是申丹多年学术探索的结晶，更是她以高度的理论自觉，不断自我修正、自我革新、自我拓展的具体呈现。申丹最初关注"潜文本"，接下来提出"隐性进程"，从排斥表面情节意义到揭示情节发展与隐性进程的共同作用机制，进而在运用"双重叙事运动""双重叙事动力""不同叙事运动"等表述形式的基础上，于 2018 年正式确立起"双重叙事进程"的概念，并在 2021 年出版的专著《双重叙事进程研究》中加以理论概括和文本验证，最终使"双重叙事进程"跻身叙事学前沿，在叙事诗学领域占得要津，成为小说批评话语的新界标。

从某种意义上说，文学批评理论演进的标志就是学术话语的更迭，而标识性概念的提出更是学术创新的必要环节。有了标识性概念，才会有学术观念的革故鼎新和研究方法的推陈出新，才会有学术的精进与繁荣；标识性概念，以其精准的概括力和有效的解释力，往往成为思潮流派的代名词，成为学术共同体的理论装置和分析工具。但长期以来，充斥我们外国文学研究界的话语和概念往往顶着西方的光环、贴着欧美的标签，真正源自中国又在全球学界深获认同者实属凤毛麟角，这与我们新时代文化发展和学术繁荣的目标相去甚远。正因如此，申丹独创的"双重叙事进程"这一理论话语和批评范式，无疑会激发叙事学研究的动能与热情，助推小说叙事研究的新飞跃，同时也激励我国哲学社会科学界砥砺前行、锐意创新，以自主知识生产构建自主知识体系，推动"三大体系"建设不断取得新进展。这就是"双重叙事进程"的典型意义和学术价值。

其二，文学审美批评的新范式。

任何创新型理论话语，都将冲击既有的学术版图，都会提供方法论的启迪，从而推进具体研究实践迈入新阶段和新境界。作为标识性文学批评话语，"双重叙事进程"为叙事学研究确立了新的标杆，也在文学批评实践中造就了新的研究范式，这是由其本质内涵决定的。对此，我们可以从三个方面加以认识和把握。

首先是“双重叙事进程”的实践属性。无论是作为理论话语，还是批评方法，“双重叙事进程”的鲜明特色表现在它源于文本又归于文本的实践品格。《双重叙事进程研究》一书，除“绪论”和“结语”外，分上下两篇，上篇为“理论探讨”，下篇是“作品分析”。这样的安排，与申丹多年的学术轨迹紧密契合，她向来注重文本的解读与阐释，无论是叙事学建构，还是文体学拓展，都立足于文本解读实践，都将文本细读的功夫发挥到了极致，从未步“理论空转”的后尘而陷入术语概念的玄虚推演。质言之，“双重叙事进程”这一批评范式，是申丹对自家文本解读实践的理论化和抽象化。从申丹多年来发表的学术文章中，从《双重叙事进程研究》一书的字里行间，我们深为她的文本细读功夫所触动，而她的细读并不拘囿于新批评的狭窄视域，而是强调以“整体细读”的方式进行，也就是要打通文本内外，融合作品与世界，沟通作者与读者，“将结构分析和文字分析相结合，将文本考察与语境考察相结合，同时还要将文内研究与文本比较相结合”。(申丹，2021：92)这就颇具雷蒙德•威廉斯文学研究的意味了。这样的解读，是活泼生动的，是趣味盎然的，是发人深省的，令人顿开茅塞、耳目一新，不得不叹服申丹式文本解读的精细与巧妙。《双重叙事进程研究》中的下篇，有八章文本分析，分别对《判决》《空中骑士》《一双丝袜》《泄密的心》《心理》《莳萝泡菜》《苍蝇》《巴克妈妈的一生》等小说文本进行解读和阐释，引导读者抽丝剥茧般浸润在文本之内，游刃有余地跳脱出文本之外，鞭辟入里的解读，具体而微的分析，令人信服的结论，都将成为叙事学研究的精彩华章。正是在这样严谨细致、妙趣横生的剖析中，申丹引领我们理解小说叙事的表层蕴含，把握小说叙事的隐性暗流，并在两者“对照补充”和“对立颠覆”的张力中辨识小说文本的审美价值；潜移默化之间，我们跟随申丹深入小说“双重叙事进程”的学术堂奥，体悟到这一学术话语和批评范式的学术魅力。

文本阅读关键在于有所感悟，文学解析重在触动人心，但这些感悟和触动还仅仅停留在感性材料的层次，若不加以辨析，仍是一团乱麻，难以产生应有的学术效果。申丹的可贵之处在于，她对这样的感性材料进行了总结、提炼和升华，将感性经验进行了高度的抽象化和理论化，凝练出文学批评的新观念，也为叙事学提供了重新确立研究范式的契机。在《双重叙事进程研究》中，我们可以明显看到，申丹的理论化努力与她的文本解读难以分割，她对感性经验抽象化的尝试也始终扎根于文本细读，始终以文本理据作为学术创新的起点。这就是她的学术逻辑，更是她学术创新的根基。

其次是“双重叙事进程”的理论自洽性。建构文学批评话语绝非朝夕之功，更须受到学术规律的制约。申丹“双重叙事进程”的批评话语，要想在学术共同体中获得认同，在学界占有一席之地，甚或对传统学科知识发起颠覆性的挑战，就必须做到学理自洽和逻辑辩证，就必须在批评实践中具备可操作性，且表现出独特的学术应用价值。摆在申丹面前的是既有的学科知识，有的还堪称经典，为学界提供了由来已久的分析模式和研究路径。对此，申丹（2021：62-63）做出了两点回应：“一是不能迷信任何批评传统，无论该传统已经延续了多长时间，也无论该传统得到了多么广泛的认可；二是要具体情况具体分析，不同种类的文本需要采用不同的批评模式。”在确立自己的批评话语时，申丹认为最重要的是对话语本身加以厘定，将“隐性进程”这一关键概念与“深层意义”“第二故事”“隐性情节”“隐匿情节”“隐匿叙事”等术语加以区分，将“双重进程”这一核心概念和“双重话语”“文本的模棱两可”等表述进行切割，并探讨了双重进程中反讽的特定含义。这样就提高了概念的明晰性和辨识度，“隐性进程”和“双重叙事进程”就有了独立存在的学理保证。在此基础上，申丹（2021：9-10）进一步阐明了隐性进程与情节发展之间的互动机制，提出“隐性进程”是与情节发展并列前行的“另一条表意轨道”，两者之间“互为对照、互为排斥、互为补充，在矛盾张力中表达出经典作品丰富深刻的主题意义，塑造出复杂多面的人物形象，产生新颖卓越的艺术价值”。一旦将“双重叙事进程”加诸文本，沿着双重性的文本表意轨迹，我们便会在故事结构、人物形象、叙事模式、读者认知、审美价值等方面发现双重性，进而实现对文本全面而准确的把握。比如，通过申丹对小说《空中骑士》中双重叙事进程的分析，我们不仅捕捉到文本的表层意义——战争的残酷性，同时还领悟了父子二人履职尽责、忠于职守的军人精神。由此，这一经典短篇小说的人物形象、主题内涵和美学意蕴就更为鲜活地呈现在我们面前。这恰恰仰赖于“双重叙事进程”这一批评范式，仰赖于它学术逻辑的自洽性和批评实践的适用性。

“双重叙事进程”始终以文本解读为核心指归和最终目的。可以说，这一批评范式是及物性的学术话语,它将理论的触角延伸至文本肌理的内部,帮我们曲径通幽,抵达审美价值的纵深处,同时又直接与相沿成习的学科理论展开对话,在对话中加以超越和重构,并令人信服地表明,运用“双重叙事进程”这一批评范式,我们的文本解读将会有更多的创获,在文学研究多元化的今天,这一点尤为重要。

最后是“双重叙事进程”体现的学科内生动力。在学界新近关于“强制阐释”的论辩中,20世纪以来西方文论因大量援用其他学科话语而颇受诟病,且不说“理论转场”(张政文,2016:124)是否合理可行,单就学科健康发展而言,借用其他学科资源助力文学批评的模式,明显昭示了学科内生动力严重不足的弊端。这种弊端至今毫无改观,反而变本加厉、愈演愈烈,大数据、科技人文、人工智能、距离阅读、消费文化、新物质主义等术语概念吸引着文学学人的目光,文学的跨学科研究也正在迎来新的前景,其中蕴含的价值和意义自不待言,但它们将把文学研究引向何方,终究是一个有待辨析的问题。从目前看,开放的态度固然可取,但审慎的立场也自有道理,就此而言,申丹聚焦文本解读的学术理路无疑具有示范意义。

即便随着科学的发展和技术的进步,我们的文学研究面临多元化的可能性,但文学文本的解读应该是文学学人的不二法门。我们允许学人结合新形势对文学研究进行新的垦拓,但精研文本、守护经典,注重审美、弘扬诗性,正道直行、勇于创新更是堪称正途。申丹在沿途之中发现了创新的灯塔,从而高扬叙事诗学话语建构的风帆,别开生面、另立新说,为叙事学开辟出一片新的领域。诚如申丹(2021:18)所言,与以往借助哲学、语言学、社会学、心理学、认知科学等其他领域的思潮和方法的研究倾向不同,“双重叙事进程”打破了文学批评传统的束缚,通过把研究视域从情节发展转移到双重叙事上来,“我们就可以在无须借助外部力量的情况下,发现理论创新的机遇,建立新视野,开辟新范畴,提出新框架,指出新的研究方向,从而在理论和实践两方面对文学研究做出新的贡献”。这么说并非要否定适当借用外部资源的合理性,而是意在申明,在本学科领域精耕细作同样也可获得创新的动力,这种动力是文学的内生动力,因而显得弥足珍贵。

其三,叙事诗学的中国声音。

我国外国文学研究取得了扎实的业绩，这是客观事实，但也存在一些问题，特别是盲目跟风西方研究模式，热衷于照搬西方概念，援用西方方法，甚至连结论都是西方范式预先设定的。这样的研究倾向不利于产生真正有价值的成果，更难形成标识性的学术思想，致使能够有效参与国际对话并赢得学术共同体公认的学者屈指可数，以外国文学推动中国文学创新和文化发展，甚至对社会进步产生积极影响的研究更是寥寥无几。这么说似显绝对，但绝非危言耸听，我们只需浏览一下中国知网上外国文学研究的文章，便可一目了然。习近平总书记（2016）指出："如果不加分析把国外学术思想和学术方法奉为圭臬，一切以此为准绳，那就没有独创性可言了……我们的哲学社会科学有没有中国特色，归根到底要看有没有主体性、原创性。跟在别人后面亦步亦趋，不仅难以形成中国特色哲学社会科学，而且解决不了我国的实际问题。"这样的判断可谓高屋建瓴、切中肯綮。要想改变这一情形，尚需学界共同努力，好在申丹做出了表率，她的批评话语彰显了主体性和原创性，在叙事诗学建构方面发出了强劲的中国声音。

在《双重叙事进程研究》的"引用文献"部分，申丹列出了自己在国际期刊发表或被编入外文著作的文章，共计 23 篇之多。这些论文发表在 *Style*, *Narrative*, *Poetics Today*, *JNT: Journal of Narrative Theory*, *English Studies*, *JLS: Journal of Literary Semantics*, *Symplokē* 等国际权威期刊上，从中可以辨识申丹提出"双重叙事进程"的学术历程；*Style* 杂志将 2021 年春季刊的全部篇幅用于"双重叙事进程"专题讨论，在中西学界引发强烈反响和持续关注；她为国际权威词典撰写词条，以中国学者的学识判断参与学术标准的制订；她利用国际学术组织、国际学术会议、国际学术网站等途径，挑战传统权威，坦陈真知灼见，在确定学术议题、形成学术思想、提出学术观点、确立学术标准、创建学术话语方面独树一帜、自成一家，为新世纪的叙事学贡献了中国学人的智慧。

人文交流和文明互鉴离不开对话，但对话是有前提的，须有自己的立场、主张和话语，否则对话要么"以同裨同"、人云亦云，只会跟着别人讲，要么强化对立冲突，难有沟通和共识，彻底丧失了学术交流的意义。学术对话不应一味因循"刺激－反应"的老旧模式，别人提出了新见解，我们才予以回应，别人更新了研究范式，我们才做出反应。应激式的交流模式，始终处于消极被动境地，难以保证对话特别是跨文化对话的高效开展,毕竟议题设置和议程进度都操控在别人的手中。与此种积弊判然有别,申丹关于“双重叙事进程”的知识生产,自始至终贯穿着积极主动的对话姿态,表现出锐意创新的探索精神和规略学统的学术勇气。她绝非被动应激式反应,而是主动引导型交流,尤其善于在学理辨析中提出新标准、确立新规范,还敢于挑战权威、重构传统,有着强烈的论战性和论辩性,在学术对话中亮出鲜明的自身特色。这样的学术对话才有意义,才能引发学界借鉴和效仿。当然,这种积极的对话,是需要深厚学术积累作为支撑的。

多年来,我们的外国文学研究中充斥着西方文学理论和批评方法,好像离开西方话语就无法进行学术表达,不用西方范式就难以开展文本分析,甚至以既定的批评范式对文本做削足适履般的“强制阐释”。此种情形亟待改观,也必须改观。因此,在文学批评领域,由中国学人提出标识概念,申明学术见解,提出中国主张,并非学术民族主义的狭隘偏好,而恰恰是拓展学术研究、深化学术交流的建设性贡献。申丹(2021:1)直接针对我国学者倾向于采用西方理论和方法的局限,采用“自己提出的概念和方法,并从七个不同角度切入,对‘双重叙事进程’进行了系统性理论建构……这从一个侧面标志着我国的外国文学研究开始运用中国学者提出的理论和方法,迈入了一个新阶段”。令人欣慰的是,这一标识性概念所昭示的诗学理念和范式意义已获中西学界认同和接受,希利斯·米勒(Hillis Miller)、乔纳森·卡勒、詹姆斯·费伦(James Phelan)、约翰·皮尔、波特·阿博特、约翰·V. 纳普(John V. Knapp)等学界名家予以肯定性评价,更有诸多学人将其运用于小说文本甚至其他媒介的分析之中。足见“双重叙事进程”这一标识性文学批评话语,颇具理论概括力、文本解释力和潜在的学术生产力;它的提出堪称叙事学界引人瞩目的标志性事件,促进了小说叙事诗学的知识生产与范式更新,甚至颠覆了小说叙事研究的悠久传统,从根本上刷新了小说叙事学的学科面貌和图景。这一标志性事件也将鼓舞我国外国文学界锐意进取、大胆创新,在国际舞台上展现中国学者的风姿,展现中国哲学社会科学的最新成果。

其四,审美批评话语的新愿景。

学术的价值在于创新,尤其是创新性的知识生产和自主性的知识体系构建。“双重叙事进程”即学术创新的典范，它的价值在“新”上，也正因其“新”，它为我们留下了进一步研讨的空间。申丹（2021：298）表示，“在未来的日子里，期待与各位同仁携手共进，不断开疆拓土，并根据新的情况对相关理论模式展开进一步的论证，加以细化和拓展”。其实，进一步的论证是极为必要的，因为，以“兼具开拓性与普适性的理论建构”为“重中之重”（申丹，2021：294）的“双重叙事进程”的知识生产，很难一蹴而就、一劳永逸地达到圆满完善的程度，有一些问题还需要后续的学术跟进。比如，“双重叙事进程”的理论化是否与事物所隐含的内在矛盾这一普遍性哲理有关？为了确证“隐性进程”的独异性而贬抑学界关于文本潜结构和深层次的概念，这是否需要更为明确的学理说明？“双重叙事进程”的批评范式是否具有普适性，对于那些没有隐性叙事进程或曰零度隐性进程的文本是否就丧失了解释力，判断作品是否具有双重叙事进程究竟有何依据？叙事的“隐性进程”如果在人物塑造、主题表达和审美价值方面意义重大，那么它是不是情节发展的合理部分，表层情节发展是不是单一向度，双重甚或多重叙事进程是作家有意为之还是研究者的主观阐发？运用“双重叙事进程”批评范式解读文本，是否也存在“先入之见”和“预设结论”的嫌疑？此类疑惑或许不是问题，但对于“双重叙事进程”这一批评范式的科学建构来说却并非无足轻重，因为我们都热切盼望“双重叙事进程”由阐释方法和解读模式跃升到批评原理和文学理论的高度。

显而易见，“双重叙事进程”揭示了小说诗学的奥秘，但倘若将其规律化和形而上学化，就不免与文学文本的创造性品格有所龃龉。就此而论，批评家的创见与文学家的创造势将处于相互“搏杀”的状态。“真正有价值的理论思考，不是以某个深刻玄奥的原理或者某种反思、评判的眼光裁判‘天真的文学’，而是让理论与文学作品形成富有力度的交互问答。这并不仅仅是理论让常识难题化，也是具体的文学作品如何让理论难题化。不能将作品‘打开’的理论是没有力量的，不能让理论‘尴尬’的作品也是没有力量的。”（汤拥华，2020：“致读者”第5-6页）因此，在文学文本的丰富性面前，“双重叙事进程”的话语建构必然是向着未来敞开的。我们有理由相信，在今后的学术探索中，申丹必定会不断完善这一批评范式，并形成与之相吻合的文学理念，在文学认识论、文学文本观、批评方法论、文学功能论等层面提出系统性的见解，真正像司马迁在《史记·司马相如列传》中所言,“必将崇论闳议,创业垂统,为万世规”,有效推动21世纪的文学研究,同时也为其他领域的学术发展提供经验。

鲁迅(2005:67)说:“欲扬宗邦之真大,首在审己,亦必知人,比较既周,爰生自觉。自觉之声发,每响必中于人心,清晰昭明,不同凡响。”颇具创新精神和理论自觉的申丹教授,必然会广泛采撷中外叙事学资源,总结自身学术发展轨迹,在周密衡量、综合比较、审慎判断的基础上,进一步完善“双重叙事进程”这一学术话语和批评范式,让叙事诗学的中国声音传布得更加久远,让我们真正意义上的自主学术话语产生世界性影响,为文学艺术的审美批评开辟新的境界,为中国外国文学自主知识体系建构作出进一步的探索。

第三节　自主知识体系的构想

客观地讲,生态批评是舶来品,是源自西方学界的理论话语。虽然我们传统文化中有着丰富而深刻的生态思想,但很不幸,这些生态思想未能参与生态批评学科理论的原创性建构。随着生态思想的传播和相关研究的拓展,包括我国在内的非西方国家的学术资源开始进入生态批评领域,有效地丰富和平衡了西方学术思想,这是可喜的进步。但时至今日也很难讲,我们就拥有了生态批评的自主知识体系和话语体系。其实,生态批评如此,我们整体的外国文学研究又何尝不是如此呢?

生态批评是进入20世纪以来西方现代文化多重困局催逼出的学术话语,反映了资本主义自我调整和修复的努力,却也彻底滑入了“泛实用主义”的泥淖,致使相关批评层出不穷。西方很多学术思潮,有时候就会显露“泛实用主义”的弊端,比如消费主义,它的“重点是在避开所谓理想、思想、文化取向这些观念,采取这个态度之后,运用到生活上就能够让我们比较快乐”。(劳思光,2016:200)这倒使其本身呈现出一种文化的面貌——一种丢弃了理想、抛开了思想、没有文化取向的文化样貌,只以引人快乐为要旨,只以通过征用人的感性快乐而达到自身实用目的为要务。一旦这种文化样态横行于世,势必对文学和审美产生严重的影响,对环境和生态造成灾难性的后果。现在看来,这种实用主义倾向，一方面给我们的文学研究和审美批评带来了消极影响，另一方面则对我们的学术研究和学术创新造成了某种程度的冲击。

那么，我们究竟该如何面对西方学术资源，究竟该如何开展文学和审美研究呢？对此问题，我们尚难给出确定的答案，但结合中国哲学社会科学研究的现状，我们认为构建中国特色鲜明的自主知识体系实乃当务之急。生态批评如此，文学和审美研究如此，外国文学研究亦然。下面我们就外国文学自主知识体系构建的问题略作说明，希望此举能够带来一定的启示，促发人们展开深入的反思。

我国的外国文学研究在不同历史时期均有不俗表现，也发挥了应有的作用；诸多学人勤勉有为，形成了庞大的研究队伍，积累了丰硕的学术成果。（陈众议，2019）但是，我们的外国文学研究，距离人民群众的审美需要，距离党和国家的要求，仍有不小的差距，仍需加强自身建设，尤其是要明确自身价值立场、提升议题议程设置能力，推进标识性知识生产，构建中国特色鲜明的自主知识体系。

首先，我们要确定外国文学研究的时代方位与价值立场。

"君子务本，本立而道生。"为人如此，为学亦然，一门学科必须有自己的根本。否则，它就很容易脱离实际，成为无源之水、无本之木，最终沦为凌空蹈虚的"空谈"和"玄学"，解决不了实际问题，满足不了人民群众的真实需要。在中国的大地上，将外国文学作为研究对象，从外国文学中汲取资源和灵感，借以助益我们的全面发展和文化建设，这体现了我们开放包容的学术胸怀。但倘若只是惟外国马首是瞻，特别是以西方学界研究旨趣为圭臬，沿袭其学术倾向，援用其研究方法，接受其思想观念，认同其价值立场，那我们的外国文学研究无非就是知识的搬运与拷贝，甚至可能沦为西方思想的操演地，沦为西方价值的训练场，实难形成有益的成果，更难开展有效的对话。（张和龙，2024）长此以往，我们或在不知不觉间对西方愈加认同与趋奉，最终从根本上迷失自己的方向。因此，在中国开展外国文学研究，一定要明确我们的研究所立足的时代方位，一定要稳固我们的研究必须秉持的价值立场，这是我们构建外国文学自主知识体系的出发点和落脚点。（张哲，2024）

文学作为抚慰人类心灵和情感的重要手段，自然会承载全人类共同价值，这是毋庸置疑的。从这一意义上说，我们研究外国文学，难免与国外的研究有所契合，这是由文学的基本规律和内在属性决定的。但是，任何文学作品都不可能凭空产生，都是特定社会文化语境的产物；而对具体作品的解读，对某些文学思潮和文学现象的阐释，也都与特定的时代背景很难分开。虽中外文心相通，虽天下道术未裂，但毕竟各国文学渊源有自，或基于特定自然条件，或源于具体社会环境，或肇端于特殊的人文景观，或滥觞于宗教思想的激发，可以说世界文学经典名作都有其具体来由，都有针对特定对象的具体意义。这种具体意义，在跨文化的旅行中很难具有完全的普适性，虽然可为他者文化所激赏，也可为他者文化带来发展的动因和新质，但这必须以他者文化的具体适用为基准，绝不能使其成为一种压制和销蚀的力量。举例来说，我们可以体恤《红字》中丁梅斯戴尔的犹豫、彷徨和苦闷，但必须认清他的精神气质中交织着清教主义的压迫，这与我们的思想观念风马牛不相及；我们可以同情李尔王，但必须明确他分国为三的设想只是当时英国封建思想的体现，与我们的国族观念有着天壤之别；我们可以赞同少数族裔文学形象的身份追求，并对族裔文学投去理解和同情的目光，但必须洞察当其陷入身份政治的渊薮，就会给社会带来深重危害，这恰恰是我们铸牢中华民族共同体意识的反面镜鉴。

不得不说，我们的外国文学研究常常流露出时代的错位。当现代主义统御西方文坛时，我们亦步亦趋地跟着西方对现代化和现代性展开反思与批判，热衷于探讨人物的精神苦闷，热衷于关注花样翻新的艺术手法，热衷于揭示社会机制带给人的异化和物化。殊不知，这种误置忽视了发展阶段的不同，将西方的人文困惑加诸我们头上，明显有张冠李戴之嫌；至少，中国的发展是不平衡的，我们不否认某些发达地区弥漫着现代性和后现代性的景象，但毕竟还有很多地方仍处于现代化进程之中，若以现代性审美反思来消解和迟滞现代化发展，则明显失之武断，就会堕入用西方理论宰制中国现实的怪圈。因此，研究外国文学，我们要具备语境化的思维，要明确我们研究对象的语境化事实，并对中外语境的差异了然于胸，不是不能借以阐发我们的问题，而是不要脱离自身现实来阐发我们的问题，要具体问题具体分析，不能把复杂的问题简单化，不能把西方作为丈量中国的标尺。（卢婕，2023）

如今，我们的国家已经迈入新时代的历史方位，我们的社会矛盾发生了变化，人民群众对美好生活的向往日渐凸显，中国式现代化呈现出日新月异的面貌。在这种情形下，我们的外国文学研究更应结合现实关切，更应锚定时代需求，从而站稳中国立场，申明中国价值，在更为宏阔的视野中发挥学术研究的重要作用。（吴楠、刘小姣，2023）

其次，我们要确定外国文学的研究议题和学术议程。

在中国学习外语就是接受语言现象背后的西方价值，在中国研究外国文学就是接受西方阵营的意识形态，这么说有些夸大其词和危言耸听，但其背后的隐忧却并非全无道理。长期以来，我们在外国文学研究中缺乏议题设置能力，在有些领域，在有些时候，盲目追风西方学术议题，缺乏对研究议题的全面把握和深刻领会，对相关议题的来龙去脉不明就里、不知所以，不加审辨地接续了对西方议题的探讨，有意无意间接受了西方议题的运思逻辑和价值观念，其结果，用最具警示性的话语来说，就是接受了“问题殖民”。

“问题殖民”语出秦晖。他认为在西学东渐的过程中，我们面对着大量源自西方的概念，若不深究其语境化渊源，若不加以去蔽和祛魅，很容易造成“问题殖民”和“问题误置”的后果。（姚峰，2023：26）虽然他论述的不是文学研究的问题，但此论同样适用于我们的外国文学研究，同样切中了我们外国文学研究的要害。客观地讲，当今文学研究中的学术话语仍然是西强我弱，西方学术话语仍然处于支配地位，特别是在外国文学研究领域。我们讨论的问题，我们援用的方法，我们的思维方式，我们的学术表达，大都渗透着西方的因子，天然地带着西方的痕迹，就好像离开西方话语我们就无法进行学术论辩。（许梅花、杨金才，2012）追本溯源，有些西方话语乃学术霸权的表现，带有西方中心主义的色彩，却也构成了我们研究外国文学的问题域和方法论，甚至到了相帅成风、相沿成例和习焉不察的地步。这就难怪有人不无夸张地提出了各种反思和质疑。正如程巍所说，从“西方中心主义”的认知模式中摆脱出来，（班晓悦、陈雅静，2022）对于我国外国文学研究来说，现已到了刻不容缓的地步。

如此看来，议题设置确实是学术研究中的大学问。议题之中蕴含着民族立场，蕴含着价值倾向，蕴含着对研究者进行引导和规训的潜在法则。从根本上说，启蒙以降的西方价值观构成了西方话语的主基调，而冷战的历史事实更强化了西方话语的对抗姿态，加之自我中心主义的陋习和霸权思维的横行，西方话语的客观性和公正性越来越受到质疑。出于“政治正确”的考量,很多话语的意涵有着多重性和多样化的意味,西方政客口中说的与其心中想的未必一致,这就使得西方话语披上了欺骗性和自私性的外衣。如果他们宣扬身份政治,我们也跟着谈;如果他们搁置生态正义,我们也照着做;如果他们推行民粹主义,我们也随着来,那么我们的学术就会滑入“问题殖民”和“问题误置”的泥淖,这样的学术将孤绝于我们的社会现实,将疏离于我们人民群众的吁求,将偏离于中国式现代化的发展实践。因此,避免“问题殖民”和“问题误置”,对于中国外国文学界至关重要,这不仅涉及学术研究的发生学与本体论,更将决定学术研究的功能效果与价值影响。

纵观 70 多年的发展轨迹,我们的外国文学研究倘要作出更好的成绩,就必须提升两方面的能力:一是研究议题设置能力,二是学术议程设置能力。前者攸关我们研究什么问题,后者决定我们在什么时候讨论什么问题。只有这两者都较为完满和完善,我们的外国文学自主知识体系才能现出端倪。要提升我们的议题设置能力,首先要面对的便是最基本的价值立场问题,这就意味着我们在中国从事外国文学研究,必须立足中国立场和中国语境,结合中国现象和中国现实,探索中国方法和中国智慧,提出中国话语和中国主张;(胡笑瑛、陈慧雨、孙月蕊,2023)同时也不要汲汲于中国话语建构而全面厌弃西方话语,对于西方的学术话语,我们要客观理性地加以分析和评判,把握其承载的真实价值,剥除其附带的虚妄意义,根据中国实际确立新的意涵,这种重新语境化的改造是必不可少的。换言之,我们不能封闭僵化,那绝不是出路;而要结合实际,把诸多西方学术话语的根底与指归搞明白,批判地吸收,辩证地鉴别,使其在构建我们自主性外国文学知识体系的实践中发挥应有的作用。

设置学术议题极为重要,而规划和设定自己的学术议程更是迫在眉睫。举行一次会议前,要先确定会议将讨论什么问题,这就是议题的设置;而首先讨论什么问题,其次讨论什么问题,这次会议研究什么议题,下次会议研究什么议题,肯定会影响会议的结果和效果,这就是议程的重要性。同理,我们的学术研究,特别是外国文学研究,也有议程设置和规划的问题。比如,在“强种鳞鳞,蔓我四周”的晚清,我们要在外国文学研究中探讨如何自救自强的问题;在“五四运动”时期,我们要讨论民主和科学的议题;在抗日战争之际,我们要聚焦民族救亡的主题；在社会主义新中国，我们要关注建设发展和改革开放的命题；在党的十八大以来的新时代，我们要研究中国式现代化的精神实质和世界意义这一重大课题。一时代有一时代之文学，一时代有一时代之文学研究，我们的外国文学研究，在不同时代发挥了不同的功能和作用，这种功能和作用既建构了我们独有的意义，又蕴含着世界性的关怀。由于实际发展道路不同，所处发展阶段有别，我们不能循着西方设置的学术议程做跟班儿，而要以我为主，立足中国现实，回答“中国之问、世界之问、人民之问、时代之问”，“奔着问题去，盯着问题改”。（评论员，2024）这就要求我们在议题设置和议程设定方面及早取得突破性进展，为构建外国文学自主知识体系奠定坚实的基础，确定正确的方向，充实必要的内涵。

最后，我们要有自己的外国文学学术话语与知识体系。

我们研究外国文学，是在一个跨文化的语境中进行的。文学文本的跨文化阐释，是当下中国学人在研究外国文学时绕不开的问题，也是中外学界越来越重视的领域。探索文学文本的意义，有时要倚重作者的权威之见，有时则要抛却作者意图而别求新解，并且结合具体时代环境做出新的阐发，这种新解和阐发在跨文化的语境里尤为常见。我们代父从军、保家卫国的女英雄花木兰，在美国迪士尼的动画片里成了实现自身价值的个人主义的象征；亨利克•易卜生（Henrik Ibsen）的《玩偶之家》在中国的接受环境里被赋予更多的社会学意义。这样的意义流动与变迁，在跨文化视域中俯拾皆是，这就是跨文化研究的必要性。文学文本也好，文学理论与文学批评也罢，一俟纳入跨文化的考量，我们将自然地探寻有别于国外的研究视角和研究方法，将本然地探求迥异于西方的阐释路径和价值反思，这就为我们构建外国文学自主知识体系提供了理据和缘由。

跨文化的文学书写，贵在表达全人类的价值诉求和审美理想，但不无遗憾的是，此类写作却多有偏差和谬误。仅以英国文学为例，我们遗憾地发现，丹尼尔•笛福（Daniel Defoe）因《鲁滨孙漂流记》名利双收后创作了该作的续集，让主人公来到了中国，在南京郊外遇到了中国绅士，又提及中国的长城和清朝的军队，其间多有污蔑毁损言辞，反映了作者心态和视野的褊狭；在小说《傅满洲博士之谜》中，作者萨克斯•儒默（Sax Rohmer）更为西方妖魔化中国提供了一个文学原型,并由此滋生出一系列互文性文本,产生了极为恶劣的影响。如果我们对笛福的认知仅仅停留在《鲁滨孙漂流记》上,如果我们对"傅满洲"这样的人物形象不加批驳,如果我们对国外文学的反华书写听之任之,对西方的学术话语奉若神明,对西方的知识形态照单全收,对西方的价值立场顶礼膜拜,即便是潜在的,是无心的,那也贻害无穷,不光学术创新难有成就,家国形象更将大受歪曲。外国文学庞大驳杂、包罗万象,既蕴含着丰富的审美资源和理论成果,又表征着社会症候和时代乱象,如何有效鉴别,如何去伪存真,如何为我所用,使其促进我国的文学繁荣、文化发展和中国式现代化建设,始终是我们构建外国文学自主知识体系必须面对的问题。

客观地说,中西文学多有融通之处,但两者毕竟是异质性的知识生产,而具体到情感、审美、价值、意义等话题,其异质性就更为显明。这就提醒我们注意异质性知识的整合问题。整合不是视西方见解为权威,而是自主性地提出自己的观点和主张,以同裨同则难以为继,和而不同才促发新生,中外文学融通处自是理解和沟通的基础,而两者的差异更可担纲交流和互鉴的津梁;在相通和融合中扩大共情心和同理心,在分殊和差异中寻绎深度对话和彼此激发的潜能,这才是文学的跨文化研究的妙趣,也是我们促进外国文学自主知识生产的初衷和使命。

外国文学自主知识生产和自主知识体系构建,是摆在中国学人面前的紧迫任务。这既是中国特色哲学社会科学建设的战略擘画,又是外国文学学科的内在要求,还是新时代人民群众追求美好生活的审美诉求。自主性外国文学知识生产和知识体系构建,必将包含鲜明的中国学术立场和评价标准,拥有深度结合中国实际的研究议题和学术议程,探寻独特的研究范式和研究方法,突出中国价值和时代要义,在文化对话中维护和弘扬全人类共同价值,在文明互鉴中推动构建人类命运共同体。我们强调构建外国文学自主知识体系,其指导思想是"立足中国、借鉴国外,挖掘历史、把握当代,关怀人类、面向未来"。(习近平,2016:15)这是与中国特色鲜明的哲学社会科学建设方略相吻合的,同时也表明,这一自主知识体系是主体性与开放性的结合,是历史性与现实性的整合,是促进中国发展与关怀人类未来的融合。

要构建外国文学自主知识体系,首先是必须有鲜明的立场,这里有两重含义，既要在外国文学研究中坚守中国立场，又要在外国文学研究中贯彻马克思主义的立场、观点和方法。其次是要秉持全人类共同价值的襟怀和构建人类命运共同体的情怀，确立“和平、发展、公平、正义、民主、自由”的共同价值导向，在文化分歧不断、利益纷争加剧的百年变局中承担起文学沟通和人文交流的重要使命，这是全人类的责任，也是文学和文学研究的责任。再次是应该探索独特的研究范式，全面而深刻地开展跨文化阐发研究，并在作家、作品、批评、理论、思潮、运动等方面建构起独特方法论体系，建构起自主性知识体系和理论体系。最后是要确保这一知识体系不是封闭固化的，而是始终处于动态的调整过程中的，它的生产性和开放性正是它得以发展的源头活水。果真如是，我们的外国文学自主知识体系就值得满怀期待、翘首以盼了；倘能如此，我们的外国文学学人就能清晰职责所系和重任所在，从而明确努力方向，积极推动外国文学研究迈入新的境界。

余　论

从重访雷蒙德·威廉斯出发

雷蒙德·威廉斯去世已经三十多年了。我们为什么还要研究他的学术思想，特别是重访他也许并不那么系统化的生态思想，并对他的生态知识生产进行价值阐释呢？这是一个我们不得不面对也不得不回答的问题。对此问题最为简明扼要的回答是，我们之所以要重访雷蒙德·威廉斯的生态思想，是因为他的生态思想别具一格，他的生态观念对我们很有启示意义，他的生态知识生产对我们极具参照价值。以当下为镜，去观照威廉斯的生态知识生产，有利于我们辨识威廉斯的特殊价值，有利于我们从重访威廉斯再出发，推进我们的生态文明建设实践，促进我们的生态批评乃至外国文学研究迈上新台阶。

首先，威廉斯是信仰马克思主义的思想家，是有着社会主义思想的理论家。虽然他的马克思主义信仰和社会主义思想未必经典和权威，还存在这样那样的问题，对此学界已有讨论（李宏图，2023），但是，他的马克思主义倾向和左翼的社会主义立场，为我们立足当下回顾和反思他的生态思想提供了坚实的理据。虽然随着四波生态批评的演进，环境和生态的问题获得了普遍的重视，但是我们还不能说在当今世界舞台上就不存在那些被生态批评所揭露和批驳的现象。即便时至今日，"帝国式的生活方式"和"生态帝国主义"仍未偃旗息鼓，仍会时不时冒出来，给世界人民特别是南半球的人民带来新的灾难。"帝国式生活方式就是指全球北方社会的大规模生产、大规模消费。"（斋藤幸平，2023：9）而"生态帝国主义依赖于对边缘地区的掠夺，同时将矛盾转移到边缘地区，正因为这一行为给原住民的生活、生态系统施加了沉重的打击，导致矛盾在不断加深"。（斋藤幸平，2023：25）甚至，在当今西方社会内部还有人维护资本主义生产和生活方式，不做任何反思和改变，任由环境灾难持续恶化，直至采取措施取缔环境弱势群体对所谓秩序的威胁，在心中潜藏着“气候法西斯主义”。（斋藤幸平，2023：73）当此之际，我们会由衷地想念雷蒙德•威廉斯，想念他的基本立场和倾向，想念他的国际视野和抗争，这就是他对于当下的意义。若要更好地理解和应对当下资本主义的各种社会问题及其外溢性风险，我们必须回到马克思，回到马克思的追随者雷蒙德•威廉斯，回到他颇具意味的生态思想中，去采撷救治当下病症的良药。有鉴于此，我们重访威廉斯的生态知识生产极具现实意义，这是一条颠扑不破的道理。

其次，威廉斯既是理论家又是实践者，既在学术话语建构方面贡献卓著，又在具身实践领域率先垂范。作为一位实践者，他完全配得上“文化行动主义者”的美名。在他的生活经历和学术生涯中，理论与实践是互为促进的，他的理论研究从未缺失实践的维度，而他的具身实践也验证和推动了他理论话语的知识生产。他不仅是一位理论家，更是一位积极投身社会实践、参与社会变革的行动者。他的理论研究帮助我们理解和把握社会现实，而他参与文化生活、锐意社会变革的典范意义更是独树一帜。在关于“文化”的种种界定中，只有威廉斯将其界定为一种整体的生活方式，只有威廉斯提出了文化唯物主义思想，由此文化便不可能是孤立的，它始终与社会结构紧密相连，始终与经济基础紧密相连。对于威廉斯而言，进行文化研究，其实就是在与社会结构和经济基础密切接触，在着力促成社会结构和经济基础的变革。这样看来，他的理论话语是极富现实情怀和战斗精神的，充满了对社会不公和阶级压榨的批判。之所以如此，是跟他理论联系实际、学术结合现实的一贯做法分不开的。如此判断并不是什么新颖别致的见解，倒更像老生常谈的“俗套”，但是，我们尤须铭记，这里的“俗套”不仅不俗，反而具有极高的学术价值和现实意义。我们必须警惕习焉不察的“套话”带给我们的麻木和冷漠，必须恢复这些“套话”的生机与活力，并将其贯彻于我们的学术研究和批评实践中。如果真是这样，我们的生态批评必将取得新的进展，我们的生态文明建设必将取得更加显著的成效。

最后，英国文学理论家特里•伊格尔顿（1999：398）指出：“对于剑桥文学研究的两个迥然不同的流派——一方是细致的文本分析，另一方是‘生活和思想’的研究，威廉斯以全新的方式做了整合。”作为威廉斯曾经的学生，伊格尔顿的判断是准确的，他清晰提示了威廉斯学术研究的理路。威廉斯的研究绝不会凌空蹈虚,绝不会搞那种为理论而理论的话语空转,而是把理论话语的建构建立在细密的文本分析的基础之上,我们只要稍加了解《乡村与城市》这样的论著,就会对威廉斯解读文本之精深感佩不已、叹为观止。由于他是以文化研究名世的大家,在他的心目中,文化研究所分析的对象也可视作文本,这种广义的文本是基于社会现实的,他对现实文本的细致剖析为他文化研究的知识生产提供了强有力的保障。可以说,威廉斯理论建构与文本分析的有效融合,堪称学界典范,具有示范意义。这提示我们,从事文学研究,既不能陷入文本事实的海洋,在细节处纠缠不清,在现象里打转转,也不能盲目追求理论的纯粹性和思辨性,而置文本细读于不顾,最佳的路径是像威廉斯那样,像申丹那样,将两者有机地融合起来,绝不偏废其中任何一端。只有这样,我们的理论创新和话语建构才有稳固的基础,才有发展的动能,才有创新性知识生产的希望。

当然,在重访雷蒙德·威廉斯的过程中,我们可以在他的生态思想中甄别更多可资援用的学术资源,在他的生态知识生产中遴选更多富有启示性的理论判断。关键在于,我们要从重访雷蒙德·威廉斯出发,把握他生态思想的内涵,阐释他生态知识生产的价值,结合现实、明确方向,凝聚共识、应对挑战,共同促进生态批评研究取得突破,齐心助力生态文明建设再结硕果。当前,我们党站在历史和全局的高度,对推进新时代"五位一体"总体布局作出了全面部署,在经济、政治、文化、社会、生态文明五个方面制定了统筹推进的战略目标,生态文明是其中重要的一环。习近平总书记在庆祝中国共产党成立100周年的大会上提出中国式现代化的论断,明确强调了人与自然和谐共生的现代化之维。党的二十届三中全会在推进生态文明体制改革、完善绿色低碳发展机制、健全生态文明建设责任体系、构建生态环境治理体系等方面作出一系列重大部署和安排,旨在全面推动人与自然和谐共生,实现生态环境质量的根本好转和经济社会的高质量发展。这是我们开展生态批评研究的指导思想,是我们推进生态文明建设的行动指南。客观地讲,这是雷蒙德·威廉斯所不具备的条件。有了这一得天独厚的优势,加之诸多学人的勤勉努力,我们的生态批评、外国文学乃至整个学术研究,必然别开生面、焕发新机,必然乘风破浪、勇毅前行,必将迎来广阔的空间和光明的前景,从而为中国式现代化提供更加有效的智力支撑,为中华民族伟大复兴提供更为坚实的学术保障。

参考文献

[英文部分]

Abbott, H. Porter. Thoughts on "Dual Narrative Dynamics"[J]. *Style*, 2021, *55*(1): 63–68.

Abrams, Meyer Howard. *A Glossary of Literary Terms*[M]. Beijing: Foreign Language Teaching and Research Press, 2004.

Adamson, Joni & Slovic, Scott. The Shoulders We Stand On: An Introduction to Ethnicity and Ecocriticism[J]. *Multi-Ethnic Literature of the U.S.*, 2009, *34*(2): 5–24.

Alaimo, Stacy. *Bodily Natures: Science, Environment, and the Material Self*[M]. Bloomington: Indiana University Press, 2010.

Attridge, Derek. *The Singularity of Literature*[M]. London & New York: Routledge, 2004.

Baldick, Chris. *Oxford Concise Dictionary of Literary Terms*[M]. Shanghai: Shanghai Foreign Language Education Press, 2000.

Barad, Karen. Posthumanist Performativity: Toward an Understanding of How Matter Comes to Matter[J]. *Signs: Journal of Women in Culture and Society*, 2003, *28*(3): 801–831.

Barad, Karen. Posthumanist Performativity: Toward an Understanding of How Matter Comes to Matter[M]. In Alaimo, Stacy & Hekman, Susan (Eds.). *Material Feminisms*. Bloomington: Indiana University Press, 2008.

Bauman, Zygmunt. *Liquid Life*[M]. Cambridge: Polity, 2005.

Bauman, Zygmunt. *Liquid Modernity*[M]. Cambridge: Polity, 2000.

Blackburn, Robin. Introduction[M]. In Williams, Raymond (Ed.). *Resources of Hope: Culture, Democracy, Socialism*. London & New York: Verso, 1989.

Breu, Christopher. *Insistence of the Material: Literature in the Age of Biopolitics*[M]. Minneapolis: University of Minnesota Press, 2014.

Brown, Bill. *The Material Unconscious: American Amusement, Stephen Crane, and the Economies of Play*[M]. London: Harvard University Press, 1996.

Buell, Lawrence. *The Future of Environmental Criticism*[M]. Malden: Blackwell, 2005.

Buell, Lawrence. *The Environmental Imagination: Thoreau, Nature Writing, and the Formation of American Culture*[M]. Cambridge: Harvard University Press, 1995.

Burr, Vivien. *An Introduction to Social Constructionism*[M]. London: Routledge, 1995.

Culler, Jonathan. *Literary Theory: A Very Short Introduction*[M]. Oxford: Oxford University Press, 1997.

Eagleton, Terry (Ed.). *Raymond Williams: A Critical Reader*[M]. Boston: Northeastern University Press, 1989.

Greenblatt, Stephen. *Learning to Curse: Essays in Early Modern Culture*[M]. New York: Routledge, 1990.

Lynn, William S. Animals, Ethics, and Geography[M]. In Wolch, Jennifer & Emel, Jody (Eds.). *Animal Geographies: Place, Politics, and Identity in the Nature-Culture Borderlands*. London: Verso, 1998.

Malay, Michael. Raymond Williams and Ecocriticism[J]. *Key Words: A Journal of Cultural Materialism*, 2014(12): 8-24.

Norton, Byran G. Environmental Ethics and Weak Anthropocentrism[J]. *Environmental Ethics*, 1984, *6*(2): 131-148.

O'Connor, Alan. *Raymond Williams: Writing, Culture, Politics*[M]. Oxford and New York: Basil Blackwell, 1989.

Giblett, Rodney. Nature is Ordinary Too: Raymond Williams as the Founder of Ecocultural Studies[J]. *Cultural Studies*, 2012(6): 922-933.

Hall, S. The Work of Representation[M]. In Hall, Stuart (Ed.). *Representation: Cultural Representation and Signifying Practices*. London: SAGE in association with The Open University, 1997.

Huggan, Graham & Tiffin, Helen. *Postcolonial Ecocriticism: Literature, Animals, Environment*[M]. London: Routledge, 2010.

Inglehart, Ronald. *The Silent Revolution*[M]. Princeton: Princeton University Press, 1977.

Inglehart, Ronald. *Culture Shift in Advanced Industrial Society*[M]. Princeton: Princeton University Press, 1990.

Inglehart, Ronald F. *Cultural Evolution: People's Motivations are Changing, and Reshaping the World*[M]. Cambridge & New York：Cambridge University Press, 2018.

Inglehart, Ronald. New Perspectives on Value Change[J]. *Comparative Political Studies*, 1985, *17*(4): 485–532.

Iovino, Serenella & Oppermann, Serpil (Eds.). *Material Ecocriticism*[M]. Bloomington: Indiana University Press, 2014.

Joughin, John J. & Malpas, Simon (Eds.). *The New Aestheticism*[M]. Manchester & New York: Manchester University Press, 2003.

Löwy, Michael & Sayre, Robert. Raymond Williams, Romanticism and Nature[J]. *Capitalism Nature Socialism*, 2018(4): 75–91.

Pier, John. At the Crossroads of Narratology and Stylistics: A Contribution to the Study of Fictional Narrative[J]. *Poetics Today*, 2015, *36*(1–2): 111–125.

Simons, Jone. *Animal Rights and the Politics of Literary Representation*[M]. New York: Palgrave Macmillan, 2002.

Skinner, Quentin. *Visions of Politics, Vol.1: Regarding Method*[M]. Cambridge: Cambridge University Press, 2002: 172.

Slovic, Scott & Oppermann, Serpil (Eds.). *New International Voices in Ecocriticism*[M]. Lanham: Lexington Books, 2015.

Smith, Dai. *Raymond Williams: A Warrior's Tale*[M]. Cardigan: Parthian Books, 2008.

Smith, Wilfred Cantwell. *The Meaning and End of Religion*[M]. Minneapolis:

Fortress Press, 1991.

Snyder, Gary. *The Practice of the Wild*[M]. San Francisco: North Point Press, 1990.

Todorov, Tzvetan. *La littérature en Péril*[M]. Paris: Flammarion, 2007.

White, Lynn Jr. The Historical Roots of Our Ecologic Crisis[J]. *Science*, 1967, *155*(3767): 1203-1207.

Williams, Raymond. *Television: Technology and Cultural Form*[M]. New York & London: Routledge, 2003.

Williams, Raymond. *Keywords: A Vocabulary of Culture and Society*[M]. Oxford: Oxford University Press, 1976.

Williams, Raymond. *Keywords: A Vocabulary of Culture and Society*[M]. New York: Oxford University Press, 1985.

Williams, Raymond. *Problems in Materialism and Culture: Selected Essays*[M]. London: Verso, 1980.

Williams, Raymond. *The Country and the City*[M]. New York: Oxford University Press, 1973.

Williams, Raymond. *Marxism and Literature*[M]. Oxford: Oxford University Press, 1977.

Williams, Raymond. *Resources of Hope: Culture, Democracy, Socialism*[M]. London: Verso, 1989.

Williams, Raymond. *Politics and Letters: Interviews with New Left Review*[M]. London: Verso, 1981: 353.

Williams, Raymond. *The English Novel from Dickens to Lawrence*[M]. New York: Oxford University Press, 1970.

Williams, Raymond. *The Long Revolution*[M]. London: Chatto & Windus, 1961.

Raymond Williams. *Towards 2000*[M]. London: Chatto & Windus, 1983.

Williams, Raymond. *Border Country*[M]. Cardigan: Parthian, 2006.

Williams, Raymond. *Second Generation*[M]. London: Chatto & Windus, 1978.

Williams, Raymond. *The Fight for Manod*[M]. London: The Hogarth Press, 1979.

Wright, Willie Jamaal. As Above, So Below: Anti-Black Violence as Environmental Racism[J]. *Antipode*, 2021, *53*(3): 791-809.

Ybarra, Priscilla Solis. *Writing the Good Life: Mexican American Literature and the Environment*[M]. Tucson: The University of Arizona Press, 2016.

【中文部分】

安东尼·加卢佐. 制造消费者：消费主义全球史[M]. 马雅，译. 广州：广东人民出版社，2022.

安东尼·吉登斯. 现代性的后果[M]. 田禾，译. 南京：译林出版社，2000.

班晓悦，陈雅静. 外国文学研究助力文明交流互鉴[N]. 中国社会科学报，2022-12-19(2).

本·海默尔. 日常生活与文化理论导论[M]. 王志宏，译. 北京：商务印书馆，2008.

鲍桑葵. 美学三讲[M]. 周煦良，译. 上海：上海译文出版社，1983.

比尔·布朗. 物论[M]. 陈永国，译. // 孟悦，罗钢. 物质文化读本. 北京：北京大学出版社，2008.

布莱克本. 雷蒙·威廉斯与新左派政治学[EB/OL].(2021-04-06)[2023-08-04]. https://ptext. nju. edu. cn/d9/b4/c13164a514484/page. htm.

陈国战. "新穷人"的消费美学与身份焦虑[J]. 中国图书评论，2012(4)：47-52.

陈海. 雷蒙·威廉斯对乡村和城市的文化批判及当代价值[J]. 中国图书评论，2015(4)：58-61.

陈海容. 新物质主义"新"在何处——评《文学与唯物主义》[J]. 外国文学，2022(1)：183-191.

陈怀宇. 动物史的起源与目标[J]. 史学月刊，2019(3)：115-121.

陈茂林. 质疑和批判资本主义制度——生态马克思主义批评的批评策略与文学实践[J]. 广东外语外贸大学学报，2023，34(2)：118-127.

陈太胜. 新形式主义：后理论时代文学研究的一种可能[J]. 文艺研究，2013(5)：14-24.

陈湘静. 边境乡村、社会主义与感觉结构——论雷蒙·威廉斯《边境乡村》中的文化政治想象[J]. 文艺理论与批评，2022(4)：22-33.

陈瑜华，王建明. 生态中心主义思想研究述评[J]. 长春理工大学学报：社会科学版，2015，28(2)：71-75.

陈众议,高照成. 消费主义与“世界文学”[J]. 吉首大学学报:社会科学版,2018,39(1):118-123.

陈众议. 通过文学原理学重构评价范式[N]. 中国社会科学报,2021-4-15(6).

陈众议. 百年外国文学研究评述[J]. 外国文学动态研究,2019(5):5-12.

曹顺庆. 文论失语症与文化病态[J]. 文艺争鸣,1996(2):50-58.

曹顺庆. 再说“失语症”[J]. 浙江大学学报:人文社会科学版,2006(1):11-16.

曹顺庆,靳义增. 论“失语症”[J]. 文学评论,2007(6):77-82.

丛日云,王路遥. 价值观念的代际革命——英格尔哈特的后物质主义评述[J]. 文化纵横,2013(5):108-113.

丛日云,马涛. 迈向后民族主义的西方——后现代主义价值革命视角的考察[J]. 探索与争鸣,2013(10):55-80,178.

戴建兵. 个人生活史:当代中国史研究的重要增长点[J]. 河北学刊,2015,35(1):68-72.

戴维•哈维. 后现代的状况[M]. 阎嘉,译. 北京:商务印书馆,2003.

戴维•英格利斯. 文化与日常生活[M]. 张秋月,周雷亚,译. 北京:中央编译出版社,2010.

丹尼尔•贝尔. 资本主义文化矛盾[M]. 赵一凡,蒲隆,任晓晋,译. 北京:生活•读书•新知三联书店,1989.

杜早华. 消费主义批判研究[M]. 北京:中国社会科学出版社,2021.

段燕. 新世纪国内西方文学中的动物研究:现状、路径与展望[J]. 湖北第二师范学院学报,2019,36(1):1-7.

方维规. 关键词方法的意涵和局限——雷蒙•威廉斯《关键词:文化与社会的词汇》重估[J]. 中国社会科学,2019(10):116-133,206.

方英,卢艺萱. 田园幻象的解构:托马斯•哈代的乡村书写[J]. 河北师范大学学报:哲学社会科学版,2023,46(2):64-74.

冯小军. 生态文学创作,要厘清哪几个问题?[J]. 中国生态文明,2021(4):77-80.

傅修延. 文学是“人学”也是“物学”——物叙事与意义世界的形成[J]. 天津社会科学,2021(5):161-173.

弗朗西斯卡•法兰多. 后人类主义、超人类主义、反人本主义、元人类主义和新物质主义:区别与联系[J]. 计海庆,译. 洛阳师范学院学报,2019,38(6):

14-20.
高春民. 从“跨越”到“融合”：生态批评的知识生产路径及反思[J]. 马克思主义美学研究，2023，26(1)：53-65，438-439.
高玉. 重建当代文学审美批评[J]. 社会科学，2012(1)：169-176.
龚浩敏. 生态批评与“民族”——从比较的视角反思[J]. 中国比较文学，2022(3)：34-51.
关盛梅，于景辉. 论构建和谐社会过程中的环境公正建设[J]. 学术交流，2007(6)：147-150.
韩炳哲. 非物：生活世界的变革[M]. 谢晓川，译. 上海：东方出版中心，2023.
韩启群. 新物质主义视域下的韦尔蒂植物书写研究[J]. 山东外语教学，2020，41(6)：79-86.
韩启群. 新物质主义[J]. 外国文学，2023(1)：111-124.
韩启群. “物转向”：21世纪以来的理论衍进、内核演变与文学研究前沿生成[J]. 湖南科技大学学报：社会科学版，2023，26(4)：64-70.
韩水仙. 伟大的传统[J]. 读书，2002(11)：147-151.
豪梅·桑切斯. 生态社会主义及其面临的后现代民主挑战[J]. 何娟，译. 国外理论动态，2018(2)：35-45.
赫伯特·马尔库塞. 单向度的人[M]. 刘继，译. 上海：上海世纪出版集团，2008.
贺桂梅. “20世纪中国文学论”与现代文学学科体制[J]. 现代中文学刊，2010(3)：28-46.
何伟，程铭. 生态话语体系建构探讨[J]. 中国外语，2023，20(3)：48-55.
何卫华. “新左翼”的缘起和“文化转向”[J]. 国外理论动态，2014(10)：40-46.
亨利·列斐伏尔. 日常生活批判(第三卷)[M]. 叶齐茂，倪晓晖，译. 北京：社会科学文献出版社，2018.
洪治纲. 中国新世纪文学的日常生活诗学[M]. 合肥：安徽教育出版社，2020.
洪子诚. 中国当代的“文学经典”问题[J]. 中国比较文学，2003(3)：32-43.
扈海鹂. 消费文化：文化现代性与消费主义[M]. 北京：中国社会科学出版社，2018.

胡连生. 当代资本主义的后物质主义发展趋向研究[M]. 北京:人民出版社,2011.
胡铁生,宁乐. 文学审美批评传统及其当代走向[J]. 甘肃社会科学,2019(1):67-76.
胡笑瑛,陈慧雨,孙月蕊. 当前我国外国文学研究热点分析——基于2021—2022年外国文学方向国家社会科学基金项目的研究[J]. 宁夏大学学报:人文社会科学版,2023,45(1):78-85.
胡亚敏. 西方文论关键词与当代中国[M]. 北京:中国社会科学出版社,2015.
胡志红. 生态批评与跨学科研究——比较文学视域中的西方生态批评[J]. 四川师范大学学报:社会科学版,2005,32(3):58-62.
胡志红. 美国少数族裔生态批评理论研究[M]. 北京:北京大学出版社,2024.
胡志红. 西方生态批评史[M]. 北京:人民出版社,2015.
胡志红. 生态批评与跨文化研究——比较文学视野[J]. 中外文化与文论,2017(2):284-297.
胡志红. 生态文学讲读[M]. 北京:北京大学出版社,2021.
胡志红. 生态文学:缘起、界定、创作原则及其前景[M]. 西南民族大学学报:人文社会科学版,2021,42(11):180-188.
黄国文,肖家燕."人类世"概念与生态语言学研究[J]. 外语研究,2017,34(5):14-30,112.
吉姆·鲍威尔. 图解后现代主义[M]. 章辉,译. 重庆:重庆大学出版社,2015.
纪晓岚. 英国城市化历史过程分析与启示[J]. 华东理工大学学报:社会科学版,2004(2):97-101.
贾丽艳. 文化与社会:威廉斯的文化唯物主义阐释[J]. 社会科学战线,2023(8):260-265.
杰姆逊. 后现代主义与文化理论[M]. 唐小兵,译. 北京:北京大学出版社,2005.
蒋承勇. 经典重估与西方文学研究方法创新[M]. 北京:中国社会科学出版社,2021.
姜礼福. 文学动物学批评:新世纪文学批评方法新探索[J]. 南京航空航天大学学报:社会科学版,2019,21(2):79-84.
金永兵,张庆雄. 共同体的建构——从新的五个关键词解析雷蒙德·威廉斯《文化与社会》[EB/OL].(2017-11-02)[2024-08-03]. http://book.newdu.com/m/view.php?aid=73034.
卡尔•曼海姆. 意识形态与乌托邦[M]. 黎鸣,李书崇,译. 北京:商务印书馆,2000.
柯平. 知识学研究导论[J]. 图书情报工作,2006(4):6-10,34.
赖大仁. 当代文学本质论观念嬗变的“人学”向度[J]. 中州学刊,2015(3):156-161.
劳思光. 当代西方思想的困局[M]. 上海:华东师范大学出版社,2016.
勒内•韦勒克,奥斯汀•沃伦. 文学理论[M]. 刘象愚,邢培明,陈圣生,李哲明,译. 南京:江苏教育出版社,2005.
雷蒙•威廉斯. 关键词:文化与社会的词汇[M]. 刘建基,译. 北京:生活•读书•新知三联书店,2005.
雷蒙 • 威廉斯. 文化与社会:1780—1950[M]. 高晓玲,译. 北京:商务印书馆,2018.
雷蒙•威廉斯. 乡村与城市[M]. 韩子满,刘戈,徐珊珊,译. 北京:商务印书馆,2013.
雷蒙•威廉斯. 漫长的革命[M]. 倪伟,译. 上海:上海人民出版社,2013.
雷蒙•威廉斯. 希望的源泉:文化、民主、社会主义[M]. 祁阿红,吴晓妹,译. 南京:译林出版社,2014.
雷蒙德•威廉斯. 文化与社会[M]. 吴松江,张文定,译. 北京:北京大学出版社,1991.
雷蒙德•威廉斯. 政治与文学[M]. 樊柯,王卫芬,译. 开封:河南大学出版社,2010.
雷蒙德•威廉斯. 从狄更斯到劳伦斯的英国小说[M]. 温华,译. 上海:上海人民出版社,2024.
利奥•马克斯. 花园里的机器——美国的技术与田园理想[M]. 马海良,雷月梅,译. 北京:北京大学出版社,2011.
李超. 雷蒙•威廉斯对高雅文化与大众文化的关系思考[J]. 当代外国文学,2023,44(2):109-115.
李辉. 反消费主义[M]. 北京:高等教育出版社,2016.
李宏图. 关于欧洲近代社会主义思想研究的若干思考——一种思想史视角的

进路[J]. 首都师范大学学报：社会科学版，2023(2)：14-23.
李嘉宝. “水危机”折射美国“环境种族主义”[N]. 人民日报海外版，2023-1-31(10).
李建军. 文学的态度[M]. 北京：作家出版社，2011.
李欧梵. 世纪末的反思[M]. 杭州：浙江人民出版社，2000.
李思捷. 雷蒙·威廉斯文化研究的生态重估[J]. 南京林业大学学报：人文社会科学版，2023，23(5)：98-109.
李素杰. 当代文学批评中的动物研究[J]. 北京第二外国语学院学报，2014，36(10)：56-64.
李西建. 当代中国消费意识形态的构建——对消费文化理论的思考[J]. 福建论坛：人文社会科学版，2016(4)：81-86.
李西建. 消费时代审美问题研究[M]. 北京：商务印书馆，2013.
李先悦. 威廉斯对生态危机的新阐释及其当代启示[J]. 长春理工大学学报：社会科学版，2022，35(3)：62-66.
李昕桐. 英国新马克思主义文化研究的困境评析[J]. 国外理论动态，2022(5)：40-47.
林立树. 现代思潮：西方文化研究之通路[M]. 北京：中央编译出版社，2014.
李兆前. 雷蒙德·威廉斯的生态社会主义思想[J]. 理论导刊，2014(5)：184-188.
刘彬. 动物批评：后人文时代文学批评新方法[J]. 文学理论前沿，2018(1)：22-42.
刘成纪. 季札观乐与中国审美批评之诞生[J]. 中国文艺评论，2015(2)：48-55.
刘建军. 外国文学“中国化”的基本经验[N]. 社会科学报，2019-10-3(5).
刘进. 文学与“文化革命”：雷蒙德·威廉斯的文学批评研究[M]. 成都：四川出版集团巴蜀书社，2007.
刘少杰. 后现代西方社会学理论[M]. 北京：北京大学出版社，2014.
刘跃进. 近年来中国文学研究的若干热点问题[J]. 中国社会科学院院报，2007-8-25(2).
刘再复. 审美笔记[M]. 北京：生活·读书·新知三联书店，2014.
鲁尔·瓦纳格姆. 日常生活的革命[M]. 张新木，戴秋霞，王也频，译. 南京：南京大学出版社，2008.

卢婕. 21 世纪以来中国比较文学研究的转向[J]. 中国比较文学,2023(2):162-177.

鲁枢元. 生态批评的知识空间[J]. 文艺研究,2002(5):4-10.

鲁迅. 鲁迅全集(第 1 卷)[M]. 北京:人民文学出版社,2005.

M. A. R. 哈比布. 文学批评史:从柏拉图到现在[M]. 阎嘉,译. 南京:南京大学出版社,2017.

马克斯•韦伯. 新教伦理与资本主义精神[M]. 于晓,陈维纲,译. 北京:生活•读书•新知三联书店,1987.

麦克斯•缪勒. 宗教学导论[M]. 陈观胜,李培茱,译. 上海:上海人民出版社,2010.

马涛. 当代批评文集《新审美主义》评述[J]. 当代外国文学,2014,35(2):169-173.

迈克•费瑟斯通. 消费文化与后现代主义[M]. 刘精明,译 . 南京:译林出版社,2000.

迈克尔•吉本斯等. 知识生产的新模式:当代社会科学与研究的动力学[M]. 陈洪捷,沈文钦等,译. 北京:北京大学出版社,2011.

南帆. 文学理论十讲[M]. 福州:福建教育出版社,2018.

培根. 新工具[M]. 许宝骙,译. 北京:商务印书馆,1984.

欧文•霍兰. 文学批评[M]. 胡韵迪,译. 北京:生活•读书•新知三联书店,2020.

彭术连,肖国芳. 科技自立自强背景下研究型大学有组织科研的逻辑、困境与进路[J]. 科学管理研究,2024,42(3):26-34.

骈曼.《边乡》的起点与终点——对雷蒙•威廉斯"感觉结构"的考古[J]. 文艺理论与批评,2023(2):47-60.

评论员. 奔着问题去、盯着问题改[N]. 人民日报,2024-7-13(3).

齐格蒙特•鲍曼. 全球化——人类的后果[M]. 郭国良,徐建华,译. 北京:商务印书馆,2004.

齐格蒙特•鲍曼. 工作、消费、新穷人[M]. 仇子明,李兰,译. 长春:吉林出版集团有限责任公司,2010.

乔纳森•卡勒. 当今的文学理论[J]. 生安锋,译. 外国文学评论,2012(4):49-62.

乔纳森·卡勒,何成洲,郝志琴. 文学理论的现状与趋势——乔纳森·卡勒教授访谈录[J]. 南京大学学报:哲学·人文科学·社会科学版,2012,49(2):126-131.

乔纳森·卡勒. 当今文学理论[J]. 文艺理论研究,2012(4):77-85.

乔瑞金,薛稷. 雷蒙德·威廉斯唯物主义文化观解析[J]. 马克思主义与现实,2007(3):154-157.

乔治·巴塔耶. 竞争性炫财冬宴中的礼物[M]. 肖丽华,译. //孟悦,罗钢. 物质文化读本. 北京:北京大学出版社,2008.

邱小轻. 自然万物的叙事力——论瑞克·巴斯的复魅叙事[J]. 当代外国文学,2023,44(3):27-34.

任海. 物导向艺术与当代艺术中的审美物[J]. 山东社会科学,2021(1):42-50,59.

让·鲍德里亚. 符号政治经济学批判[M]. 夏莹,译. 南京:南京大学出版社,2015.

让·波德里亚. 美国[M]. 张生,译. 南京:南京大学出版社,2011.

让·鲍德里亚. 为何一切尚未消失?[M]. 张晓明,薛法蓝,译. 南京:南京大学出版社,2017.

让·鲍德里亚. 消费社会[M]. 刘成富,全志钢,译. 南京:南京大学出版社,2008.

让·波德里亚. 论诱惑[M]. 张新木,译. 南京:南京大学出版社,2011.

尚·布希亚. 物体系[M]. 林志明,译. 上海:上海人民出版社,2001.

盛宁. “理论热”的消退与文学理论研究的出路[J]. 南京大学学报:哲学·人文科学·社会科学,2007(1):57-71.

盛阳. 渐进的马克思主义者:雷蒙·威廉斯学术思想评述[J]. 全球传媒学刊,2017,4(1):52-69.

舒开智. 雷蒙·威廉斯文化唯物主义理论研究[M]. 北京:学苑出版社,2011.

宋杰. 建构生物叙事学研究范式——评戴维·赫尔曼的《超人类叙事学:故事讲述与动物生命》[J]. 当代文学动态研究,2021(5):143-151.

孙绍振. 审美阅读十五讲[M]. 北京:北京大学出版社,2013.

孙周兴. 人类世的哲学[M]. 北京:商务印书馆,2020.

唐建南. 物质生态批评——生态批评的物质转向[J]. 当代外国文学,2016,37

(2):114-121.
唐伟胜. “本体书写”与“以物观物”的互释[J]. 中国文学批评,2020(4):110-120,158.
汤拥华. 文学批评入门[M]. 上海:华东师范大学出版社,2020.
特里·伊格尔顿. 后现代主义的幻象[M]. 华明,译. 北京:商务印书馆,2002.
特里·伊格尔顿. 理论之后[M]. 商正,译. 北京:商务印书馆,2009.
特里·伊格尔顿 . 审美意识形态[M]. 王杰等,译. 桂林:广西师范大学出版社,2001.
特里·伊格尔顿. 文学事件[M]. 阴志科,译. 开封:河南大学出版社,2017.
特里·伊格尔顿. 纵论雷蒙德·威廉斯[J]. 王尔勃,译. 马克思主义与现实,1999(00):394-409.
田海龙. 批评话语分析:阐释、思考、应用[M]. 天津:南开大学出版社,2014.
托马斯·哈代. 德伯家的苔丝[M]. 张谷若,译. 北京:人民文学出版社,2020.
王琳博,顾拓宇,杨林玉. 知识生产模式转型视角下的高校学科建设[J]. 江汉大学学报:社会科学版,2023,40(3):114-124,128.
王兵兵. 欧美生态批评中的田园意识研究[D]. 兰州:兰州大学,2023.
王光东,丁琪. 新世纪以来中国生态小说的价值[J]. 中国社会科学,2020(1):133-152,207.
王虹日. 尺度批评·非人类能动性·网状纠连——气候变化小说研究方法述论[J]. 国外文学,2022(2):11-22.
王敬民. 审美资本化[M]. 北京:生活·读书·新知三联书店,生活书店出版社有限公司,2024.
王诺. 欧美生态批评:生态文学研究概论[M]. 上海:学林出版社,2008.
王诺. 欧美生态文学[M]. 北京:北京大学出版社,2011.
王宁. 当代生态批评的“动物转向”[J]. 外国文学研究,2020,42(1):34-41.
王宁. 消费社会学[M]. 北京:社会科学文献出版社,2011.
王乾坤. “当代文学经典化研究”定位[J]. 小说评论,2014(2):69-74.
王守仁,朱刚,姚成贺等. 英美文学批评史[M]. 南京:南京大学出版社,2021.
王晓平. 全球资本时代的文化研究:论雷蒙·威廉斯“三种文化”论及其中国启示[J]. 文艺论坛,2022(6):4-13.
王占军. 文学经典化问题研究的现状及其趋势[J]. 语文学刊,2019,39(5):31-

36.
汪晖. 关键词与文化变迁[J]. 读书,1995(2):107-115.
汪民安. 物的转向[J]. 马克思主义与现实,2015(3):96-106.
汪政,晓华. 知识生产与文学的经典化[J]. 太湖,2020(1):32-35.
伍新明. 方法:一种考察的形式——审美批评的方法在批评中的地位[J]. 当代文坛,1986(6):62-63,16.
威廉•利奇. 欲望之地:美国消费主义文化的兴起[M]. 孙路平,付爱玲,译. 北京:北京大学出版社,2020.
魏艳辉. 反田园牧歌的乡土叙事——重论哈代小说《还乡》与《德伯家的苔丝》中人与自然的关系[J]. 解放军外国语学院学报,2012,35(6):104-109.
吴家荣,陈建设. 论审美批评[J]. 文艺研究,2008(8):158-160.
吴美群. 《物治理:福柯与新物质主义》中的关联物质主义刍议[J]. 外国文学,2023(2):181-191.
吴楠,刘小姣. 创新中美文学文化研究范式[J]. 中国社会科学报,2023-8-7(2).
吴琼. 巧合?美少数族裔居住区频繁遭遇"水危机"[N]. 法治日报,2023-2-6(5).
吴秀明,陈力君. 论生态文学视野中的狼文化现象[J]. 中山大学学报:社会科学版,2008,48(1):39-46,203.
习近平. 在哲学社会科学工作座谈会上的讲话[N]. 光明日报,2016-5-19(1,6-7).
习近平. 在哲学社会科学工作座谈会上的讲话[M]. 北京:人民出版社,2016.
西莉亚•卢瑞. 消费文化[M]. 张萍,译. 南京:南京大学出版社,2003.
夏莹. 拜物教的幽灵:当代西方马克思主义社会批判的隐性逻辑[M]. 南京:江苏人民出版社,2014.
夏莹. 从批判到抗争:西方马克思主义的嬗变及其当代形态[M]. 北京:清华大学出版社,2019.
向丽. 审美资本与审美资本主义批判[J]. 思想战线,2021,47(6):151-159.
肖祥. "阶级"视角的变迁与文化研究的发展[J]. 外国文学研究,2023,45(5):38-47.
邢建昌. 理论是什么——文学理论反思研究[M]. 北京:人民出版社,2011.

徐德林. 乡村与城市关系史书写:以情感结构为方法[J]. 外国文学评论,2016(4):60-77.

许梅花,杨金才. 如何看待外国文学研究的现状与发展趋势——杨金才教授访谈录[J]. 英美文学研究论丛,2012(2):1-9.

徐晓东. 跨艺术诗学研究的学术意义——评《语词博物馆:欧美跨艺术诗学研究》[J]. 杭州师范大学学报:社会科学版,2023,45(6):137.

徐小霞. 文化研究的物质回归:托尼•贝内特治理性视域下的文化与社会[J]. 文艺理论研究,2019,39(1):63-71.

郇庆治. 西方生态社会主义研究述评[J]. 马克思主义与现实,2005(4):89-96.

杨剑龙. 文学经典化的历史语境和审美性——“20世纪中国文学经典化高峰论坛”综述[J]. 中国高校社会科学,2018(1):150-152.

杨震. 感性学的重构:当代德国美学研究[M]. 北京:北京大学出版社,2023.

杨振华. 弱人类中心主义:环境伦理学的另一种论证[J]. 东方论坛,2013(2):92-96.

杨义. 经典的发明与血脉的会通[J]. 文艺争鸣,2007(1):1-3.

姚峰. 如何以第三世界为方法?——后殖民批评之弊与非洲文学研究中的问题殖民[J]. 上海师范大学学报:哲学社会科学版,2023,52(3):24-34.

姚文放. “审美”概念的分析[J]. 求是学刊,2008(1):96-102.

姚文放. 审美文化学导论[M]. 北京:社会科学文献出版社,2011.

姚文放. 从形式主义到历史主义:晚近文学理论“向外转”的深层机理探究[M]. 北京:北京大学出版社,2017.

姚文放. “文学性”问题与文学本质再认识——以两种“文学性”为例[J]. 中国社会科学,2006(5):157-166,208-209.

叶玮玮. “块茎性共生”:物质生态批评理论探析[J]. 外国文学研究,2023,45(3):32-44.

伊格尔顿. 纪念雷蒙•威廉斯[J]. 薛君彦,刘胜坤,薛飞,译. 国外理论动态,2009(6):75-76.

尹晓霞,唐伟胜. 文化符号、主体性、实在性:论“物”的三种叙事功能[J]. 山东外语教学,2019,40(2):76-84.

约翰•菲斯克. 解读大众文化[M]. 杨全强,译. 南京:南京大学出版社,2001.

斋藤幸平. 马克思生态社会主义——资本主义、自然与未完成的政治经济学批判[M]. 谭晓军,包秀琴,张杨,译. 北京:中央编译出版社,2024.
斋藤幸平. 人类世的资本论[M]. 王盈,译. 上海:上海译文出版社,2023.
詹明信. 晚期资本主义的文化逻辑[M]. 陈清侨等,译 . 北京:生活•读书•新知三联书店,1997.
张和龙. 理论“失效”了吗? ——对当代西方文论认识误区的辨析和思考[J]. 英语研究,2024(1):178-190.
张江. 当代西方文论若干问题辨识[J]. 中国社会科学,2014(5):4-37,204.
张江主编. 原点、焦点与热点[M]. 北京:人民出版社,2015.
张江. 强制阐释论[J]. 文学评论,2014(6):5-18.
张江. 再论强制阐释[J]. 中国社会科学,2021(2):4-23,204.
张进. 物性诗学导论[M]. 北京:人民出版社,2020.
张黎. 新物质主义转向的当代设计文化[J]. 装饰,2023(10):20-25.
张一兵. 符号之谜:物质存在的化蝶幻象[M]//让•鲍德里亚. 符号政治经济学批判. 夏莹,译. 南京:南京大学出版社,2015:“代译序”5-35.
张哲. 当代外国文学的跨媒介书写与文化阐释——2023 年当代外国文学年会综述[J]. 当代外国文学,2024,45(1):171-173.
张政文. 理论转场与转场的本土化、当下化——构建当代美学理论话语体系的基本路径[J]. 天津社会科学,2016(4):124-131.
赵德江. 意识形态范畴及其嬗变的哲学分析[J]. 河北师范大学学报:哲学社会科学版,2008,31(3):76-79.
赵国新. 西方文论关键词:雷蒙•威廉斯[J]. 外国文学,2011(3):114-121,159.
赵毅衡. 哲学符号学:意义世界的形成[M]. 成都:四川大学出版社,2017.
郑楠. 田园哀歌的神话——雷蒙•威廉斯“乡村”关键词研究[J]. 思想与文化,2019(2):294-310.
中共中央马克思恩格斯列宁斯大林著作编译局. 马克思恩格斯选集(第 1 卷)[M]. 北京:人民出版社,2012.
中国社会科学院语言研究所词典编辑室. 现代汉语词典(第七版)[Z]. 北京:商务印书馆,2016.
周宪. 视觉文化的转向[M]. 北京:北京大学出版社,2008.
周宪. 审美论回归之路[J]. 文艺研究,2016(1):5-18.
周晓虹. 西方社会学历史与体系(第一卷)[M]. 上海:上海人民出版社,2002.

邹宝玲，陈宇丹．乡村振兴研究的跨学科特性与机理[J]．贵州大学学报：社会科学版，2023，41（6）：57-66．

朱光潜．西方美学史[M]．北京：人民文学出版社，1979．

朱国华．民族文化认同与经典的再发明[J]．云南大学学报：社会科学版，2007（2）：62-69，95-96．

朱立元．后现代主义文学理论思潮论稿（上）[M]．上海：上海人民出版社，2015．

朱立元，张蕴贤．新审美主义初探——透视后理论时代西方文论的一个面相[J]．学术月刊，2018，50（1）：116-130，139．

邹威华，伏珊．伯明翰学派“成人教育”文化政治透视[J]．中外文化与文论，2017（2）：330-341．

后 记

雷蒙德·威廉斯是横跨多个学科领域的学术名家，历来都是中外学界研究的热点，也积累了许多优秀的研究成果。在一次偶然的学术交流中，有专家提及威廉斯的生态思想，鞭辟入里、触类旁通，让我很受触动，认识到这是一个既有意思又有意义的学术命题。于是，就申报并获批了河北省社会科学基金项目“雷蒙·威廉斯生态知识生产研究”（HB22WW003），很想借着这个项目，对威廉斯的生态思想及其知识生产的状况加以研究和反思，这就是这部书稿的来由。在撰写这部书稿的过程中，基于译名规范的考虑，将“雷蒙·威廉斯”改为了现在所用的“雷蒙德·威廉斯”。在研究的过程中，我越发坚信，在生态批评这一极富活力和魅力的研究领域中，威廉斯确实是一座值得挖掘的富矿，他的生态思想和批评主张很有现实意义，他的生态知识生产模式很有学术价值；重访威廉斯的生态思想及其知识生产，使威廉斯与当下的学术研究进行跨越时空的对话和交流，有利于我们开展生态批评研究，有利于我们推进生态文明建设，有利于我们的学术创新和自主知识体系建设。

此项目的完成，该书稿的撰写，离不开河北省哲学社会科学规划办公室的指导，离不开河北大学外国语学院领导的帮助，他们善意的鼓励让我倍感温暖，也成为我学术研究的动力，在此向各位领导和专家表达由衷的感谢。

特别要向邵成军先生谨致谢忱，他耐心细致的帮助指导、认真负责的编校态度和精益求精的专业精神，让我获益良多，让这本书得以顺利出版，在此向邵老师和他所在的中国海洋大学出版社这一优秀的工作团队，献上我的敬意和祝福！

需要说明的是，在这部书稿即将付梓之际，我倍感惶恐，深知自己的研究还很浅陋，难免存在这样那样的问题，唯愿以诚意就教于方家，倘能得到帮助指点，我将不胜感激。

王敬民

2024 年 8 月 30 日

于河北大学七一路校区